治心亲子教育

治心 著

De Fu Publishing

网站: www.defupublishing.com

电邮: info@defupublishing.com

《治心亲子教育》

Healing Heart Parenting Education

作者:治心(Zhi Xin)

繁体版纸本书国际书号 (ISBN):

978-1-922680-32-7

简体版纸本书国际书号 (ISBN):

978-1-922680-33-4

繁体版电子书 EPUB 格式国际书号 (ISBN):

978-1-922680-34-1

简体版电子书 EPUB 格式国际书号 (ISBN):

978-1-922680-35-8

设计: Risa Liu

插画:Keng Zhuang

出版: 德福出版社

2024年第1版

人类几千年来，关于在教育问题上的思考和努力一直未曾中断过。在时代的流演与变迁过程中，我们日渐知晓这样一个事实：在整个地球文明里面，就只有东方文明最为悠久，有着上下五千年的历史。尤其是东方对于教育问题的探索，在这个星球上也是最为深刻。但是五千年来我们的教育始终存在一个基本的问题，就是并没有真正解决生命最终极的幸福和满足问题！只不过是在今天世人都比较关注和重视的情况下，来到了一个认知的共同点。

今天，我们的科技可谓是尤为发达，物质极其丰盛，我们的社会拥有足够的能力完善教育设施，我们的家庭具备优越的条件提供教育支出。在我们整个社会已然实现人们整体物质生活水平达至富足的情况下，在我们所有人都对未来提出更为美好的追求与期待的现实面前，我们整个社会乃至于每一个家庭、每一对父母、每一个学生也都非常积极努力地投入和参与到整个教育的推动与开展当中来。

在教育的发展历程中，我们发现这样一个问题，就是整个社会对教育的各种说法、评论和观点很多，甚至不乏诸多的迷茫、质疑与不满。不过这完全可以理解，因为教育实质上涉及到一个巨大的生命系统认知问题！如若我们对生命没有清晰的了解，而只是拿着一个一知半解的认知，然后抱着一个想象的自以为是的所谓教育理念来开展教育，那么最终可能也都会给我们带来某种遗憾。纵观整个社会，今天我们在教育上已经出现不少问题，甚至可以说因教育而导致的悲剧事件其实也不在少数，其原因就在于我们的教育并没有抓住本质。然而教育却是贯穿在整个生命之中的一个永恒的主题，既宽广又深刻，关乎人一生的幸福。那么，究竟什么样的教育才是真正的最圆满、最周全、最究极的教育呢？这个问题必须得从生命的本质上去认知。因此，我们要对生命有所了解，尤其是要知道有关生命的意识的构成。

究竟何谓教育？总的来讲，教育是给人提供一种能力：一种感知生命的能力，一种获得快乐的能力，一种拥抱幸福的能力。可是今天，我们的教育并没有真正实现这样的目标。不仅如此，我们还曾看到过这样的新闻：就读于高等学府、被誉为天之骄子的名校大学生竟然跳楼自杀了！虽然具体原由我们不得而知，但其一定是因为极度痛苦而选择了放弃自己年轻的生命，着实让无数人深感悲痛和惋惜。

在这个世界上，还有很多受过高等教育的人，把自己无法消解的痛苦，不可理喻甚至不择手段地转嫁和施害给无辜的人，包括自己最亲近的人。

比如说有海外留学生把自己的亲生母亲杀死，甚至博士生戕害自己至亲的情况亦是屡见不鲜。除了这样的极端事件之外，还有其他很多各种悲剧事件也在大人与孩子之间频频发生。

发生在这个世界上的任何一个悲剧事件都给我们提出了一个非常严峻的课题：就是我们一直认为当我们有条件满足教育需求，有条件普及全民教育以后，整个社会就会安定、和谐、美好，但事实并非如此！反倒我们越是有能力提供全民普及教育资源与条件的时候，我们越是发现潜藏的社会危机，以及潜伏于人心的内在冲突更为严重与复杂。这充分说明一个问题：目前我们的教育并没有真正触摸到实质。

当我们透过今天的教育现状而反思教育的核心与本质的时候，我们就能够退回到教育的初衷和教育的根本上来开展学校、家庭以及社会各类教学活动，从而真正实现教育的目的所在。除此之外，我们亦能够触类旁通，甚至一通百通，也就是透过任何一种教育，我们都能够回归到生命的本质上来，然后从根本上来解决生命的终极幸福与满足问题。为此，我们的亲子教育是从生命本身来深入地展开讲解与剖析，从而让每一位读者在学习和掌握教子智慧的过程中，亦能够同步实现关乎自身的学习和成长！

云何

序 言

多少年代以来
父母总是带着一个观念
认为小孩子属于他们的私有产物
或小孩子正是他们的复制品
因此而把自身欲望未展之理想转移到孩子身上
从而对孩子抱有不切实际的期待

这其实是对子女独立人格的侵犯
换而言之，这也是一种不尊重

因为希望孩子按照自己所认为理想的方式去
成长本身
就是试图把自己的欲望或理想寄托在孩子身上
这也就是试图把孩子打造成是自己的复制品
的意思

但是复制品其实并不是一件很美好的东西
而且在一体存在的奥秘里
也并不主张千篇一律地去复制
甚至就连普通人也不会喜欢所谓的复制品这
一类无聊的生命存在现象

而且人心也只会对"原创的东西"感到高兴
所以,对于父母们试图去打造的"听话"也就
不会被子女们用心去为其保全

这就是为何小孩一旦成长起来
首先就会出现叛逆的真正原因
这也是导致子女不孝的因缘之一

所以,对于父母来说
根本没有必要表现出比子女更优越
或自己如何能干的那种强势

因为你必须帮助子女成长而超出你的范围
所以你必须帮助他们不要模仿你
因此你得放弃任何强加在子女身上的欲望
或是那种被冠以"爱"的所谓普世皆认可的
理想

所以,保护孩子独立自信的存在个体才是父
母的职责
帮助小孩不要模仿
且无需要孩子成为自己理想未得舒展
或欲望未得满足的继承者

因为一般情形下,父母都很高兴说
自己的小孩跟他们很像

甚至所有的父母也觉得这样很好
甚至有的父母还以此为骄傲
说什么——因为他/她的子女很像他/她

其实这样很不好
因为这样一来
生命的个体性即如同被虐杀
而且这样的话
孩子的灵性也必然遭到制约
因其背后有一层厚厚的、隐形的制约意识
无形中捆绑着孩子
而这是不需要的
有爱，就够了

真的不需要对子女强加任何自己的意识制约
更不要强制让子女服从自己的权威
不要在家里把自己树立成为独裁者
而是要尊重！
若有可能
甚至可以以子女为师一同进步
所以，不要有让孩子听话的欲望

要知道，听话
其实并不是啥了不起的优点
因为"服从"本身并不需要有智力
你看，所有的机器也都是服从的

人类也从没有发明过任何一部不听话的机器
那你觉得孩子听话
真的是个优点吗?不是

因为服从其实是最简单的一种相处之道
而它只会导致将任何责任或重担
从自己身上拿下来

所以就不需要去反应或是去独立思考
就只要去做任何被告知的即可
这样的"听话",它貌似有很多益处
因为即使出了任何差错
其责任也都不会归责于你
而是归责于那个发出命令的源头

所以,就某方面而言
听话者是无需具备独立意识的
思考更是没有必要
这就是机器生物人的一个基本的特点
而作为对独立灵魂意识的孩子而言
你真认为,训练其"听话"是最好的教育吗
……
有人甚至鼓励孩子去经历错误
以此加强其人格的真正完善
所以父母和子女一道成长
这是"九和之家"的亲子教育理念

因为父母真正想看到的
不是要让孩子"绝对"听话，而是
要让孩子有独立思考的能力
以及将来长大之后，真的有出息
而且父母真正想看到的
也不是孩子长大后叛逆，而是
要让孩子真正体会父母无私的爱
以及感同身受地来爱父母

治心

治心老师简介

治心先生,字无遗,号治心。曾调侃自己潜伏于一具短小适中的肉身里,混迹人间已五十余载,至今一事无成,却被冠以当代诗人、作家、思想家、艺术家、心相家等虚浮之誉。

先生祖籍四川,自幼历经诸多奇遇,致其三观颠覆,进而开始探索生命奥秘与大道真相。岁月流金,华年渐逝,其空间视野也逐步扩大。总算在无限渺小与无限宏伟之间找到立足点,并在不断削减物欲诱惑的前提下,真诚拥抱"没羞没臊的幸福生活"。

先生历时二十余载,精进不止,亲证种种殊胜无以穷述,宛如梵雨涤尘,终臻生命至妙,洞明宇宙奥秘,今以超然身份演绎生命之大自在。继而在有意无意间创办了九和九福教育,提出彻底解决个人身心、家庭关系,以及各民族不同文化、各国不同执政理念、各宗教不同信仰等五大领域尽皆融通的九和同体思想。

独创"三大心智语言"生命实相理论体系,研发"造梦艺术""左右脑平衡教育""王者之旅""生命真相""众妙之门""行住坐卧""圆觉中道""心物一元""大圆镜智""九行运命""九和之家""九久鸿业""九智领导""九感明师""九力学子""九禅内观""九福人生"以及"九疗全愈"等系列课程,涉猎个人身心健康、家庭和谐幸福、事业腾达通泰、人生自在美满、生命价值成就等方方面面掌控生命自由度的大智慧。

所著书籍《治心亲子教育》《幸福婚恋》《玩出大自在的幸福人生》《用心经的智慧找回真我》以及系列灵性诗集之《治心之舞》《我之一日平常》《尘中得自在》等已在全球各大平台出版发行，为人们呈现着灵性的盛宴，如同一幅幅心灵的画卷，在时光的涤荡中闪耀着智慧的光芒。

先生的书法亦是独具一格，其妙手所化现的彰显皇家风范与贵族气质的治心能量体，可谓开内拙之先机，问生命之本有，玩艺术之童趣。作品中的每一个字，犹如一个个鲜活的生命灵动而欢喜，苍劲而有力，浑厚而通达，丰盛而圆满，超脱自在，神圣庄严……每一笔每一划，皆舞动着天籁之音，奏响着宇宙恣意的旋律，富有极高的灵性、美感和神韵，耐人寻味，引人入胜，予人智慧，是提升个人心智与生命能量的绝佳之作，富含深刻的教育意义与文化内涵。

先生将其实证之道高超而精妙地应机示现和随缘传授给众多追寻生命奥秘的探索者，其大智妙用淋漓尽致地体现在讲学与生活之中，其天地般宽广的爱深深地感动着身边每一个人。

目录

第 壹 章

亲 子 教 育 中 的 内 圣 之 功

　　我们是从生命的实质性存在层面,包括构成一个生命的气质是怎么回事? 构成一个生命的性格是怎么回事? 一个人为什么会有七情六欲? 一个人的心态为什么会变化? 人生为什么谓无常? 等等这些有关生命本身之间来展开认知生命的教育。

第壹节

亲子教育即家庭幸福教育

本节要点：

1、亲子教育针对哪三个层面展开？

2、亲子教育的终极目标是什么？

3、家，这样一种基本形态的存在目的是什么？

4、为什么现在的年轻人普遍不愿意成家？

5、为何要兼顾家庭与事业同步经营？

亲子教育针对哪三个层面展开？

关于教育这样一个系统，我们《九和之家》家庭教育版块开创了九个"和"，分为三大篇章：第一篇章"志道归心"，第二篇章"相口圆身"，第三篇章"意气通灵"。

第一篇章"志道归心"分为志和、道和、心和三个部分，重点倾向于讲解亲子教育问题。其中"志和"这一部分，就包含了生命真相的成分，生命意动的部分，以及生命认知领域所存在的"我是谁？我从哪里来？我来干什么？我要去哪里？"这些生命最终极之问。

那么，关于亲子教育，我们重点来讲生命的意志问题。

每一个生命之所以是一个活生生的生命，包括山河大地、虫鱼鸟兽、花草树木等一

3

切之所以有生机,都涉及到它们自身的生命意志问题。

关于生命共同的意志,在经典智慧里面有一个根本的理论叫做"因缘和合"。这个因缘和合就是在生命的意志之上,经由生命意识的驱动而展开的一种生命的演绎。

那么,从意志这个角度,我们将"志和"这部分内容分为三个层面来阐述:第一个是我们生命的个体意志层面;第二个是家庭意志层面;第三个是乾坤意志层面。换一种方式来讲,就包括了这样的三个层面:生命的自我认知,生命的关系互动,以及生命角色的扮演。

很多人一直活到死都不了解自己。"你睡觉了,为什么呼吸还在进行?你的眉毛为什么一辈子不长长,而头发天天长长?你的血液循环系统,为什么在你睡觉的时候,没有谁指挥它,它还在自动运行?"我们暂且不说以上这些生命表面的现象,而关于诸如:我们自己的想法为什么是无常的?为什么我们早中晚的心情不一样?为什么我是这种性格而别人是那种性格?等等这些问题,我们也都不清楚。我们莫名其妙地受自己的情绪影响,跟人家吵起来,和人家干起来,最后造成了悲剧,也都不知道是怎么回事儿!所有这些,都关系到我们对生命自身的认知这一层面的智慧问题。

除了对生命的自我认知这一部分之外,另外一个层面就是生命关系的互动。我们整个社会乾坤里面,所有的生命都在各种关系里面进行活动。关系搞得好一点的，事业就好一点；搞得和谐一点的，人生就幸福一点；处理得周全一点的，各方面就顺利一点；处理得不好的，悲剧就多一点。这些都是有关生命的关系互动的学问。

还有一个层面是关于我们生命之志向的展示，那就是生命角色的扮演问题。我们人在这个世界上，不仅是在家庭里面、单位里面，而且在整个社会里面，都会有相应的角色要扮演，有相应的人生要去表达，以及人生有相应的目标要去追求。

九和之家·亲子教育实质上就是与以上三个层面相对应的教育，即生命自我认知的教育，家庭关系互动的教育和在社会上进行人生价值书写的教育。

亲子教育的终极目标是什么？

我们儒家思想讲到一句话，叫做"内圣外王"。关于"内圣"，它到底是有关生命的一个什么样的情况，我们今天并不是很关心。但是，关于生命自我，其内在有一种什么样的生命迹象展开，再进一步扩展到家庭，扩展到社会，其里里外外都是有关生命活动的景象，有无穷的奥秘蕴藏其中，值得我们用一生的时间来关注和探讨。

关于这个生命的内在，我们道家思想将其称为"内乾坤"。从内乾坤的能量整合，到一个家庭伦常关系的处理，再到整个社会活动的开展，最终要实现的就是儒家讲的"内圣外王"，这是我们亲子教育的终极目标。

如果一个人不是朝着"内圣外王"这个终极目标去进行整个生命活动的开展，这样的人生都不圆满。无论是出家修行，还是在红尘追逐名利，不管是怎样，都只是解决了生命的部分需求而已，而并非是生命展开的一种完整现象。就生命存在的实质来讲，我们宇宙所开创的一切都是为了表达自己，具体而言，就是为了表达爱。

家，这样一种基本形态的存在目的是什么？

从生命的活动来讲，家庭作为基本的社会细胞单位，是最基本的生命幸福表达与经营的一个通道。因此，我们儒家文化讲到人生的两件事情，也就是成家和立业问题。其实这两件事情都是生命的大问题，这也就是为什么我们今天都很重视亲子教育这个课题的原因。

从儒家所给我们规划的"内圣外王"这样一个生命的荣耀来讲，或者是从一个生命内外的丰盛和富足来讲，又或者是从一个生命最闪光、最出彩的一种展现来讲，这两件事情实质上都很重要。但是今天，我们整个社会存在一种比较普遍的现象，将来可能会更严重！就是现在很多年轻人对成家这一部分不重视，更多人是重视怎么样去开创一番宏伟的事业。到底我们社会出了什么问题？到底我们家庭出了什么问题？到底我们自身出了什么问题？为什么现在年轻人对成家不感兴趣？反而对于追求事业很感兴趣？

实际上，从生命存在的角度来讲，家是生命展开关系互动，进行爱的追求、爱的表达、爱的分享以及爱的经营，并从中体验幸福、美好、和谐等一切受用的一个最基本的形态。

如果我们有正确的认知，有足够的智慧来经营家，那么光是家就可以给我们带来无尽的幸福和满足。所以，根本就不是很多人认为的：只有在事业上取得成功之后，才会有人生的幸福。实质上，如果我们忽略了家，即使事业追求成功了，也不一定幸福。这个世界上很多在事业上有所成就之人，已然为我们证明了这一点。所以我们要搞清楚，家的存在实质上是一个爱的表达功能，而我们追求事业成功，实质上是一种人生价值书写的功能，这两个功能都是生命不可或缺的。也就是说，这两样东西都要得到满足，一个生命才能真正感觉到踏实、幸福和圆满。

因为一个人最基本的爱是不能缺的，那么，家恰恰是给我们提供爱的地方。所以，我们把家作为心灵的归宿，作为爱的港湾。但是现在，整个社会存在一个非常普遍的问题，就是大家很忽略家庭的打造、建设和经营。可以说我们80%以上的精力，都在关注怎么样去成功？怎么样去发财？怎么样去拥有更多？这是一个问题，而且这个问题已经有很多人为我们提供了答案，只是鲜少有人去思考和发现。因为这条路上有的人跑得比我们快，他们很快就获得了事业的成功，实现了物质上的丰收，但是他们依然承认自己并不幸福。

为什么现在的年轻人普遍不愿意成家？

成家和立业，是生命在不同层面上非常重要的两种存在形态，你忽略了其中任何一部分都不圆满。就像我们道家讲的阴阳一样，缺了其中哪一样都不好。那么，为什么现在的年轻人都不愿意成家呢？问题出在哪里？问题就出在：我们很多年轻人通过自己亲身的经历，发现我们父母经营的这个家并不幸福。我们不仅没有在家里面感觉到幸福，反而在家里面受到更多的伤害。这就导致现在的年轻人非常害怕成家，甚至持有这样一种观点：与其屡被伤害，不如孤独一生。目前，这种现状已经成为社会普遍存在的一个综合性问题。在这样一种情况下，我们的子女，我们的年轻人怎么可能对家有信心？所以他们只能去追求事业，认为事业比什么都重要，因此他们对家很不关心。

为何要兼顾家庭与事业同步经营？

　　我们追求事业干什么？追求事业最终不就是为了表达幸福，不就是为了表达爱，不就是为了经营人生的美好吗？我们因为自身以往的经历而本能地选择了转移和逃避，却从来没有想过：离开了家这样一种形态，我们的幸福根本都没法去经营。因为当我们事业成功了，我们有钱了，那时候我们要干什么？我们要来表达爱，要来分享成果。可是家都没有了！你怎么表达？你在什么地方去表达？你跟谁来表达？可见，家庭与事业不仅不可偏废，而且一个家庭的幸福会给事业带来很大的助益。

第贰节 生命成长与圆满的三梯次教育

本节要点:

1、亲教关系中的不和谐因素与解决方案?

2、家庭幸福与事业圆满之根即亲子教育之本?

3、贯穿生命教育始终的一个核心是什么?

4、亲子教育是家庭功能的显化?

5、生命伦常关系的存在意义?

亲教关系中的不和谐因素与解决方案?

总的来说,对于一个生命来讲,宇宙为其开创了三个层面的体验。一个是内乾坤的层面,一个是家的层面,还有一个就是事业拓展的层面。这三个层面,无论丢掉其中哪一个,人生都会有残缺,都会不圆满。

今天,我们这个社会普遍罹患了一种病,就是大家都拼命地去挣钱。挣到最后,回头一看,我挣钱干嘛?我挣钱不就是追求幸福吗?到头来,我是赚了好多钱,可我并不幸福!至于那些没钱的人,他们也不幸福。于是,人们就产生了这样一种心理:虽然没钱不幸福,有钱也不幸福,可是毕竟相较而言,最起码多一点钱总要好得多!所以,大家就都去追求钱了。从此,我们就把人生本质的东西搞忘了。

我们的生命，从内乾坤过渡到家庭，再外延至社会，整个设计非常科学。但是，我们今天把内乾坤的教育丢了，把家庭的教育也丢了，最后搞了一个所谓的成功学，一味地在社会上追求成功，拼命地向外去寻找和抓取幸福。殊不知成功与否跟幸福之间并没有必然的联系，因为成功并不等于幸福，不成功也并不等于不幸福。而何谓成功？这个世界上，从来就没有一个统一的标准，倒是因为追求所谓的成功却反而失去幸福的人有很多。

关于美好人生的经营，我们儒家文化提供了非常好的思想，只是我们不太理解。儒家讲"修身、齐家、治国、平天下"，修身就是针对内乾坤的教育，把内乾坤修好了再依次向外延伸。那么什么叫把内乾坤修好？就是把自己的问题解决了。我们自身有很多问题需要解决，比如说：我们控制不了自己的情绪，这就是个大问题！这要怎么解决？儒家提供的办法就是修身。所以，修身就是解决我们自身的内乾坤不和谐的问题，从心理学上来讲，就是我们内心世界的分裂问题。如果内心世界的想法很多、很纷杂、很混乱，人的心情就不会那么好，然后情绪就会波澜起伏，最后就没办法驾驭自己的能量，然后脾气就控制不了，控制不了就想发泄，发泄以后就会伤害他人，伤害他人以后，双方就干起来，干起来以后就出现一系列麻烦、冲突、隐患，甚至出现很严重的后果。人生所有不如意的根源，就是我们没有把第一个环节的问题解决好，从而一环扣一环地导致了后续一系列的问题。

家庭幸福与事业圆满之根即亲子教育之本？

内乾坤、家庭、社会，是构成生命成长与圆满的三个梯次，然而我们很多人把前面两个直接忽略，一步就想跳到社会这个梯次。你想一下，我们要爬三层楼，前面两层我们都不管了，直接就想爬到三楼，可能吗？肯定是不行的！是不客观、不实际、不存在的。很多人认为只要自己在社会上成功了、有钱了就会幸福，那是我们想象的。这个世界上，一直都存在有钱人给我们证明有钱了也不幸福的大量案例。为什么？因为这就相当于一楼的根基都没有夯实，二楼也没建设好，直接就抛开修身、齐家，去想象一个三楼，然后就想当然地治国、平天下去了。直接跳过两个阶梯，那岂不是拔苗助长？这还不只是一般的拔苗助长，只拔那么一点点。我们是拔到连根都不要了，直接追求事业。结果很多人即便事业取得了成就，也并不幸福。因为人生是有关生命本身及其由内而外所延展开来的生命活动整体构成的设计。

很多小孩很早就被大人灌输人生事业的追求理念，几乎很少有父母给孩子灌输的是关于内乾坤如何治理这样一个修身的理念。一个人内在的问题，一旦解决不了，就是一个后遗症。这个后遗症一定会波及到家庭，家庭的问题如若再解决不了，就一定会波及到社会。回过头来追根溯源，你会发现：一个修身的问题没解决，导致家庭搞垮、事业搞坏、社会搞乱。就这么一个基础的小儿科问题，我们今天整个社会都在迷茫，都不知道问题出在哪里。

贯穿生命教育始终的一个核心是什么？

我们成立婚姻是为了什么？是透过婚姻来修身；我们建设家庭的目的是什么？是透过家庭来修身；我们开创事业是干什么？是透过经营事业来修身。在整个生命经历与过程中，修身是贯彻始终的，只是修身的途径不一样，方式不一样，表达不一样。

在生命展开的每一个环节中，每一种形态上始终有一个核心不能够离开，就是修身。这个核心你把握到了，你的身心就会健康，你的家庭就会和谐，你的事业就会丰盛。反之，这个核心你一旦丢掉，就会出现问题，因为一切的根本就在修身上。有人说，我先搞家庭建设，搞事业开拓，然后等我有钱了再来修身。那怎么可能呢？身都没有修，自身的问题都没有解决，如何能够经营好家庭？又怎么能够打理好事业？那不就是想象的嘛！当今社会，全球近80亿人几乎都是在想象，在脱离实际，根本不靠谱。脱离实际这个问题，是整个社会的梦想颠倒。这种现象，让我感到非常奇怪和疑惑，怎么那么多人都想不明白这个问题呢？

儒家经典《大学》开篇就讲修身、齐家的问题，我们要把这些问题梳理清楚，不然的话，家里家外很多事情你心里都没有数，没有安全感。你就是生个孩子也不放心，你又不可能一直把孩子留在家里边。生个儿子他迟早要出去，生个女儿你早晚也要放出去，但是出去之后你不放心啊，因为外面尽是心里没数的人，危险系数非常高。就像一个笑话里面讲：有一个女人，她刚刚生下一个宝宝，全家人都到医院来探望。她老公就乐颠颠地把这个宝宝抱在怀里面，兴奋地说："太好啦，是儿子！"老婆听他说是儿子，就不高兴了，"你还重男轻女啊？"她老公就马上解释："不是啊，如果是生女儿的话，你想一下嘛，等她长大以后，被哪个禽兽拐走了，那多心痛啊！"这个时候，他老丈人在旁边叹了一口气说："真心痛呐！"

谁不心痛啊？放出去也心痛，留在家也心痛。我们的子女，自己亲生的骨肉，哪个不是宝贝？天下父母谁不希望子女长大以后平安、快乐、幸福？父母对子女的爱这一点，每一个人都不可否认，绝对是无私的。普天之下，所有父母从早到晚拼命地奔波忙碌、挨苦受累，都是想把最好的一切留给自己的子女。但是，最后呢？最后彼此都因为丢掉了修身这一根本，也就是在自身问题都没有解决的情况下，就进入到了家庭关系的互动，导致双方相互之间都有误解和抱怨。因此，我们在家里面感受不到美好，感受不到温馨。当我们工作了一天，身心疲惫以后回到家里，却找不到那种真正的归宿感，找不到那种家的温馨。我们忽略了生命当中很重要也是最基本的问题，而这些问题被忽略以后，我们自己迟早都要买单。其实我们已经在买单了，目前，这个社会普遍做父母的人都在买单。

今天你可以去调查那些已经是父母的人，他们的心理活动，他们的内心世界，以及他们的现实生活是怎样的一种状态和处境。同样身为父母，大家可能都很清楚，都有了解。可见，如果我们不回过头来把修身这个问题解决好，不把第一层楼的根基扎好，整天还是一个劲儿盯着钱钱钱，到时候就真的要出大问题。

亲子教育是家庭功能的显化？

很多人都搞忘了家存在的目的是什么。从宇宙生命能量的角度来讲，家原本是一个爱的生发、爱的创造、爱的体验、爱的互动、爱的分享的地方，也就是能量表达爱、书写爱、成就爱的一个地方。但是，最后我们把家搞成了一种相互需要，要知道"能量表达爱"和"我需要爱"是两个层面。

两个人在一起是为了表达爱，和两个人是因为需要而在一起，这完全是两回事。因为我孤独、我需要，所以我们在一起，和因为我有很多爱想要表达，所以我们在一起，这两个层面一个天上一个地下。现在的很多关系都不是建立在表达爱的基础上，而是建立在满足需要的基础上。比如说，对满足欲望的需要，对实现目标的需要……在这样的基础上，两个人结合了，结合以后不但没有把家经营成一个如何表达爱的地方，反而是变成相互的动脑筋、耍心思、搞算计，把整个家庭搞成了战场。于是，在相互的利益争斗中，处于强势的一方就拥有了控制权。就像两只老虎一样，打一架下来以后终于决胜出哪一只是王，而另外一只想要活出来，就偷偷摸摸在家里面玩心计。现如今很多家庭已不再是一个温馨的港湾，我们早已把外在的战场延伸到了内在的家庭里面。全球几十亿人，在如此高的科技基础上，尤其是在整个物质生活发展水平已经能够满足文明普及的基础上，我们却把整个家庭经营成这种模式，这是很羞愧的事情。

有一天晚上，一位先生回到家里，看到他老婆正在收拾桌子，就问："老婆，今天家里来客人啦？"他老婆回答："是我弟弟来了，你家小舅子来了不算客人。对了，我跟你说件事儿：他看见你以前穿的那双皮鞋，挺喜欢的，我想反正你也不穿了，我就送给你家小舅子了。"老公一听，当时脸色就变了，然后说："我穿过的，那怎么行啊？我给他买双新的，把旧的拿回来吧。"他老婆说："亲爱的，没事儿，又不是外人，旧的他也挺喜欢的。"然后这老公就找不到话说了，心里面想："你这个该死的小舅子，一定是发现我那鞋里面藏了私房钱，不然的话，你怎么会莫名就冒出来喜欢我那双旧皮鞋的念头呢？"这是一个笑话。有很多小品也在演老公怎么藏私房钱，藏在哪里才找不到。你会发现，这的确是一件挺搞笑的事情，但实际上却暗含了悲剧的色彩。

家庭的功能和性质本来是一个爱的表达、爱的经营、爱的书写之场所，最后却搞成夫妻之间各怀心思、各揣心眼、各为自己打算的战场。你不觉得心里面不是滋味儿吗？我一直都在想，这种家庭藏私房钱的行为到底是从什么时候开始的？这是值得研究的。你不要只看这个表面现象，现象背后的性质才是关键。藏私房钱这种行为，可不是爱的表达了，而是两个人的关系在这里面变味儿了。

夫妻关系中的一方有十足的控制能力，而且控制得滴水不漏，然后另一方想活出来就开始动心思，那还是爱吗？不是，是控制与被控制。这说明了一个什么问题？说明夫妻关系当中最基本的信任失去了。

你可以想象，夫妻之间如果连信任都没有了，还能表达好爱吗？嘴巴可以说"爱"，微信可以发"爱"，两人可以做"爱"，每天可以挂好多"我爱你"的纸条在家里面，但是信任不在了，爱的味道也就变了。

生命伦常关系的存在意义？

你要知道人性没有那么简单，光是喊口号解决不了问题。亲子教育，目前比较流行的就是喊口号，包括很多圣贤文化老师在学校里面搞亲子教育，都在喊口号："妈妈，我爱你！爸爸，我爱你！"挂在口号上的爱，你认为能解决问题吗？显然，答案是否定的。无论是亲子，还是夫妻，生命中任何一种伦常关系都是用来表达爱的。而关系中是否有爱，每一个人包括孩子都能够感知得到。那么，如何才能有爱呢？这就又回到了修身这一根本。所以，我们要在关系中觉察和反省自己是否真正有爱，若是没有，便要于关系中来修炼爱。

本节要点：

1、亲子教育中的"6+1综合症"是如何产生的？

2、为什么要培养孩子的独立自主意识？

3、家务事于生命成长之价值与意义何在？

4、教育于工作或挣钱的真正意义是什么？

5、如何透过教育将生活变得丰富有趣？

亲子教育中的"6+1综合症"是如何产生的？

今天，由于我们对生命认知的缺失所带来的家庭关系的错位，导致了一个目前全社会都在买单的问题，就叫"6+1综合症"。

"6+1综合症"是改革开放以后，我们六七十年代这一批人干出来的一桩最伟大的"6+1灾难性工程"。因为这两代人正好赶上计划生育，基本上每一个家庭都是独生子女，生活条件相比以前越来越好，而自己又是从过去的苦日子里面熬过来的，现在家里面就只有这么一个心肝宝贝，就都不舍得让子女吃苦。所以，改革开放以后，这一批人就拼命地去挣钱，吃了太多苦，又没有接受多少教育，又无明，又不懂生命……只知道自己吃过苦头，以后说啥也不让我儿女吃苦，就这么

17

一个很朴素的想法导致了今天整个社会所患的"6+1综合症"这一全球性灾难。

为什么把"6+1综合症"称为全球性灾难？一方面，占世界人口比例六分之一的中国出问题了，可想而知会对整个世界造成什么样的影响；另一方面，以今天的中国，在国际上的政治、经济以及文化影响力，又会给全世界各国人民的思想、情怀以及生活方式带来怎样的影响？

什么叫"6+1综合症"？爸爸妈妈、爷爷奶奶、外公外婆，六个大人加一个孩子，然后不懂生命教育的六个大人共同宠一个宝贝，因而给孩子的成长以及整个家庭的关系和序位带来了诸多问题和隐患。孕育和生长在两代人尽其所能为孩子创造最好的环境与条件下的独生子女，不仅谁都不让孩子吃苦，反而还在物质需求上一味地满足，精神需求上一味地纵容，因此两代人就共同造就了这个全社会普遍存在的"6+1综合症"。

这个综合症很可怕：不会做家务，不会做饭，不知孝敬人，不懂尊重人，还不知感恩，不懂立志……这些为人处事的基本能力和素质都没有，他怎么去成家？你说不能成家，立业也行啊！开玩笑！连基本的生活能力都没有，何谈立业？岂不是妄想。

培养出这些连基本生活能力都没有的独生子女，很多父母是有过失的。孩子们没有能力，做父母的似乎从没有反省过自己，就只是一味地怪他们连家务都不会做。可是身为父母，你教过孩子吗？你给过孩子机会吗？你只知道，自己吃过苦，就不想让孩子吃一丁点儿的苦，家里家外，全部活儿都自己干。一大家子人千娇万宠那么一个宝贝，什么都不让孩子干不说，就连孩子自己的事情也都大包大揽。你想一下，这是爱吗？但凡你能坐下来，真正为孩子设身处地好好想一想，你都会惊觉自己到底干了些什么。所以，我们这两代人真的要深刻反省。

为什么要培养孩子的独立自主意识？

有一个带过幼儿园小班的老师，在带孩子的亲身经历中，发现了一个问题：以前呢，几十个小孩当中有几个是不会自己吃饭的；现在呢，是倒过来了，几十个孩子当中才有几个能自己吃饭的，绝大多数孩子连吃饭都不会。这又是一个活生生的例子。也许有的父母认为，不就是孩子不会自己吃饭嘛，这根本就不是啥事儿。但是，这样一桩小事背后，实则隐藏了大问题。

为何说是大问题？因为这种现象的背后，是父母的有意识或无意识：一种是有意识地为孩子代劳，一种是根本就无意识培养孩子。那么结果就是：一种孩子会认为什么事情都有人管，都有人给自己做，自己什么都不用做；另一种则是直接不知道自己该做什么。这两种情况，都无法让孩子养成独立的自主意识，从而处于习惯性依赖或干脆无知的状态。

一个连独立的自主意识都没有，甚至生活还需要被人照顾的孩子，你说要给他规划辉煌伟大的事业，开创前程似锦的未来，那不就是闹笑话吗？关键这个笑话是我们整个社会共同在闹，这个笑话也令无数的孩子们在他们该有的年龄错失了培养独立自我意识的时机，从而导致他们在社会中屡屡碰壁。所以，只因自己吃过苦，就自以为是地对孩子进行百般宠溺，这压根儿就不是爱，非但无益，还会因此留下隐患。

有媒体就曾报道：一个单身母亲，辛辛苦苦地把孩子送到日本去留学，就只是晚了三天给孩子寄生活费，这孩子就大老远从日本冲回来找他老妈算账。从机场一出来，他就连捅了兴高采烈来接他的老妈九刀。这位可怜的妈妈还没来得及与儿子寒暄半句，就被其亲手伤害。这便是因为一味溺爱孩子而带来的一场人间悲剧！

很多母亲都认为我只要对孩子好，他就一定会对我好，哪里是这么简单的一种逻辑推理关系呢？如果你不让一个孩子明白道理，而只是一味地对他好，那么他并不会懂得你对他的好，他会认为一切都是理所当然的，你就该对我好。事实上，人只有明理之后才懂得尊重人，懂得孝敬父母，懂得感恩他人……反过来，如果你只知道溺爱，却没有教给他道理，他又怎么懂得对你好呢？

很多孩子就在父母没原则的溺爱下长大了，到了二十多岁该谈婚论嫁的年龄，就顺理成章地结婚成家、生儿育女，也必然要开始面对生活里大大小小所有的事情。而父母以及本人都未曾设想，居然结了婚以后都还不会做饭，不会洗衣服，不会做家务，不会带娃……两个人只是停留在对婚姻生活的想象中，一切想当然的美好被眼前的现实毫不留情地击得粉碎，最后要么很短的时间就离婚，要么生活过得一地鸡毛，压根儿就没有幸福感可言。

有一个非常典型的案例：一对小夫妻结婚三年半以后，终于谁都忍不了对方而离婚了。为什么离婚呢？因为两个人都不会做饭。他们结婚时买了一袋米，直到他们维系了三年半的婚姻结束，这一袋米都还没有拆封。整个三年半的时间里，这对小夫妻都在家里面打游戏，都没有去找过工作，也没有在家里面开过一次火，饿了就叫外卖，直到两个人再也过不下去了。

现在很多独生子女家庭带来的"6+1综合症"，起码到目前为止都还没有给我们整个社会带来普遍性的觉醒。但是我们整个社会已经尝到了这种苦头，甚至饱受折磨，很显然我们已经为此而买了单。这种情况怎么办？我们都还没找到解决问题的办法，我们尚处在迷茫与困窘中。

家务事于生命成长之价值与意义何在？

在家庭生活中，我们有些人，尤其是男人都不喜欢干家务活，包括我自己曾经就很不喜欢做家务。那时候的我因为不懂人生，只想去征服天下。我原先根本就不知道家务是多么神奇，我更不知道我可以透过做饭，透过叠被子，透过打扫卫生等等这些家庭生活中的日常琐事来表达我对这个家庭的爱和关心。

我们爱一个人，总要透过生活中一些具体的事儿来把爱体现和表达出来。当你内心有爱了，你就想给他按摩按摩，想给他扫扫地，想给他洗洗衣、做做饭,想给他把家打整得干净、温馨、漂亮……因为有爱,你自然就会想干这些事情,而且是一种非常幸福的享受。就像一个有爱的母亲,为孩子做任何一件事情的时候,整个人里里外外都洋溢着满满的幸福。

假如没有生活里的这些事儿,我们于外在也就没有途径来表达内在无比充盈的爱,所以这个乾坤就开创了家庭这样一种专门来分享爱的形态。

在日常生活中,当你带着爱去做菜,就是透过做菜这一途径在表达爱。有爱的菜,父母吃了,先生吃了,老婆吃了,子女吃了……哎呀!好幸福、好满足。同样的,当你带着爱把屋子收拾得干干净净,把衣服熨得平平整整,把家里经营得温温暖暖、舒舒服服、和和美美,那么一家人从外面回来就都愿意在家里待,朋友也喜欢到家里来做客,我们这个家就会成为一个非常幸福、温馨、和谐的港湾。

这个世界上,很少有人知道家务是表达爱的方式。一个人如果有智慧,就可以把任何一件家务事都上升为表达爱的艺术。你可以用茶艺这种有品位的方式来喝茶,那是一种更高、更美、更妙的爱之艺术表达。当然,你也可以像牛饮水一样的,端起来一口就喝掉了。同样是喝茶,但是两种喝法却喝出了不一样的感觉。穿衣服也一样,你随便往身上一套也在穿衣服,但是你穿得得体一点儿,穿得漂亮一点儿,或者穿得优雅一点儿,就是在用艺术之美来表达爱。推而广之,世间一切万物都是宇宙为表达爱而开创。

我们过去的亲子教育没有不重视家务事的。一个人要真正地实现生命的幸福,家庭这第一堂课是必须学会的。它不光是女人的课程，任何一个家庭成员都要明白，在家庭这样一个小范围里面要表达爱都有哪些途径，无非就是洗衣、做饭、打扫卫生、带娃等这些生活里面我们认为再平常不过的琐事。

大多数人不明白这一点，就把家务事当成一种负担，很多男人还把干家务当成很丢面子的事情，就是因为不懂这其中的奥秘。我们把表达最神圣的爱的通道，定义成是丢人的事情，说明我们的思想观念还处在很落后的状态。其实，这些事情给我们带来的误会是很大的。因为这些误会，导致今天绝大多数的孩子不会做家务，更不爱做家务。这种情况就会日渐成为导致家庭不和谐、不幸福的潜在因素。

目前，普遍的社会问题就是把家庭里这些最基本的东西丢掉了。丢掉以后，社会上有些机构就因此而搞出生意来了。他们设计出专门的课程来教人怎么样做家务，不仅收费很昂贵，而且教人做家务这类课程还很火。有的是父母掏钱让孩子去学习，并不是孩子自己愿意去学。父母看到有问题了，如果再不学那些活儿，等到结婚成家以后，两个人啥都不会，怎么得了？日子根本就没法过，这是很现实的问题，所以现在很多父母愿意掏钱送子女去学习这种课程。这也是父母该为此而买单，不仅是为孩子的学习买单，更是为孩子的人生买单。

如果父母能够自己亲自教，就根本不用花那没必要的冤枉钱，其实做家务本来也是父母该教的事情。但是在今天，这个听起来像笑话一样的现实问题，已经成为一种非常普遍的社会现象。我们把生命里最根本的东西，家人之间表达爱的机会和途径搞丢了。

教育于工作或挣钱的真正意义是什么？

回想我们六七十年代，那个时候的年轻人普遍都不懂家的意义是什么，只知道要向拿破仑学习，向希特勒学习，只知道征服天下，征服世界。任何一个年轻人，有一颗征服天下的雄心和抱负，不仅无可厚非，实则难能可贵，这一点是完全值得我们肯定的！但是，我们的内心中，我们的人生里，不能只有征服天下。

一个人在外面的世界要闯出一番天地，总会遇到相应的考验、磨练和挑战，就难免会感到身心疲累。那么，累了就要有个地方来休养生息，而家就是我们累了能够安养身心的地方。如果没有家，我们疲惫的时候，连个歇养的地方都没有；我们取得成果的时候，连个分享的人也都没有。然后你就发现：再大的人生成就，一旦没有了爱的分享、爱的滋养，就一点意思都没有了。所以，人生再有钱，再有地位，最终都要归到爱上来。

我们为什么要工作？我们为什么要挣钱？因为，工作、挣钱真正的意义就是为了表达爱。如果不是为了表达爱，工作就成为一种任务，成为一种差事，成为一种不得不做的营生。今天这个社会上已经有很多人给我们充分地证明了这一点。所以，我们一旦把根本的东西丢掉，便是生命最大的损失。

24

如何透过教育将生活变得丰富有趣？

在看起来平平常常的生活中，你其实可以找到很多有趣儿的事情。你只要有智慧，你知道家庭的性质是什么，你就会在这上面去努力。你用艺术也好，用幽默也好，用任何一种方式，你都会把家真正地经营成一个爱的港湾，经营成家人心灵的归宿。无论是父母、伴侣还是子女，每一个人都愿意回到这个心灵归宿里面来，回到这个港湾里面来。这样一来，我们就会在家里面找到很多有趣儿的事情。

有一个老头去售楼现场给他儿子买房，当他去登记办理按揭贷款的时候，售楼员就问他说："先生，请问您是季付？还是月付？"这老头一听就火了，"我不是继父，也不是岳父，我是父亲。"然后售楼员啥也没说，就在一次性付清上面打了勾。原来是售楼处设有季付、月付和一次性付清三种购置方式，而老头和售楼员彼此之间却产生了误会。

现实生活中，当人与人之间产生误会的时候，往往就会导致很多悲剧。但是如果以爱为前提，误会也可以变成有趣的事情。我们很多人研究社会问题，只是研究现象或者问题本身，却没有去研究其背后一个最根本的东西——心态。

当你是爱的这种心态，一切的误会就变成乐趣；当你没有爱，一切的误会变成战争。其实，研究问题没有那么复杂，只要回归到心态上来。所以，亲子教育是什么？就是一家人如何相处，一种家庭氛围如何营造，一个孩子如何进行启发和引导的智慧教育。

本节要点：

1、教育应涉及哪三个层面的人生需求？

2、亲子教育与人生幸福是何关系？

3、为什么说小孩一定要从小吃苦？

4、亲子教育其实是要父母先成长进步吗？

教育应涉及哪三个层面的人生需求？

每一个人，在其自我生命成长的过程中，都存在自身的盲点与卡点有待发现和清除，抑或说每一个生命都有其完善自身成长的功课。几乎每一位家长，也都是在自身心智还未真正成熟起来的时候，就已然成为父母亲。所以，天下没有十全十美的父母，古往今来，概莫如此。

两千五百年前，孔老夫子就看到天下父母都不懂教育，也都很可怜。但是不管他们多么无明，多么不懂教育，父母们有一点是肯定的，他们为了子女无私地付出这一点是千真万确的。所以，那个时候，老夫子就定了一个规矩：天下无不是之父母。

父母，是我们重叠在一起的各种人生角色当中的其中一种，是自身生命所延展开来的人生更为丰富的体验。总体而言，我们人生有三大需求：身体上的需求，心理上的需求和灵性上的需求。

当今社会普遍存在的一个问题就是：在婚姻关系中只是去满足生理上的需要。也就是说在现实生活中，很多婚姻只是满足了身体上的需要，却没有让双方的心理和灵性需求得到同步满足。这也是为什么很多婚姻不幸福乃至一段时间之后走向尽头的缘由。无论是在一桩并不幸福的婚姻里面，还是两个人因不幸福而导致婚姻破裂，无疑都会对孩子产生很大的影响，究其根本原因还是个体生命的问题没有解决。

实际上，我们的生命是一个非常复杂的构成，它不只是个肉体，它还有心理，还有灵性。今天，甚至于普遍的人都知道了，当我们吃饱喝足以后，心理的需求更为重要。

现在，有专家已经研究出来，生理的需要仅占生命系统的10-20%，而80%以上是心理的需要和灵性的需要。但是过去我们贫穷，我们吃不起饭，虽然身体需要只占10-20%这么一个比例，但却是一个最基本的现实问题。如果连这个基本问题都解决不了的时候，后面那80%的需要就更无法去满足了。所以，那个时候我们一股劲儿地就是为了挣钱，就是为了让自己吃得起饭，让家庭吃得起饭。我们改革开放几十年为何创造了人类历史上的奇迹，干出了西方国家一百年都干不出来的成绩，就是因为穷怕了。所以，我们暂且没有管后面80%以上的问题，而是先把这10-20%解决了。那个时候哪怕我们不要脸都要去挣钱,甚至有的人采用非法手段,还有出卖廉耻的,都是为了解决这10-20%最基本的需要。

但是,当我们能吃饱喝足以后,就应该及时刹车,不要再那么疯狂地继续追求物质了。追求物质来满足我们10-20%的生理需求没有错,而且必须满足,问题是不懂得刹车,而且把追求物质当成是唯一的需要了。直到今天,我们很多媒体的价值观引导还是聚焦在挣钱上,看谁的钱多,看谁是首富!

这种"一切向钱看"的价值观,充斥在我们生活的方方面面。就连两个人结婚,也根本不是为了满足心理需要,满足灵性需要,而是满足生理需要。只是满足生理需要,那很容易啊!只要我有钱,你愿意,我们就结婚。这样的话,两个人之间不就是一个嫖客关系吗?只不过是一个买断了几十年的嫖客关系而已。因为两个人在一起,彼此要的无非是生理上的满足这么一种关系。人家是按次付款,你是一次性付款而已;人家可能是包月,你是包一辈子而已。那有什么不一样呢?婚姻关系一旦没有心理和灵性这两个层面,味道就变了,婚姻也就因此而失去了其真正的意义。

当整个社会都是因钱而建立关系,那么没钱就很苦了,没钱就没有人愿意和你在一起。所以人们就很想拼命地挣钱,很想拼命地挤入上流社会,并认为只有这样才能拥有最大的机会。

一味地满足欲望所带来的表面繁荣,让我们傻乎乎地拼命挣钱。挣到钱以后,生理的问题是解决了,但是最后心理问题还是空缺,灵性问题更是空缺。到头来，人生还是孤独、匮乏、寂寞、空虚。

　　人们透过挣钱来满足生理层面的需求，还有一个关键问题是很多人年轻力壮的时候根本挣不到钱，等挣到钱的时候身体却不行了，也就没必要去满足了。最后发现把生命搞误会、搞颠倒了，只能被动地带着此生无法解决的问题和已然无力满足的需求而抱憾终身。

亲子教育与人生幸福是何关系？

　　从认知生命智慧的角度来讲，我们的婚姻应该是因爱而结合，我们的家应该是一个懂得爱、一个经营爱、一个书写爱、一个表达爱的地方，一个彼此之间相互成全、相互成就、相互分享的地方。一旦我们把这个本质丢了以后，我们就只是拼命地往上追求，一味地往上追求……到底什么才是真正意义上的"往上追求"呢？

　　很多时候，我们的"往上追求"完全是自我想象的，我们现在所理解的"往上追求"恰恰是往下倒退，因为我们搞颠倒了。就像一个医院里面有一群患者在做尿检，每个人手里都小心翼翼地端着自己的尿样排起队等待着护士通知，然后一个一个送过去做尿检。其中有一个患者的名字叫王尚举，高尚的"尚"，举起来的"举"。当排到他的时候，护士就喊："王尚举"，然后所有的患者就把尿样举高了一点儿。护士又喊："王尚举"，然后大家又举高了一点儿。护士见没人答应，就不停地叫："王尚举"，结果所有人都已经把尿液举到头顶了。这时候，这位名叫"王尚举"的患者才突然想到护士是在喊我啊，于是醒过神儿来的他就大喊了一声："到"！结果所有人都不由自主地应声把尿倒在了头上。人生就是这样的，我们想象的都在往上举，但是最后都倒下来了，弄得很惨。

我们从小要培养孩子了解生命，了解人生的意义是什么，不只是单一的挣钱。"挣钱是为了什么？"你要问孩子。"为了幸福"，"那么亲子教育与人生幸福是何关系？""幸福来源于爱"。所以，挣钱是为了表达爱，为了经营爱，我们不能把目标搞丢了，最后就只知道一个挣钱。挣钱是达成爱这样一个目标的手段，而不是目标本身，这一点很重要！所以我们要把握住这个根本。

我们六七十年代出生的这一批人就是因为没有把握住这个根本，才在不明不白的情况下，搞出了"6+1综合症"这个社会悲剧出来。今天你去看这些独生子女普遍存在很多问题，很自私，脾气又不好，既没有自我管理能力，也没有自我控制能力，还没有上进心，甚至还要在家里啃老。可是你能怪孩子吗？怪谁？怪父母。我们老祖宗讲自作自受，谁叫你这样教育孩子呢？现在，我们很多人回过头来才发现，原来真的不能这样教育孩子。

为什么说小孩一定要从小吃苦？

我们的上一辈很多人都没有钱读书，因为那个时候，有钱人才读得起书，所以很多家庭的孩子都上不起学。那时候没有像今天这样，全社会进行教育普及，来解决全民都能够接受教育的问题。

虽然以前那个时候没多少人读得起书，但是关于子女教育的一些根本性问题都没有丢掉。比如说：小孩一定要从小吃苦，这个教育对人生是很重要的。我们老认为吃苦是个坏事儿！一个没有吃过苦的人，怎么懂得人生痛痒？一个没有吃过苦的人，怎么懂得珍惜人生？一个没有吃过苦的人，又怎么会体谅父母？没有吃过苦的人，你将来走进社会又怎么能适应外面的世界？没有吃过苦的人，你的内心怎么可能坚强？没有吃过苦，你什么历练都没有，就犹如温室里面脆弱的小幼苗。当你走进社会，不要说狂风暴雨，哪怕一点风吹雨打你就倒了。作为这样一个根本无法适应社会的人，他不啃老怎么办？所以今天我们两代人共同创造出来的这一批"6+1"中国式独生子女，很多都在家里面啃老。

有一位学员，曾在听完我的课后，向我提及他家亲戚的孩子：都已经结婚成家了，却还天天呆在屋里打游戏，也不出去找工作。而他这个亲戚操劳了一辈子，身体也不是很好，早都退休了，现在还要每天出去打工来养活这对小夫妻。这位学员说："我这个亲戚真苦啊，太惨了！"说着说着竟突然哭了起来。他是个大男人，长得五大三粗的，哭得我都不好意思。我说："你这是哭啥呢？"他说："因为他是我哥嘛，每次想到我哥在过这种生活，我心里面就特别不是滋味。他一辈子都在吃苦，所有的积蓄都用到孩子身上了。现在孩子们已长大成家，甚至他们自己的孩子也都有了，可他们自己啥都不管，连孙孙也要让我这个爷爷辈的哥哥管。我哥都这把年纪了，还要出去打工。"这位学员在我面前讲起来就哭，并问我有什么办法。我说："唯一的办法就是面对现实深刻反省，然后再想办法看怎么改变。任何家庭或社会问题都不是一天两天造成的，怎么可能给出个方法就解决了呢？整个家庭那么努力，那般拼命地溺爱，才造就出这么一个"神圣"的结果，哪里是提供一个方法就轻易解决了！怎么可能呢？"

很多家长不去反省自身的问题，等到自己受不了罪了，就想去外面找个人开个秘方。这时候，很多骗子就出来了，给你解决子女不孝的问题，给你解决孩子叛逆的问题……你真的相信他给你一个方法就能解决吗？怎么可能的事情！这些问题都必须从修身上具体去解决。

作为父母，因为自己没有修身，才导致其根本不懂要把修身的教育传给下一代。这个因是存在的，这个因不斩断，就算人家给个秘方，就算暂时管用，可是问题的根源还在啊！好比楼顶漏雨，把地板弄脏了，然后就有人教你如何擦地板，刚刚擦完，回头又脏了，你擦得干净吗？只要上面还在漏，你就怎么也擦不干净！你得把楼顶那个漏雨的洞补好，才能真正解决地板脏的问题。同样的，孩子的问题也要从因上来着手解决。现实生活中，我们很多父母都只追求怎么教育子女的方法，却从来没有关心其自身怎么样？自身导致了哪些问题？自己为什么不修身？

亲子教育其实是要父母先成长进步吗？

虽然天下没有十全十美的父母，但对于父母的不是，子女没有资格说他们。因为就冲着他们无私无我地对子女好这一点，子女就没资格说他们。更何况我们每一个人都未必能把人生的问题都搞懂，有的人一直活到死，不要说把生命问题搞懂，就连做人这个问题都没搞懂。

人生两件事情：做人和做事。有些人一直到死连做人的问题都没搞懂，把做人做事再上升至一个高深的生命问题，就更搞不懂了。所以，天下没有十全十美的父母，完全是事出有因、情有可原。为此，我们整个社会、整个家庭都要给予一定的包容和理解，并共同来面对这个问题。但话又说回来，虽然天下没有完美的父母，子女没有资格说父母，但是父母也不能够太任性、太固执，不能抱着"我爱你，我就怎么做都是对的"这种想法，理所当然地认为自己犯错误不反省都无所谓。

你看大自然的动物都懂得爱，那个母鸡都会爱崽崽。纵观一切生灵，爱是天性使然，并没有什么了不起。所以，我们不能打着"爱很了不起"这样的幌子，给自己不愿意成长、不愿意进步找借口。这也是我们做父母的人，需要反省的非常重要的一点。

当然，父母没有必要去跟子女道歉，但是心里面要自觉，要懂得反省。否则，整个家庭的根本问题解决不了，子女问题也就解决不了，因为真正要解决问题必须要从根本上来解决。亲子教育有没有方法？有方法，而且方法我们也会提供，但不是重点。

我们主要是提供更为根本的东西，因为任何方法都要建立在我们把基本的生命问题解决以后才奏效。如果不解决根本问题，人始终是麻木的。就像一个社会一样，问题出多了以后，慢慢的就麻木了，麻木以后就瘫痪了，这是最麻烦的。从心理上来讲，一个人也会走向瘫痪，称为人格麻木。如果一个人的人格走向麻木了，这是最悲惨的事情，比坐牢还要惨。

有一个瘫痪的病人，在医院里面住了很久都治不好。有一天，医院里新招来了一个护士小姐。她虽然是护理学专业，但是她原先在学校里面整天东晃西晃，并没有认真学习，只不过是混了一张毕业证而已，随后就进入这家医院工作了。上岗以后，护士长就交代她给这个瘫痪的病人打针。可谁也没想到，她一个科班出身的护士连个针都不会打，愣是把针给打偏了。她也知道这针打偏了，但这个时候病人还在睡觉，她并不知道这个人其实已经在那里休眠，睡了好久了。

她发现针打偏了，病人也没吭声，她也就一声不响地把针拔下来重新打，没想到又打偏了！她看这个病人还是没醒，就又重新抽出来再打，可还是没打对。她就在那里一直打，一边打心里一边想："这个人怎么还是睡得死死的？"然后她就不知不觉从头打到脚，又折腾又紧张，搞得一身汗淋淋的。搞到最后，她再想换个位置打都已经没地方了，全身都打完了。这个时候，病人突然一跃而起咆哮道："你他妈的真当我睡死了？从头到脚瞧你把我弄的！"然后这个护士小姐吓得落荒而逃。

第二天，她刚一上班，就被医院的院长叫进办公室了。这个院长见到她真是激动啊，握着她的手惊讶地说："没成想啊，你太牛了！这个植物人沉睡七八年了，居然被你给扎醒了！"

现在，我们所有父母都沉睡在一个错误的亲子教育理念上，可不止是七八年了，我们已经是几十年了，能不能叫得醒我也不知道。当今社会，亲子教育这样一个危机，不是一天两天，而是几十年才导致的。我们沉睡了几十年，可能针要打得更猛一点，才可能最终解决这个问题！

第 **贰** 章

亲子教育中的生命关系学问

　　人生就是一部非常巨大的生命电影的演绎, 所有人物关系的设立、生命角色的扮演, 都有着极其丰富的内涵。父子、长幼、夫妻、朋友、君臣之间这些伦常关系, 在我们圣贤文化里面, 每一种关系都有着相应的怎么样去经营、去表达、去演绎、去维系的智慧, 就如同电影里面给不同的演员设定不同的角色, 投入到各种关系中如何扮演的这样一种智慧, 它是为了表达生命共同追求的一种东西。

第壹节 亲子教育与伦常关系

本节要点：

1、现代人际关系学与传统伦理学之间的本质差异是什么？

2、怎样理解文明传统设定的五伦关系？

3、亲子教育如何丰富生命关系的内涵？

4、何谓亲子教育中最该深入了解和探索的部分？

现代人际关系学与传统伦理学之间的本质差异是什么？

我们这个社会存在着各种各样的观点，但始终在强调一种所谓的成功人生，其实也就是生命关系经营的成功。这一部分在我们今天的社会学里面也被强调得非常重要。

一个人一生是否有成就，就在于他能不能得到别人的支持、拥护，能不能得到别人的接纳、喜欢和爱戴。从事业成功的角度，人们发展出了有关人际关系经营的学问。

关于人际关系的经营，我们除了从事业追求的角度，对其进行认知之外，我们从生命的角度又如何来认知呢？实际上，如果把生命的关系只是狭隘地解释为有关人生事业成功方面的一种单一学问的话，这便是对生命关系本身极大的一种贬低。

从站在生命的立场这个角度来看，生命的关系互动远远不止于仅仅是我们所理解的怎么样有利于我们事业上的成就这一部分。

我们世间一共有五种伦常关系，这五种伦常关系一旦处理好，就一定会带来事业上的成功，而且还是附带的。关于生命关系的经营，它不仅仅是围绕着一个目标的达成或者是利益的获取这么一种功能。如果我们将生命关系仅仅是理解为服务于事业成功这么一种功能的话，我们的关系就将变得很丑陋。你不会因为你喜欢这个人而对他表达爱，你会因为利益而向他表达你的虚伪。如此，虽能在事业上换得一点蝇头小利，但是就生命的灵性而言，其损失是惨重的，是根本划不来的，因为那是一种没有尊严的体现。

我们老祖宗所规划的所有关系的经营，是从生命的角度来讲的，是从生命表达爱的角度来讲的，是从生命丰富多彩的经历、体验、感受和展现等角度来讲的，而不是我们今天所曲解的生命关系仅仅是服务于事业、服务于利益、服务于目的。

在目标和利益驱动下的人际关系结构里面，除了相互欺骗的手段，除了相互取悦的技巧，除了金钱是最背后的实际纽带之外，人与人之间的关系只是一种表面的虚华，不仅谈不上任何生命的尊严，更谈不上生命的深度，当然更无法谈及有关生命的存在价值和意义。

我们老祖宗设定的五伦关系，绝对不是一种规矩，但又好像是规矩。就像一个导演要拍一部主题是关于生命幸福的电影或电视剧，导演会在剧本里面设定不同的生命角色，让不同的角色在电影里面有不同的经历、不同的认知、不同的遭遇……他们有不同的对自身角色的表达，对自身生命的表达。透过导演所设定的角色，能传递给我们一种生命内在的认知，我们能感知到这就是生命的丰盛，这就是生命的幸福，这就是生命的圆满，这就是生命的意义，这就是生命的美好……

这一切是透过导演所设定的电影里面的若干人物角色来共同完成的一个整体效果。如果没有电影中这些角色在戏份里面的扮演，没有里面的一些故事的展开，那我们就无从感知到生命的这种幸福、这种美好、这种富足。

生命所有幸福美好的东西，导演没办法透过一部电影全部传递给我们。从这个角度来讲，我们就会发现电影里面每一个角色的演绎，每一种关系的互动，每一个故事的展开，每一个情节的演绎……都是为了给观众传达其背后的主旨和内涵。如果我们把电影里面关系的互动，理解成是为了获取利益，为了达成某种目的，那么整部电影就会变得很丑陋，我们也就无法透过关系来理解生命的内涵。

从生命的角度来看，我们就会知道所谓生命关系的经营，绝对不是利益、目标和价值驱动的人际关系经营策略，那是腐朽的、错误的，甚至可以这样讲：那是很丑陋的一种人际关系经营理念。因为所有的根基不是建立在表达爱，表达一种生命内在的韵律，表达生命的一种最为珍贵的意味深长的东西。

当今社会，整个人际关系学问的理念存在一个非常普遍的现象，就是关系仅仅为金钱服务，为事业服务，为利益服务。这样就相当于把非常神圣的生命关系互动，一种极为高深的生命智慧流演硬生生地给拉下来，然后歪曲成一种技巧、一种知识、一种术上的东西，这就是现代人际关系学和传统伦理学之间的本质差异。

怎样理解文明传统设定的五伦关系？

东方智慧是站在生命的神圣之光上，站在生命的多姿多彩上，站在爱的滋养与分享上，站在深深的富足和丰盛上，站在生命的终极意义上，也即生命的证悟和觉醒上来设定生命关系的伦理学。相比而言，人际关系学就显得很表面、很肤浅、很功利。

如若我们把老祖宗很博大精深的学问丢掉，而去盲目地学习所谓人际关系学，最后就搞得整个社会男女老少，无论你跟谁一讲话都感到很虚伪！难道只有虚伪才能获得事业的成功吗？绝对不是！我们老祖宗讲的伦常关系学只要能理解好、遵循好，任谁都可以成功，而且这种成功远远超越我们所理解的事业这一部分，因为我们还有生命的认知、生命的成长、智慧的圆满、灵性的提升、心灵的富足等等诸多方面的成功。所以，我们就能理解伦常关系学和人际关系学根本不是一个层面的学问。

我们今天的年轻人把我们儒家文化讲到的伦常

关系学当成垃圾一样扔掉，反而把被现实利益所驱动的人际关系学捧上神坛，这就是不肖子孙愚昧无知最典型的体现。我曾经也自以为是地盲目丢弃我们老祖宗留下的这些弥足珍贵的财富，如今我把伦常关系和人际关系对比起来讲清楚，也就是为了赎罪。因为我在年轻幼稚狂妄的时候，照样瞧不起我们老祖宗留下来的宝贵财产，照样崇拜当今那些肤浅的、表面的理论，这就是深刻的教训，因而我这辈子就决意了只干一件事情——弘扬中华优秀圣贤文化！

关于五伦关系里面所讲的很多内涵，现在的一些圣贤文化老师并不真正明白，因为他们在讲所谓的父父子子、君君臣臣的时候，里面依然透露出封建腐朽思想的味道，依然透露出一种僵化的规则教条的感觉。在一个活生生的现实里面，我们的脚应该是踩在大地上的，但是很多圣贤文化老师却老是站在天上传道，搞出了一些全都是不食人间烟火的理论。这是根本就不理解圣贤文化，偏偏又那么卖命地传播圣贤文化。

当今，虽然国家很重视并大力在倡导圣贤文化，但是目前圣贤文化的现状并不是普遍都很好的一种现象。因为社会上传播圣贤文化的很多人也都不明白东方智慧里面最核心、最根本的东西，当然也并不知晓伦常关系背后的意思何在。很多老师就在圣贤文化讲堂里自以为是地讲：女人必须听男人的话，因为男人是天你是地，男人如果打你，你就要好好地忍受，他打完你，你还要跪着给他服务好，这是你作为女人的本分......如此的腐朽，却被打着圣贤文化的名义在广为传播。而且，我看见一个非常可笑的现象：只要去讲子女怎么样孝顺父母，或者女人必须要服从丈夫的，那就会有很多人买单。因为那些不争气的男人终于找到人给他们抒发心声了，所以就很愿意出钱；那些被子女搞得很难受，不被尊重和爱戴的父母也终于找到救星了，所以也赶快把子女送给他们去教育。

我发现有一些搞圣贤文化的群体，他们很有钱，掌握的知识也很多，他们采用的就是取悦一部分人的方式在传播圣贤文化。他们不是站在一个天地宇宙的高度，站在一个中立客观的角度，站在一个道法自然的立场来看待生命所展开与铺就的各种关系，因此也就无从把关系诠释到位、解析周全，当然其自身也就无法真正把关系经营明白。

我们讲的伦常关系，并不是一种教条，也不是一种规矩，更不是一种上纲上线的情感利用和道德绑架。如果我们把宇宙所开创的一系列生命互动关系理解成教条，那么这个宇宙就已经腐朽了。为什么？因为宇宙跟我们人类一样是有目的的，而我们却认为整个宇宙不可能有目的，只有我们人才有目的。为此，我们有目的的人会为了他的目的来解读宇宙所开创的各种伦常关系。

我们过去是男人一统天下，从便于男人统治天下的角度，当权者只要把天下女人统统划归给相应的男人来管理，天下就解决了一半的问题；再把家庭的问题划给家里面的家长来搞定，天下的问题剩下那一半又解决了1/3；然后再把家庭的问题划给家族的族长，天下问题就全部搞定。但是你会发现，把天下问题搞定的基础是以踩低女性为代价的，所以女人一定要翻身，因为以这种方式带来的所谓社会的稳定，从侧面来讲的确很微妙，但却是违背人性的。通过管理和压制任何一方来保证一个家庭的和谐来维系社会的稳定，这本身已经是一种讽刺。

难道我们就不能找到一种对双方都好的符合于天道的智慧吗？一定要你这样或我那样来保证所谓的稳定吗？今天很多家庭里面并没有爱，只有利益权衡的稳定，一个没有爱的家庭也就不可能有真正的和谐。

一个人在社会上辛辛苦苦为事业打拼，处心积虑地在各种竞争关系里面周旋，已经很劳力费心，回到家里还要继续操心，还要继续防范和权衡，这时家的意义就已经失去了，任谁也都不愿意在这样的家里面待。人生已悲哀至如此地步，为何我们还不反省？其实都是因为不理解生命存在的意义是什么。

我们不理解生命在本质上，在灵性上，在初心上是基于一种爱的绽放、爱的表达、爱的分享、爱的滋养……而创化和派生一切经历、体验与受用，任何一种关系也都是为了把生命这样一种爱的本质以丰富的形式展现开来。

亲子教育如何丰富生命关系的内涵？

每一种关系，就像一部电影一样，为了表达生命这种爱的丰富性、活跃性、美好性、灵动性、多姿多彩性……导演将其一生的关系设定得很丰富，不像现代人强调和推崇的"所有人的关系都是朋友"。生命本来是无比丰盛的，为什么我们越来越感觉到贫乏？就是因为我们不理解生命的丰富性，自以为是地把一切关系划分成朋友。本来内涵很丰富、很深厚、很多姿多彩的生命关系，被根本就不理解生命的人一刀切下去，搞得如此浅薄、单一和乏味，而且还大肆鼓吹和宣传，使得很多没脑筋的人根本就不加思辨地盲目跟着学，为此还很自豪地宣称："我和所有人都是朋友"。

生命在原初的本质能量上是一种爱的需求，我们的生命在寻找爱，在拥抱爱，在成为爱，在分享爱……在爱的关系滋养，在爱的形式表达，甚至在爱的艺术书写上，展开了很多丰富多彩的互动，而不只是单一的朋友关系这种互动模式。

假如你是一个导演，在一部电影里面设定了很多人物，你在设计生命的各种角色互动和表达上仅仅是朋友关系，所有人都是一种朋友心态，那你这部电影传递出来的内涵就很单一。爸爸和儿子是朋友关系，男人和女人也是朋友关系，爷爷奶奶和孙子也是朋友关系，老师和学生也是朋友关系，上级和下属也是朋友关系，朋友和朋友还是朋友关系……他们怎么演？这个戏演出来好看吗？

人生就是一部非常巨大的生命电影的演绎，所有人物关系的设立、生命角色的扮演，都有着极其丰富的内涵。父子、长幼、夫妻、朋友、君臣之间这些伦常关系，在我们圣贤文化里面，每一种关系都有着相应的怎么样去经营、去表达、去演绎、去维系的智慧，就如同电影里面给不同的演员设定不同的角色，投入到各种关系中如何扮演的这样一种智慧，它是为了表达生命共同追求的一种东西。

我们生命共同追求的东西，就是爱。那么爱就跟我们吃菜一样，饿了就要吃，我们基于同样的理由吃菜，但是我们却不能每天都只吃一样菜；我们基于同样的理由要吃饭，我们也不可能每天只吃一样。所以你会发现都是因为同一个理由需要吃饭、吃菜，但是你却不能每顿只吃一样，那样就显得很单调。虽然你都是为了解决饥饿问题，但是你可以吃得丰富一点，你可以吃出不同的滋味来，你可以吃出不同的情调来，你可以吃出不同的艺术来，你可以吃出不同的内涵来，这样才能够把同一个需要以丰盛的形式去表达出来。

通过丰富的现象能把生命内在表达出来，把自己本然的丰盛、圆满、具足体现和彰显出来，这就是生命为什么要诞生各种关系的原因。所以，五伦关系不是一种古板的教条，不是一种僵化的规则，其本质是生命爱的丰富性展现、互动和表达。就像一部电影为了避免肤浅，它里面的生命角色设定往往具有很大的差异性，角色之间的各种关系互动对角色本身有着相应的不同的要求。

同样的道理，每一个生命都需要爱，每一种关系也都是为了表达爱，但是爱的满足方式不能只是单一的一种朋友关系，所以宇宙要设计丰富多彩的生命关系在爱上互动。这样，你就能理解我们老祖宗所倡导的伦常关系为何不是教条，而是我们满足爱的需求最为丰富性的体现，是不同的爱之表达智慧与艺术。虽然生命实质上需要的是同一个爱，但是爱的滋味不一样，爱的体验不一样，爱的感觉不一样。

你跟爷爷奶奶之间有晚辈对长辈的恭敬在里面，爷爷奶奶爱你，你也爱爷爷奶奶，但是你会发现你爱爷爷奶奶的方式和爱你另外一半的方式是不同的味道。这种不同的味道是怎么来的呢？就是角色的这样一种划分带来的。爱相同，但是品尝到的滋味不同，如此你才会理解什么样叫生命的富足，什么样叫爱的丰盛，什么样叫爱的浪漫，什么样叫爱的诗意，什么样叫爱的甜蜜……你在生命的各种关系互动和体验中也才会真正理解爱的丰富性、美妙性与无限性。

你有没有发现，我们老祖宗是全世界最懂爱的人。这就是为什么获得世界上最高成就的75位不同国家、不同专业、不同领域的诺贝尔奖得主在法国巴黎联合宣称：如果人类要在21世纪继续生存下去，必须汲取东方的智慧。

何谓亲子教育中最该深入了解和探索的部分？

我们东方早就发现生命有一种存在就叫爱，而爱为生生之本，爱是天地宇宙之间一切生命赖以生生不息、欣欣向荣、美美与共的根本力量，是每一个生命于各种经历与体验中一直在寻找的幸福归处。

一位每天都在努力搞科研的科学家，看到身边两个小青年整天在一起谈恋爱，就气不打一处来地质问他们俩："为什么天天在一起卿卿我我？不好好上学！""因为我们之间有爱呀！""你们撒谎，你们哪里有爱？你能拿得出证据来吗？"两个小孩儿就傻了，怎么拿证据啊？"我们现在一切讲科学，你们两个现在学都不上，天天在一起爱爱爱……现在我们就找证据，如果在你们心里面找到有爱在，就允许你们不上学，否则，你们就规规矩矩给我上学。""那怎么找啊？""很简单，你说你们心里面有爱，那我就把你们的心给挖开，如果在里面找不到爱，就说明你没有证据，那你就说服不了我。""不行！你肯定找不到嘛！但是我确确实实有爱，这个我自己清楚。"这种无形的东西是存在的，但却看不见，而我们东方早就在研究看不见的东西。

整个生命系统看得见的部分只占百分之一二十，看不见的占百分之八九十。比如说：我们的心理活动，你看得见吗？但是它很真实；我们七情六欲的变化，你看得见吗？它也很真实。我此刻正在发生的心理变化你虽看不见，但是我能感受得到，你也能感受得到。恰恰这些看不见的东西，却是左右我们一生的主要成分。我们一生都活在各种情绪里面，我们一生都活在各种感受里面，这才是生命更为重要的成分，也是我们最该探索和了解的那一部分。

本节要点：

1、亲子教育应从最重要的关系互动上抓起？

2、亲子教育应关联道法术器层面的人生经营？

3、亲子教育中的习性规范和欲望表达？

4、导致孩子沉迷于游戏的原因是什么？

亲子教育应从最重要的关系互动上抓起？

人际关系学强调的是我们生理所对应的物质需求层面，主要体现在金钱的获取和利益的实现，而我们伦常关系学解决的是生命的心理和灵性层面的需求。你看哪一个要深奥一点？不理解生命奥秘的人给人讲关系学，那不就是瞎子给瞎子引路吗？明明前面已经是悬崖峭壁了，瞎子却说还要继续往前走，前面马上就要到梦想的殿堂、理想的国度了，结果大家一起摔下去，摔得很惨。

我们要从生命本质上来看待关系互动。五伦关系，是一种生命艺术的表达形式，是生命爱的绽放之丰富体现，不要将其理解成一种规矩，理解成一种教条。

我们教育孩子不是教育他遵守什么条条框框，而是启发孩子认知生命的奥秘。当孩子认知到生命的奥秘，理解到生命的丰富性，知道生命存在的意义是什么，他自然懂得如何来经营人生中的各种关系。他会很清楚对爷爷奶奶一定要恭敬；他自然就懂得要用孝敬的方式来表达对父母的爱；当然，他也自然就知道上下级之间、君臣之间不是讲赤裸裸的利用，而是要讲一种义气；当他知道朋友之间是最肤浅层面的关系，那么他就会知道重视家庭关系。俗语讲"狐朋狗友"，往往臭味相投、习气相同才会成为朋友，所以朋友关系往往都是很肤浅的。

在我们的家庭里面，最重要的关系就是夫妻关系。因为夫妻关系处理不好，就会影响到兄弟姐妹之间的关系，以及长幼之间的关系；长幼之间的关系处理不好，就会影响到君臣关系或者上下级关系。所以，五种关系里面，在源头上就要从夫妻关系抓起，夫妻关系要和谐、要美妙、要同心。

夫妻的互动还要懂得一些神秘性，所谓的神秘性就是男女之间不能够搞得赤裸裸。我们老祖宗难道不知道男女之间是赤裸裸的关系吗？知道啊！那他为什么要给我们划定一种神秘性在这里面呢？因为如果我们搞得完全赤裸裸的，我们就变成动物关系了，而动物之间就是赤裸裸的两性关系。

人类跟动物的区别就是动物在两性关系上是赤裸裸的表达，而人类在两性关系上加入了心理活动，加入了智慧运用，加入了灵性的东西进去，如此就使得我们的两性关系变得很神秘，变得很丰富，变得很精彩，变得很有诱惑性，变得很令人向往。

假如我们把自己拉回到动物那个层面，那么两性关系就没有什么神秘可言了!所以,为了保持夫妻关系的这种神秘性,我们要懂得夫妻关系需要在什么场合去表达。

过去,我们老祖宗就像电影的编剧一样,在剧本中设定了五种关系,然后各种人物角色划分成五个组,一个组扮演夫妻关系,一个组扮演朋友关系,一个组扮演兄弟姐妹关系,一个组扮演亲子关系,一个组扮演上下级关系,然后每一组在各自的角色上准确地表达每一种关系的微妙性。

为了把各自的角色扮演好,把各自的关系演绎和表达好,扮演夫妻关系的,就开始去思考我的夫妻关系怎么样经营来区别于朋友关系,我的夫妻关系怎么样去经营来区别于兄弟关系,我的夫妻关系怎么样来经营又区别于父母子女关系,我的夫妻关系怎么样去表达又区别于长幼关系,而且一上场就能让你看到这种区别。这五种关系透过人物角色的演绎传递给我们不同的生命感受,就能够让我们品尝到不同的生命滋味,伦常关系就是这么深奥与神奇。

生命于世间,不仅仅是为了挣钱,有关生命的一切更是一个非常博大精深的艺术的经营。想象一下,假如你是个导演,你要拍出男女之间、夫妻之间那种微妙的神秘性,你要怎么办?你就会去研究它跟朋友关系的区别在哪里,跟其他几种关系的区别又在哪里?透过揣摩与思量,你就会把我们《诗经》里面"窈窕淑女,君子好逑"的那种男女之间独有的感觉找出来。不然的话,你找不到那种感觉,你就会把内涵深厚的伦常关系拉低成肤浅表面的人际关系。

一旦伦常关系堕落成人际关系，那么我们人类就已经迷航了。

亲子教育应关联道法术器层面的人生经营？

我们人有三大能量中心，分别是本能中心、情感中心和理智中心。三大能量中心在人体里面分管不同的功能。天道规定，能量在不同的中心有不同的运作规范，这就叫道法。

能量在本能中心，它有本能中心的运作模式；在情感中心，它有情感中心的运作模式；在理智中心，它有理智中心的运作模式。正因为它们的运作不一样，才充分地体现出一个生命的丰富性、变化性和趣味性。我们圣贤文化智慧讲因缘和合，生命里面所有的一切都是万千因缘和合而成的。正因为是万千因缘，世界才无比丰富、无比浩瀚、无比神奇。

那么，这个道法是什么？这个道法就是导演设定的电影里面各种角色的规定和要求。导演说："为了表达生命本然具足的丰盛、幸福和圆满，我在这部电影中设定了不同的生命角色，然后我给你们规定不同的生命角色有不同的表达方式、生活方式，包括你们的性格和气质都不一样，然后你们开始上演不同的戏，来构成我这个生命的大戏。"

这个要求就是"道法"，有了总的要求以后，你去钻研怎么样把角色表达得惟妙惟肖，这个就叫"术"。你用什么工具去表达，就叫"器"。方方面面都要在"道法术器"四个层面结合起来协同运作，方能经营好我们整个人生。

追求恋爱也要四个层面结合起运作，这样符合天道的恋爱才美好；追求人生的事业，也要把"道法术器"四样结合起来运作，这样的事业才会永久；同样的，经营人世间的各种伦常关系，也要把"道法术器"结合起来表达，这样的伦常关系才会源远流长。从宏观的治理国家到微观的自我修养，都要把"道法术器"这四个层面的智慧有机融合，才能够真正达成愿望，实现圆满。

我们今天的人，很可怕的是只抓"术器"，"法"丢了，"道"更丢掉了，这就叫离道甚远。一旦把"道法"丢了，哪怕你在术上很发达，在器上也很高端，但是最后你发现人生还是很贫乏。你看现在开劳斯莱斯的人也会很痛苦，有些当国家总统的也很烦恼，因为他只重视"术"和"器"，把"道"和"法"给丢掉了。

亲子教育中的习性规范和欲望表达？

如果生命最根本的"道法"你不去掌握，你只是依着自己的习性：我现在就想打游戏，我现在就想干啥……如果你就这样玩儿，你会被玩儿死！我们谁没有习性？都有！天地宇宙之间每个生命都有习性，但是所有的习性都要在"道法术器"的规范上来表达。这样一来，它不是压抑的，同时它还是丰富的。就像粪便一样，你直接吃粪便肯定是不雅观的，但是你把它转化一下再吃那就很高雅。虽然你最终还是吃的粪便，但两种吃法可是天壤之别，完全不一样。你直接吃粪便又臭又难看，但是你把粪便拿来种庄稼、种蔬菜，然后你再吃蔬菜、吃水果，那就是很高雅的事情。

我们人作为世间万物之灵，不是赤裸裸地去使用欲望，而是要把欲望进行有效地加工、转化、提升，也就是透过人类的智慧把欲望经营得非常美、非常有品位、非常有内涵。如此，欲望就变成了好东西。很多人不懂欲望，就拼命地抵制和打压欲望。因此，就出现了两种极端：一种是禁欲，另一种是纵欲。打压欲望这边是修行人，放纵欲望那边是在红尘当中追逐的人，实际上这两边都通通是苦难众生。他们都不懂得怎么样将欲望转化一下，把粪便变成玫瑰的芳香。为什么能够把粪便变成玫瑰的芳香，把欲望变成美好、神圣的生命艺术，这当中就有道法。

道法是我们人在生命成长的过程中，想要获得幸福、成功和美满，必须要学习、了解和掌握的。如果我们只是学"术器"而不参悟"道法"，人生就会遭逢诸多不如意，就会遇到瓶颈和障碍，进而心生困苦与烦恼。相对"道法"而言，我们对"术器"并不陌生。我们从小就开始学，教科书里面整天讲"术"和"器"，却把"道法"给丢掉了。而"道法"是生命经营的艺术，是生命达到周全圆满的智慧。

有一个大师，他见一只狠毒的蝎子掉在水中，就伸手去捞，不料被蝎子蛰了一下。但是这位大师并没有因此而放弃，而是继续去捞这只蝎子。然而每捞一次，蝎子就又蛰他一下，于是大师就这样不断地捞，不断地被蛰……这个时候，一个小青年在旁边就问了："大师啊，你看这只蝎子啊，毒性这么重，你为何还要救它呢？"然后大师说："蝎子蛰人是它的天性，我捞它是我的天性，我怎么能够因为它的天性而放弃我的天性呢？"这个时候，少年感动得直掉泪。"大师，你太慈悲了，你的天性就是善良。"他说："不是，我的天性就是什么东西老子没吃过，老子就一定要尝一下。"我们不能够一味地依着天性，所有天性都要遵循"道"和"法"来表达。只要按照"道"和"法"来表达天性，包括我们的习性、秉性，一切就会变得很美好。所以，为何我们《诗经》这些经典里面表达和传递的意境那么美妙？就是因为不是赤裸裸地表达我们的人性。

导致孩子沉迷于游戏的原因是什么？

站在天地宇宙的角度来讲，人的本性是没有善没有恶的，关键是你怎么样去引导，你用什么样的艺术去经营，或者说在亲子关系中，你怎么样去教育。

我们的亲子教育，更多要致力于怎么教会孩子运用自己本性的能量。但是因为我们的教育失误，孩子们都把本性的能量拿来打游戏去了，这是我们要反省的。

天地本身给了我们道法，是完全可以把任何东西都变好的，可是为什么今天我们的孩子在用能量的时候，都只用在游戏上呢？这就说明我们对能量的认知存在缺陷，我们没有掌握运用能量的道法，我们没有把小孩的能量规划好、引导好。

当然，父母本身的能量也没引导好，没规划好，而只是单一的一种本能的欲望在表达自己。那么，当他只是单一的一种欲望在表达自己的时候，他虽然是个人，但实质上他存在的境界跟动物是一样的。因为动物就不会讲什么艺术，不会讲什么美学，不会讲什么智慧，更不会讲什么伦常关系。所以，父母不懂能量，最后只能把小孩也拉到跟动物平等的角度。

你会发现动物有很多特点，想咬人就咬人，想发脾气就发脾气，想吃就吃，想干什么就干什么……我们今天养的小孩是不是很多都符合这个特点？想干什么就干什么，跟动物一模一样。但是这种结果，能怪小孩吗？

小孩就是一堆能量而已，这一堆能量来到一个家庭，然后这个家庭的经营者，即董事长、总经理是爸爸妈妈，而小孩子是父母经营的项目，但是很多父母把这个项目经营得很糟糕！为何会如此糟糕？就是因为没掌握天地宇宙开创的道法经营之术。

难道人类没有这种智慧吗？我们经典里面早就有记载怎么样经营各种关系：透过修身就能齐家，透过齐家就能治国平天下。方法和途径老祖宗早就告诉我们了，可是我们要么浑然不知，要么知而不信，要么信而不行。最后，导致我们干脆迈过修身这一步，直接就去治国平天下了，结果本末倒置、背道而驰，使得人生各种问题层出不穷。

第叁节

亲子教育最不该忽略的层面

本节要点：

1、亲子教育不能丢失道法教育？

2、导致教育失败的主要原因是什么？

3、亲教互动应重视主客体间活动的捣蛋鬼？

4、亲子教育应参悟更有意思的存在意思？

亲子教育不能丢失道法教育？

关于人生，我们的经营目标是什么？就是五福临门；我们的经营方案又是什么？就是《大学》里讲到的修身齐家治国平天下；我们要达到的最终目的是什么？就是内圣外王。你看，我们老祖宗什么都给设定好了，为什么不照着去做呢？为什么一定要跳过中间必不可少的环节，而直接去获取我们理想化的东西呢？这就叫违背道法。

违背道法的结果是什么？自作自受。从这一点来讲，我们现在天下父母们的痛苦，皆为自作自受，那还有什么值得同情的呢？

导致教育失败的主要原因是什么？

一个孩子生下来，不管他长成什么样，也不管他怎么变，我们作为父母都要全盘接受。每一个小孩都不一样，有的小孩乖，有的小孩不乖，有的小孩天生就调皮，有的小孩就喜欢静……但是，无论在小孩身上表现出一种什么样的特质，其背后都有一个看不见的因。

哲学里面一个很大的毛病，就是把任何事物只划分成主体和客体，然后认为用这种关系就可以把世间万物解释完了。它就搞不清楚，在主体和客体之间还有一个东西，虽然看不见，但却是存在的，我们细细来分析一下。

如果你能足够留心、足够细腻、足够敏觉地去观察世间万事万物的话，你会发现这个世界上存在这样一种现象：按照我们的哲学，按照我们的方法论，按照我们主客体之间的关系确定上去设计，它没有任何不合理，但是最后却没办法实施。家庭里面颁布的规定没办法实施，公司里面颁布的规定也没办法实施。为什么没办法实施？因为你忽略掉主体和客体之间存在着的一个看不见的东西。我们只知道主体和客体之间，主体应该怎么表现，客体应该怎么配合，然后想当然地认为如此就会怎么样。

实质上，主客体之间有一个你看不见的捣蛋鬼，就在那里窜过去窜过来……你明明想到的是：我现在数学不好，我这个主体一定要争口气，克服掉数学这个客体的难题。我已经思考好了，我平时的自学时间是三个小时，现在要增加到五个小时。每天早上五点钟一定要起床，闹钟也已经设好了，我一定要把你这个客体干掉。你这样设定是可以的，你分析下来也觉得是可行的，我只要每天多增加两个小时，我就一定能把这门功课学好。但是，你搞忘了主体和客体之间还有一个捣蛋鬼，根本就不让你五点钟起来。

再比如：我现在要去拜访客户，我一天要打一百个电话，我还要去拜访十家单位，我每天按照30%的这种付出递增，我比任何人都要努力，我一年下来就超越了别人。这在理性上来讲是很不错的计划。为此，你给自己规定每天早上六点钟就起床，八点钟就出门，结果你被大清早的闹钟烦得要死，就干脆直接把闹钟给关了，最后也没起床。

在亲子教育中，你同样把主客体之间的那一部分丢掉了。你只是知道孩子一定要听你的话，要几点钟睡觉，几点钟起床。主客体之间的约定，你认为很科学，但是孩子到时间了就不睡，该起床的时候也起不来，这中间就有一个捣蛋鬼。这个捣蛋鬼是什么？你都找不到，那还搞什么亲子教育。

教育的失败主要就体现在这一点上，只是按照教科书想当然地要怎么样，但事实哪里会是想当然的呢？我从小被我老爸打得要死，但我的学习照样不好，可那不是我不想学啊！就像我遇到的一个只要一出去玩儿就晚归的小丫头说："我做不到，你以为我不想十一点钟回来吗？可我就是做不到啊！"那做不到有什么办法呢？那时候我也做不到，小学都考不及格，老爸又不讲道理，就只是习惯性地狠狠打我。他说棍棒出好人，把我全身都打惨了，可我还是没成为好人，最后我成为好人是他没打我的时候。

你认为孩子真打得好吗？但是作为一种教育手段，我也认为该打还是要打，可是打和不打不是重点，你要启发他才是重点。很多父母不懂启发，只知道打，只知道要求，这就是不客观，不实事求是。

亲教互动应重视主客体间活动的捣蛋鬼？

我们主体和客体之间就有一个无形的、看不见的东西存在，你是不能忽略它的，这就是实事求是。你承认它，它存在；你不承认它，它也存在。你能忽略它吗？就是这个东西生生世世都在左右着我们每一个人的命运。

就像我们的情绪一样，它就是一个主客体之间的东西。你看不清楚，但是它莫名其妙地一会儿让你高兴，一会儿又让你不高兴。你看不见它，但是它就有本事让你不高兴，有本事让你起不了床……所以，你能忽略它吗？

我们研究学问，是要重点研究看不见的这一部分。为什么一个小孩调皮？为什么一个小孩不乖？为什么一个小孩懂事？其实是看不见的那部分在决定的！我们看得见的是眼前这个跟你捣蛋的小孩，但是背后真正让他跟你作对的是看不见的东西，可你老是去找那个看得见的人的麻烦。

我以前学习不好也是那个看不见的东西让我不好的，但是老爸老是抓住这个看得见的儿子打，打得我真是特冤枉，他是一直打到我上初中。到初三那年，我说我一定要争口气，一定要把学习搞好，放学我都不回家，一个人悄悄地躲在森林里面天天在那儿学，最后我还是没考上。所以我老爸打我有用吗？没用！是那个看不见的东西让我的脑袋不行！你能够把它怎么样？

可是，我现在的脑袋挺好用的，但那个时候脑袋就不好用。如果换做现在叫我考试，绝对没问题，但是那时候考试对我来讲就非常难。所以，我从小特别怕考试。后来，有一天我脑袋好用了，我再考试就很简单了。比如考驾照时，都没有怎么学，我的理论成绩就考满分。为什么？因为看不见的那部分不捣蛋了，脑袋就好用了，随便一考，就考上了。所以，你要知道有个看不见的在空隙里面捣蛋。我们要去研究那个看不见的，免得我们这个看得见的老是替那个看不见的去受罪。

人类自古以来开创了很多刑法，老是让那个看得见的替那个看不见的去受罪，心理学上都有案例。比如说：有的杀人犯很冲动，他莫名其妙地把一个人几刀捅死了。他说那一瞬间自己是没有意识的，好像有人操纵了自己。就是他杀人捅那几刀的时候不是他，捅完以后就是他了。然后警察抓的是他，判刑的是他，可是操纵他捅刀的那个又是谁呢？警察没找到。这就是心理学正儿八经研究的东西，不是开玩笑，的确有这样的现象。

亲子教育应参悟更有意思的存在意思？

我们人有时候会莫名其妙地被一种意识操纵，要么你被操纵去干一件好事，要么被操纵去干一件坏事，你过后会后悔当时怎么会干这种事情，你想都想不通。

你认为是你干的坏事吗？如果是你主动去干了坏事，你会后悔吗？假如你是明明白白地干了坏事，你是不会后悔的。因为你干坏事的时候不是明明白白的，而是糊里糊涂的，所以你才会后悔。那么为什么那个时候糊涂呢？这说明什么？说明那个看不见的东西在搞鬼。所以，我小的时候在家里面读小学一直到初中，学习成绩糟糕得不得了，但并不是因为不努力。

我们现在很多父母冤枉孩子，认为学习成绩不好就是因为不努力。这一点，我是可以给孩子们做证明的。其实有些孩子还是挺努力的，但怎么都学不好，就是因为有一个看不见的东西在那儿使坏。

我们一定要很清楚地认识到有一个看不见的东西，这是千真万确的，没有任何人可以否定它的存在。它到底是个什么东西？我是有所研究的，我会告诉你怎么样去对待这个看不见的家伙，有时候它犯了罪，我们怎么样去找它。

有些事情，我们要换一个角度来想。当我们换过来的时候，你回过头来会发现很多事情就变得有意思了。比如我现在回过头来，发现我以前读书不行就变得很有意思了，如果以前我读书很行，我今天就会感觉到很没意思。

其实，所有事情都是很奥妙的。就是说那个看不见的东西始终会按照最有意思的方式来给你意思，只是你当时不懂得那个意思的意思，所以你就觉得没意思。很多事情你觉得很有意思，但是你也不知道它的意思，这反而就更有意思了。因为这其中就蕴藏着有关生命的存在真相有待你去探索和参悟。

第肆节 从道法层面助力孩子成长

1、亲子教育失败反映父母自身存在问题？

2、如何从孩子角度看问题及一切？

3、怎样正确看待孩子的学习成绩？

4、如何从学习之外帮助孩子学习？

5、助力孩子成长的最正确路径是什么？

亲子教育失败反映父母自身存在问题？

我发现我们父母搞不好亲子教育，只有三个问题：第一个问题就是太刻板，没有趣儿；第二个就是自以为是的不懂装懂；还有一个就是看问题太片面。

我们普遍的人，基本上90％以上看问题都很片面。我们老是认为学习不好就是错，学习好就是对；小孩调皮就是不好，小孩乖就是好。我们看事物老是固定在对和错、好和坏上，就这么片面。你是否发现，小孩有时候太听话了，你会很担心；有时候太调皮了，你也会很烦恼。我们总是认为这样是对，那样是错，我们的教育理念都是好坏、是非、对错观念。而事实上，这里面并不是那么简单的非此即彼的认知。我们并没有把思维扩开，更没有真正掌握有关教育的精髓。

有一个小表妹，在上初中，有一天突然跑去跟她表哥说："表哥，救救我！"表哥说："怎么救你啊？""下自习的路上，我遇见几个色狼，都遇见好几次了，你能不能接我放学啊？"表哥答应了。于是那天晚上，自习课结束后，迎面走来一个特别帅的小伙子，表妹看见了，马上大叫："就是他！"表妹话音刚落，表哥就冲上去一把将这帅哥揪过来，按在地上，正要动手，表妹过来制止了。这时候表妹恶狠狠地对小伙子说："这是我家表哥，空手道高手，今天看你还不跟我加微信不？不加微信不许走！"

我们宇宙里面有个程序，叫有意思，叫风趣，叫幽默。一个人，无论是在家庭或者是单位，都应该养成一种情趣。有点幽默的情趣，你会发现生活一下子变得有趣多了。有时候，痛苦仅仅是因为那点没趣儿，有时候一下子转过来了，又仅仅是因为有趣，但是实质上客观的事物一点都没改变。因此，我们不要一味地去抓住那看得见的。很多东西的奥妙和神奇，取决于我们对看不见的这一部分的领悟、了解和运用。

当你越来越熟悉生命无形这一部分的运作，你就越发地可以在一切关系互动上去创造非凡有趣的人生。如果说一个人傻呆呆的在那里，干什么事情都那么严肃，像个老学究一样，我就搞不清楚他的人生会好到哪里去。

同样的，如果没有一种自在、优雅、有趣的情调，父母要把小孩教育到他觉得这个家很有意思，也是很困难的。人生除了金钱之外，还要有很多无形的有趣的东西。所以，我们作为父母，在亲子教育上，不要把生活当中的很多事情看得过于严肃，也不要把孩子学习不好看得过于重要。

如何从孩子角度看问题及一切？

如果说天地之间有八万四千种生命，有八万四千双眼睛，那么我们完全可以从八万四千个角度去认知这个客观世界。当我们这样去看世界，最后我们会得出一个结论：它就是我们所向往的终极幸福的世界。但是，当我们没有从这么周全的角度去认知它的时候，我们就认为这是一个苦难的世界。

我们的问题不在于要改变一个世界，而是在于改变我们对世界的认知。比如说，一碗水在这儿，我们看到的是一碗水，但是你说一只小蚂蚁看到的是什么？一只小蚂蚁看到的就是滔滔大海。

当你站在我们成人的角度和高度来看这些房子和风景，你看到的是一个世界；当你蹲下来，跟三岁小孩一样的高度，来看这个同样的地方，你看到的是另外一个世界；当你把自己想象成有几米高，然后你还是看这个地方，你又看到了另外一个世界；你把自己想象成是一只蜜蜂，你看到的又是一个世界；当你是地上爬的一条蛇，你看到的是一个世界；当你是天上飞的一只老鹰，你看到的又是一个世界。

借给你八万四千双眼睛，你才了解这究竟是什么世界。而我们就只有一双眼睛，怎么搞得懂什么叫好，什么叫不好？你的好和坏又是什么标准呢？你可以自己去做实验，不要说给你八万四千个角度来看，你就是把自己当成小孩去学习，你都会发现人生趣味马上就变多了。你就跟在小孩屁股后面跑，你就会发现这个世界马上变得很新奇！

你仅仅是换个角度而已，世界就变了。如果我们太过于执着自己的角度，那就叫自以为是。以一个自以为是的角度，又怎么能教育好孩子呢？有时候，看到孩子成绩不好就焦虑得要命，看到成绩好了又高兴得要死。成绩一时的好坏，带来了心情的起伏与波动，使得生命活在了一个情绪喜怒无常的状态。这种态度和反应，无论是对孩子的现在还是未来有用吗？没用的！

看问题的角度，一旦短视或单一，除了带来烦恼和痛苦之外，没有任何意义。我们还有一个站在宇宙全维度的角度来看的眼睛，叫宏观之眼；还有一个一眼能看到过去和未来的宿命通眼睛，叫宿眼。我们有用这样的眼睛来看问题吗？若是没有，那我们怎么知道孩子现在学习成绩不好，是坏事情呢？

怎样正确看待孩子的学习成绩？

每个生命有不同的成长轨迹，然后他在自己的经历和体验中慢慢领悟人生。这个时候，他的思维慢慢扩开，他会根据自身的实际情况，来为自己的最佳利益做出一个对于他而言是最好的选择。

以我亲身的体悟来讲，如果那个时候老爸天天打我，真正把我的成绩打好了，那会是什么结果？我能想象的最佳结果就是我那个时候的梦想实现了。当时，我想考师范生，如果考上了，那么就在我们老家那所小学里面当老师了。白天带着一帮小孩上学，晚上就跟一帮大人一起打麻将喝酒，我的人生就一定是这样了。

农村的好多老师都是这样的活法。我有好几个同学就是白天教书，晚上打麻将，学生们就坐在那儿围观，这就是农村的景象。如果那时候我老爸把我打成功了，我不也就是他们当中的一员吗？所以任何事情，尤其是孩子的教育，你不能单一地看你眼前的现象。

你要相信老祖宗说的"儿孙自有儿孙福"。老祖宗讲的话，哪怕是没有上过一天学的老太太讲的话，都一定是经得起时间检验的。儿孙一定有儿孙的福，你只要把这一点牢牢装进心里，那么你对待孩子的学习可能就没有那么忧心了。因为，一个孩子，你不能说他学习好，他福报就好；也不是说他学习成绩差，福报就不好。你很难说，这个孩子学习好未来就一定好，学习不好将来就一定不好。但是，你要明白，我不是主张大家不学习，而是一定主张要学习。我是极力支持每个小孩都考一百分的，但这是要他本人想考一百分才考得出来。你逼能逼得出来吗？有的孩子就是对学习有兴趣，他就能把学习成绩考好，有的孩子真的就是没兴趣。

在看待孩子读书上，我发现一个问题，就是所有的父母都盲目地认为学习成绩等于未来前途。这就把老祖宗说的"儿孙自有儿孙福"这一个经典教导搞丢了。

如何从学习之外帮助孩子学习？

父母真正要更多操心的是如何给孩子积福，而不是整天盯着他要把学习成绩考到多好。给孩子积福，表面上你没有关心孩子的学习成绩，但实质上是最好地帮助他学习。写诗也是同样的道理，我们都明白"功夫不在诗上，功夫在诗外"。天天想着写诗，并不能写出好诗来，反倒天天融于诗以外的生命体验里，好诗往往由此孕育而出。同样的道理，父母把精力用在给孩子积福上，孩子学习自动就会好。但是很奇怪，你发现你并没有怎么关心他的学习，可是他学习自动就会很好。

我以前没有福报的时候，不仅自己学不进去，生个儿子出来刚开始也是学不进去的。但是，可不可以把孩子学习不行变成行呢？完全可以！但绝对不是在学习技巧上努力。

我们现在流行的就是学习技巧，什么快速记忆法，什么潜能挖掘法等等。孩子的学习绝对不是仅仅靠这些方法就能搞上来的，而是道法里面有个无形的力量，想让他学习好就学习好。这是很奇妙的，你可以慢慢去探索这其中不可思不可议之奥秘。

助力孩子成长的最正确路径是什么？

在我们人生当中，你可以发现一种现象：人与人之间同样努力，但是人生的成果一样吗？不一样！有的人当官了，有的人发财了，有的人很惨淡，有的人很平庸……为何同样的努力并没有同样的收获？因为我们是因缘和合之身，每一个人的因缘是不一样的，每一个人的福报是不一样的。虽然外面看得见的东西相同，但是里面看不见的东西却不一样。看不见的东西也是实事求是的，也是真实存在的，而且更为重要。

我们都了解收音机，看得见的是它的机身这一部分，看不见的是它的信号，虽然看不见却又是真真实实存在的。同样的，影响我们人一生的兴趣、爱好、成就等方方面面的那部分无形的东西，虽然看不见，但是它很真实。

我们父母应该把心思更多地用在看不见的部分，而恰恰用在这一部分，是解决问题最简单的途径。如果你把解决问题的方式用在看得见的部分，你虽然可以针对问题想出各种解决方案，但是那些问题就像孙悟空会七十二变一样，它们可以变化万千，层出不穷。你怎么研究？你搞得过来吗？

忽略了道这个根本，而去抓枝枝叶叶的术和表面现象，你就会应接不暇。很多经营公司的老总都是这样的，他忽略了看不见的那部分，而只是在他看得见的企业管理，看得见的公司制度，看得见的人际关系上拼命地努力，最后公司不但不挣钱，还每天麻烦不断，结果整天忙着救火。

他从来就没想过给自己带来麻烦不断的火源到底在哪里。火源就是那看不见的东西，刚刚在这儿点了一把火，当你好不容易把这个地方的问题解决了，它又跑到另外一个地方点一把火。结果搞得整个公司就像消防队一样到处灭火，最后还是防不胜防。等你好不容易把公司的事情防范完了，家里面又出事了，你能防得过来吗？那看不见的东西始终在盯着你，这才是重点。因此我们要反过来，解决源头的问题。

第 叁 章

亲 子 教 育 中 的 人 生 智 慧

　　生命是一个非常神奇的现象,能够回头来认知自己才是找到我们如何展开亲子教育的一个根本途径。我们首先要确认一点:亲子教育是一件非常简单的事情。我们看天地大道、宇宙乾坤整个自然现象,没有一件事情是很复杂的,只要是合于天道的东西必定简单有效。如果我们发现某一件事情搞得我们心力交瘁,那就说明我们已经偏离了道法。

第壹节

每一个孩子都有他自己的天赋

本节要点：

1、如何在亲子教育中感悟"道"？

2、何谓天命？为何要依道而行？

3、中国的"中"字启迪何种微妙的人生智慧？

4、为何说教育的功能在于唤醒？

5、如何帮助孩子找到天赋能力？

如何在亲子教育中感悟"道"？

在这样一个巨大的、神奇的生命游戏的设计里面，在宇宙乾坤道法所开创的各种生命形态里面，上天始终把最简单的事情交给人来做，其他一概自己包揽。

什么叫"道"？怎么样去参悟？圣人讲"人法地、地法天、天法道、道法自然。"你只要从自然里面就能找到上天真正隐藏的奥秘。上天始终把人操作的这一部分，搞得很简单。比如说种庄稼，农民只是负责把种子放在适合的有利于种子成长的环境里。至于种子怎么样发芽，怎么样成长，怎么样开花结果，统统不是农民干的，农民也干不了。那是谁干的？大道干的。但是大道要给人一种存在感，所以就留给了人一部分工作，就是把种子种在适合的环境里，剩下的怎么样让它生根发芽，怎

73

么样让它开花成长，最后结果丰收，都由大道自己来干。

老天始终把最简单的事情交给我们人干，我们人体具有若干庞大的系统功能，但是没有一样功能是我们人能负责的。例如我们每一个人都需要呼吸，但是没有任何人能负责这一项工作。直到目前，我们人类的科学对呼吸的研究依然没有任何进展。呼吸是怎么启动的？它又是在什么情况下离开的？我们人类科学对这个领域目前一无所知，连门都没有入。

我们人作为行走于天地之间的独立生命，有我们人活着的尊严，我们人的大脑意识也要按照自己的规划去过自己想过的人生。我们有人的自主性这一部分，只是我们能自主的这一部分所能负责的都是很飘渺的工作，因为我们的自我管理能力非常差。比如说，我们现在试图集中注意力去干一件事情，可是干着干着，我们就想到别的事情去了。对于管理能力这么差的一个自我意识，你说老天放心把呼吸这么重要的工作交给我们来负责吗？果真如此的话，可能我们才刚刚负责了几分钟，就搞忘了呼吸，马上就死翘翘了。但是如果你认为呼吸是天然的，不需要任何东西在里面指挥，那就更幼稚了。你想，活生生的一个人在呼吸，怎么可能是天然的呢？如果呼吸是天然的，那么呼吸就永远不会停止。

比如我们用的电脑，哪怕是使用摄像头这么一个简单的设备，都要有个驱动程序它才能工作，更何况生命的呼吸这么重大的事情，它能是天然的吗？即使你睡觉了，也都有一个东西始终把你的呼吸管得好好的。

我们的血液循环系统也是被管得好好的，无论任何时候，你都不用操心。我们五脏六腑的这些消化功能、造血功能、营养加工与提炼功能，包括精气神的演化功能等任何一个庞大的系统，都不需要我们指挥。可想而知，与上天造化之功相比，我们人类敢骄傲吗？直到目前为止，我们整个科学界想发明一个造血机器都很难前进一步。上百年前，科学家们就猜想：既然我们人吃了五谷杂粮，能够在身体里面通过一些功能的运化产生血液，而我们人类医疗所用的血液非常稀缺，那么我们能不能也发明一个机器，把五谷杂粮合成一种血液出来？科学家们当时的想法距离现在已经很久了，如今快到智能时代了，这个问题依然还没解决。

我们不以为奇的各种生命现象，你认为它真的这么简单吗？那是相当复杂的一个系统。这么一个庞杂的系统，老天没有叫我们干，我们干不了的，都是老天干了！因此，我们人干的始终是最表皮的那几件最简单的事儿。所以只要是符合天地大道的亲子教育，一定是最简单有效的。

如果你的亲子教育搞得像研究学术理论那样复杂，那就一定偏离了老天这个道法。你想一下，上天这么爱咱们，怎么会把这么复杂的工作交给咱们干呢？所以大道至简这个原则我们每一个人都要理解。《道德经》里面讲得很清楚，世间任何事物一旦复杂化，一定不是道，绝对是简单的才是道。

何谓天命？为何要依道而行？

目前，我们很多家庭亲子之间的关系可以说是充满了矛盾。要解决亲子关系冲突问题，首先我们要了解一点：每个生命在天地之间都有自己的角色，也就是说每个人来在这里都有一份天命。你不要把天命理解为就是当皇帝。在整个乾坤里面，天命就像一部电影里面的每一个角色一样，都不可或缺。每个人在乾坤中所扮演的角色不同，天命也就不同。比如《三国演义》这样一部影视剧，要表达生命气壮山河一般的悲壮之歌，或者演绎生命极为丰富壮观的磅礴浩瀚之境，那么就要设定各种丰富的生命角色。生命角色就是赋予他们不同的定位，比如说这里面有当国王的，有当将军的，有当信使的……有各种丰富的角色，在这么一个浩大的生命乾坤体系里面。

　　站在编剧的立场上，从电影剧本的角度来讲，他没有认为那个当农夫的角色比皇帝那个角色低，一切不可缺少的角色设定都是为了服务于剧本所要表达的内容。他在里面确定的人物，有些显得非常坚强，有的可能显得非常懦弱。但是你会发现他所塑造的懦弱的生命角色和他所塑造的非常坚强的生命角色，站在导演和编剧的立场来看，是一样的，是同等的，是没有高低贵贱之分的。如果按照我们一般的理解，认为皇帝那个角色重要，农夫那个角色不重要，以这种观点来看待整个剧本，那么我们压根儿就不懂得欣赏电影。

　　站在乾坤的角度，整个乾坤要运转，整个乾坤要推动，整个生命要演绎，那么整个乾坤里面的每一个生命角色就都要有其定位，这就叫天命。

学过《了凡四训》这部经典，你就知道为什么每个人的命都能算出来。就跟影视编剧一样，角色都是定好的。比如说，为了衬托某个英雄的威武，就要在某个故事情节中安排某个角色在什么情况下被英雄干掉，这就是他的命。你说要把他的命改一下，可以改，但是你改了以后，那个英雄的角色也就无法被充分地衬托出来了。

同样的，你要塑造一个很受人尊重和爱戴的国王的角色，那么你就要给他安排一群侍卫、太监、宫女在旁边，还要有满朝文武伴其左右，通过各种角色的衬托，一下子就把一个很普通的人衬托得高高在上了。你想，那个王者不也就是个人嘛？但是为什么在众生心目中已经形成一个不可撼动的王者风范了呢？就是这些角色共同营造出来的。假如你把他身边的那些角色全部抽开，只是一个孤家寡人的皇帝在那里，你还会把他当回事吗？他成了真正的孤家寡人，只能送到养老院了。他之所以被称为皇帝，就是因为有这些角色在衬托他，这就是电影里面每个人物角色的命。

在整个乾坤这种丰富的结构里面，每个人都有天命，每一个角色都是不可替代的。正因为这些角色都有定位，所以我们的《易经》才能算出每个人的命。因此，我们要知道，每个小孩生下来都有自己的天命，而我们父母是没有资格去驾驭一个孩子的未来的。

你不能按照你的想法去教育小孩，我们很多父母累就累在这里，老是想要去左右孩子的未来。他的天命是老天安排的，你想去安排，那你就跟老天对立了。你对他的人生规划和他的灵魂的选择不是一条路线，最后你看谁说了算？不可能老天反过来让你吧？老天不让你，你也不让老天，这样干下来的结果就是你搞得很累。人法地、地法天、天法道、道法自然，一个人不顺天道而为，不依天道而行，能不累吗？这就叫逆天！

有一种情况是，你的确不知道你的孩子是什么命，但是你要相信一点：他投胎到你家里面来，他一定有他自己的命运轨迹，他一定有他自己的天命。他的天命不一定是当皇帝，有可能就是当个环卫工人。就像一部电影一样，不可能整个皇宫里面的人个个都当皇帝，没人打扫卫生吧？整个环境乱七八糟、脏兮兮的，那还叫皇宫吗？

你要明白，天命没有高低贵贱，只是分工不同。站在电影剧本的角度，它必须要有这么多丰富的角色，才能把生命的各种味道展现出来。同样的，每一个孩子都有他来到人世间的定位，都有他的天命，我们叫尽人事听天命。

你可以尽人力想方设法地帮助他，但是有些事情它不会按照你的心愿走。因此，在亲子教育上，有一个原则是：你可以尽力而为，但是你不能对子女有所期待。你若期待他怎么样，他最后不按你的期待走，你会很痛苦。比如你期待他继承你的公司，但他对公司根本没兴趣，他想当艺术家，你怎么办？真的是没办法的事情！因为在整个乾坤构成里面，每个孩子都有每个孩子的定位，都有自己的天命。

中国的"中"字启迪何种微妙的人生智慧?

"命"到底是什么样的一种存在?你如果认为"一切都是定好的,我什么都不想干了,我也不奋斗了",那就迷信了。人生非常奇妙的地方就是:你一方面要认知到有天命存在,同时你又知道命运是由你在创造的。如果你能把这两个方面处理好,那你就轻松了。

不然的话,你站在任何一方面都不行。如果你站在纯粹有命的这一方面,什么都不奋斗了,一切按照命走,那就是很消沉、很消极的生命状态。这样的人生一点意义都没有,一切都给你操控好了,没有任何变化,一点意思都没有。反过来说,如果你站在命运都是我自己做主的这一方面,然后一切都按照我的规划走,最后搞得遍体鳞伤。因为你虽然可以运用头脑把人生设计得很科学,但是生命的运作并不会按照头脑所认为、规划和设计的走。从逻辑推理上来讲,无论你把人生每一个步骤计划和把握得多好,可是到了最后你要实现的目标根本实现不了,那你不就是搞得遍体鳞伤嘛!可见,走这两边的任何一边都不行。因此,我们要走中庸这条路。

我们国家的名字"中国",这个名字本身就告诉我们怎么走生命之路——就是一条中庸之道。"中"就是看任何事情不能偏到左边,也不能偏到右边,而是要在左右阴阳之间取得一个平衡,要能够把阴阳正反两种元素兼容起来。

如果我们对中国人"不一不二"的思想不领悟,

我们就会有很多烦恼，因为我们要么就是对，要么就是错。可是这个世界上有绝对的对错吗？没有！任何事情都是相对的。因此，对和错并没有一个特定的标准，也没有一个永远的对或错。

为何说教育的功能在于唤醒？

对于孩子的教育，我们要清楚，教育非常重要，但是同时我们也要明白，教育绝对不是万能的。如果说教育按照什么方式就能够培养出什么人才，那早就解决问题了。我们现在条件很好，整个国家也非常努力，似乎完全可以实现按照规划进行的全民教育。但是，我们想透过教育来达成的目标或是期望解决的问题实现了吗？答案显然是没有。无论是在古代还是在今天都有很多这种现象。

曾经有很多教育工作者跟我切磋过有关教育的问题，他们通过自己长期的观察都发现有这样一种现象：孩子不一定真的是我们教育培养出来的。他们在教职生涯中发现了很多这样的案例，颇感困惑。

有一个校长，干了几十年的教育，他最后都解释不了人才是怎么产生的。他说："我身边有些人，都是高级知识分子，有的还是拥有博士学历的父母，但是他们的孩子学习成绩一塌糊涂。而有的孩子是农村来的，父母是文盲，但是这些孩子的学习成绩却好得不得了，很顺利就考上了很好的大学。"这个校长说，他经常都在反思这些奇怪的现象。他一方面在给家长开会，让其重视教育，一方面又百思不得其解：那些父母都很懂教育的，孩子不一定有出息；那些父母没有什么文化的，孩子反而还非常有出息。其实这种案例从古至今都有，古代有些家族祖祖辈辈都没读书，却莫名其妙突然考上一个状元，甚至有时候突然出现一个皇帝。所以我们要知道，教育很重要，但是教育的功能是有限的，不是万能的。

关键是我们要搞清楚教育的功能是什么？教育有一个功能，就是唤醒。我们每一个人都有一个灵魂，人是肯定有灵魂的，现代科学已经证明了灵魂的存在。除了灵魂之外，人还有一个先天的性格。性格和习惯不是一回事，一个人的习惯是后天养成的，而性格是天生的，往往一辈子都不会改。

如何帮助孩子找到天赋能力？

一个人天生有一个灵魂，天生有一个性格，然后投胎的时候，在其天生的性格基础上，又继承了父母双方的一些秉性和特质。除了继承父母的之外，自己也携带了生生世世自己形成的一些秉性和记忆。这样一来，人的生命就很复杂了。有的人可能对某些方面很擅长，但是他搞忘了。为什么？按照圣贤文化讲，人在坐胎的时候，就把天命搞忘了。投胎之前都还知道，但人一投胎在母亲子宫里面，就开始受胎狱之苦，那个苦跟地狱没有两样。

小孩在母亲肚子里面，母亲喝一杯凉水，小孩就感觉到像寒冰地狱一样，喝一杯热水，则如同在八热地狱一样苦不堪言。待小孩受尽胎狱之苦而生下来之后，他生前的事情就都忘得干干净净了。他确确实实曾经设定了自己在人世间的轨迹，最后他又确确实实将其搞忘了。那么，教育就是把他这些东西唤醒。

比如说他上辈子跳过舞，有舞蹈的天分，但是他已经搞忘了。教育就是在某一天带他到跳舞那儿，看他有没有兴趣，有兴趣就继续跳，没兴趣就拉倒。然后什么时候又带他去摸摸钢琴，看他对钢琴有没有感觉，没有感觉就算了，不要勉强。可是，现在的父母一看到别人家的孩子钢琴弹得很好，就希望自己的孩子也能把钢琴弹好。可是明明他那孩子上辈子是杀猪的，却硬要叫他去玩钢琴，然后怎么憋都憋不出来，最后憋出逆反心态，就跟父母对立起来了。

教育就是去寻找生命本然具足的东西。我们作为父母，可以尝试带孩子去体验，有的可能喜欢教书，有的喜欢搞艺术，有的喜欢搞发明……但是小孩自己搞忘了，所以我们可以为其提供途径和通道去唤醒他。比如，他对画画有感觉，那么就带他到美术班去看一下。去那儿以后，看到其他小朋友画画很有感觉，他自己也很感兴趣，那就对了！这就是他的生命在先天就禀赋了这种特质，他在其天赋特质上去发挥就很轻松，很容易就能画得非常好。如果他生命里面没有这种特质，他就不会感兴趣，他一定要找到自己的兴趣点。所以，教育的一个功能就是带他去探索，什么都让他去尝试一下。我们不是一定要让他学钢琴、学跳舞、学画画、学英语、学奥数，而是在这个过程当中给他提供机缘，看看能否唤醒他过去的记忆。

他对哪一样感兴趣，就可以在这一方面多下一点功夫，这是他的天命所在，这也是他的特质所在。这样的孩子还用得着管吗？你挡都挡不住！他干那件事情就幸福得不得了。这个时候，父母还用得着操心吗？

很多时候，教育并不是那么复杂的事情，你只要协助他找到他的天性，找到他的天赋能力，找到他的特质，找到他的兴趣，找到他这个生命最擅长的领域，你自然就不用管他了。因为，他做的是自己喜欢的事情，自己感兴趣的事情，自己一心要做的事情。所以，我们要认知天命，要发现生命真正的兴趣所在。

本节要点：

1、何谓亲教关系中的情趣与浪漫？

2、教育要解决的一个核心问题是什么？

3、亲教互动应是彼此欣赏而非挑剔？

4、何谓亲子教育中的感性智慧养成？

何谓亲教关系中的情趣与浪漫？

我们人类、动物和植物都普遍具备的一种特质，就是对两性之间阴和阳、雄和雌这种神秘力量的吸引。这是大自然一切生命整个繁衍功能需要保留的一个非常美妙的特质。这方面并不需要培养，但一定需要智慧来经营。

一个最基本的原则就是男女亲密关系的经营一定要有一种神秘性，不能太赤裸，要含蓄，要有艺术性。就是说要有很神秘的诱惑性这种感觉，两性关系才有味道。就像我年少的时候，天天跑去看我心仪的那个女同学，每天在她门口附近徘徊，碰到刮风下雨的时候还挺受罪，但是我心里面很幸福很幸福。不知不觉间就过了一个多小时，只要看到她刚好走出来倒洗脸水，内心就感到很满足，然后就回家睡觉了。那种感觉是很奇妙的，你越得不到你就感觉越神奇，它有一种神秘性在里面。

有一个男人，在部队服兵役，是一名空军飞行员。他娶了一个非常漂亮的妻子。每天早上去飞机场，他都跟老婆说："一个小时以后，我就驾驶飞机升入空中了！"然后他的妻子就每次都在他驾驶飞机升入空中的时候去散步。他们住在海边，丈夫每次驾驶飞机从这个地方经过的时候，都会从飞机上往下看。这时候妻子就会脱下白色围巾，高举着向他挥舞，这着实是件很浪漫的事情。

丈夫对妻子约定："我一看到你挥舞白色的围巾，我就会用一个特殊的只有我们两个人才明白的方式打招呼。"有时候男女之间可以搞一点只有两个人才懂的暗号，然后彼此就可以大张旗鼓地用这个暗号了。别人都搞不懂，但是你们两个会觉得很有趣儿。那是一种很不一样的体验，是一种很微妙的感觉。这个当飞行员的丈夫和妻子约定的暗号就是："我看到你挥舞围巾的时候，如果把飞机左边的机翼向下倾斜那么一点，就是告诉你，今天我非常忙，可能不会回家吃饭了，晚上有可能也回不来；如果把机翼往右倾斜一点，就是告诉你，老婆你放心，我准时下班回来搂着你睡觉。"他们就这样约定好了。每天丈夫开着飞机从那儿一过，妻子只要看到飞机往左点一下就明白了，今天老公忙，不回来了；如果飞机往右点一下，她就很激动，因为丈夫要回来陪她。

突然有一天，不是只有她丈夫一个人出航了，后面还有八架飞机跟在后面。妻子远远看到飞机飞过来了，就照例挥舞起了围巾，然后丈夫就用飞机的

85

右翼往下点了一下，意思就是说"我晚上准时回来抱着你睡觉。"这时候，后面那八架飞机看到这种情况，不知道怎么回事，就都跟着点了一下。此情此景，顿时便令这位夫人脸上泛起桃花之红。你可以感觉一下，这种很微妙的东西有多美。

我们要很深入地去了解一下欲望，当我们把一个欲望用一种神秘的东西、诗意的东西、浪漫的东西非常巧妙地略加装扮，它就会变得很神奇、很美好！如果我们把欲望搞得赤裸裸，见面就去开房，那就跟动物一样，一点都不美了。

现实当中，很多人都是跟动物学，这就没有什么浪漫，也没有什么美妙可言。这样一来也相当危险，因为我们缺少情趣以后，我们看对方就只看到缺点。而当我们懂得欣赏生命之美，懂得浪漫与情趣之时，我们再看所有那些我们原本认为是非常愚昧的事情，一切都会变得非常美。

教育要解决的一个核心问题是什么？

其实，我们经营生命，我们跟人打交道，问题都在于自己有没有情调，有没有智慧。比如我们看对方的角度，以及我们与对方互动和相处的态度等等。如果你不理解这一点，哪怕再漂亮的美女或者帅哥、再懂事不过的人在你身边，你看到的也都是缺点。

如果你懂得欣赏生命，你会发现哪怕是这个人发脾气都会变得很美。关键就在于当你有情趣的时候，你就会欣赏人家发脾气的那个劲儿，你就会发现发脾气同样很美。相反，你如果没有那个情调，不要说对方发脾气，就算一个人再温情，你都看着不顺眼。问题出在哪里？一切都出在我们的心上！所以，我们教育要解决的一个核心问题就是心态问题。

亲教互动应是彼此欣赏而非挑剔？

我看到有一个故事，讲的是有这么两位同门师兄弟。师弟对师兄怎么都不满意，因为他发现师兄的修行这也不对，那也不对，于是就很烦恼。他经常说："你看大师兄，不但没给我们做好榜样，而且干的很多事情都不如法，实在是丢师父的脸。"他经常去跟师父告状，师父总是默然不语。师父深知，大师兄虽是修行人，但也只是一个不完美的人，哪里有十全十美的人呢？没有啊！正因为没有，所以才需要修行，人人如此。所以师弟虽然经常讲大师兄的问题，但师父也同样不好说什么。

有一天，师父送了一只猴子给这个小徒弟，让他这两天照顾一下。他说："师父您放心，我会照顾好的。"他在没有照顾这只猴子之前，原本整天很烦恼。自从师父把这只猴子交给他照顾以后，他可开心了。为什么？因为猴子老犯错误，经常逗得他哈哈大笑。

他叫猴子去倒杯水过来，猴子却把那杯水端出去倒了。每次他让猴子把一件东西拿过来，猴子听不懂，总是把东西搬到另外一个地方去。但是猴子犯的每一个错误，都给他带来无比的欢乐。就这样他开心了几天以后，师父看时机成熟了，就问他："这猴子怎么样？"小徒弟说："我照顾这猴子可开心了。"师父又问："你大师兄跟猴子比起来谁聪明呢？"他一下子怔住了，若有所思地低声说道："哦，大师兄当然比猴子聪明多了。"这时候，师父语重心长地对他说："为什么你跟大师兄的关系这么糟糕，你知道吗？你对大师兄有标准，有要求，有期待，所以你就会挑剔。你对猴子没有要求，也没有期待，所以你就欣赏它，就这么简单。"所以说啊，如果我们自己的心态不调整，哪怕我们身边明明是一个宝，我们都会当垃圾给扔掉。

很多时候，我们都会按照我们的期待，按照我们的想法，按照我们的想象来看身边的人，就像小师弟看大师兄一样，怎么看都不顺眼。但是，他看外人就很顺眼。为什么？因为他对外人没期待，所以就全都是用欣赏的眼光来看了。

有一个媳妇儿，她倒垃圾的时候，不小心就滑到垃圾堆里面去了。当她正要爬起来的时候，被一个捡垃圾的老头一把就搂在怀里。老头一边搂住这个小媳妇儿，一边感叹："这城市里面的人啊，太浪费了，把这么好的媳妇都丢了！"

我们是很浪费的，我们很多人结婚不到三年就把对方丢了，就要另外找浪漫了。不懂得经营关系，一味地向外寻求新鲜的感觉，这其实是一种很可怕的现象。不仅不会带来真正的美好和幸福，反而会给家庭和社会带来诸多不和谐的因素。

可是为什么两个人谈恋爱的时候，怎么看哪儿都是优点呢？因为那个时候没期待！现在一娶回家来，就开始有期待，有要求了。这个时候就不是对猴子的欣赏，而是对大师兄的百般挑剔，怎么看都始终不顺眼。难道真是这个人有问题吗？不是的！是我们不懂得用欣赏的眼光去跟人家进行爱的互动不说，反而还用非常挑剔、非常苛刻的要求去对待对方。这样怎么可能把关系经营得很浪漫、很美好呢？

何谓亲子教育中的感性智慧养成？

真正的智慧，不是艺术家塑造的那种电影里面的画面有多浪漫、多美好，而是就在生活当中普普通通的东西上面你能发现情趣。就是和小师弟在猴子那么笨的情况下发现的情趣是一个道理。情趣和你所面对的一切是不是高尚，是不是艺术，是不是华贵，是不是像你想象的那么完美并没有关系，关键是在于你有没有那颗去发现美、发现浪漫、发现情调的心。

公交车上有一个年轻的妈妈，抱着一个还在哺乳期的孩子。孩子饿了，哭着要喝奶。她没办法，就在公交车上开始给小孩喂奶。可是这个宝宝喝奶也不老实，喝一会儿就伸出头来左右瞧一下，然后又喝，一会儿又开始东张西望。这时候，妈妈生气了，就开始威胁宝宝："好好吃！你不吃，我就给旁边的叔叔吃了。"很多父母好像都喜欢威胁小孩。过了好一阵，坐在旁边的叔叔终于忍不住说话了："我的小少爷，你到底吃不吃啊？你给个话啊！我都坐过好几站了。"

虽然这是个笑话，但是你会发现，只要有心的话，我们就可以在平平淡淡的日常生活中，找到很多的乐趣。这样一来，生活就变得很轻松、很美好、很有意思。所以，当我们尝试着换一种心态看身边的人，换一种角度看问题的时候，生活里的一切都没有变，而我们却体验到了不一样的感觉，这种感觉很微妙，也就是经营生命的智慧。

本节要点:

1、教育孩子的正确策略和方法是什么?

2、天下父母之类型及其特征是什么?

3、为什么一定要让小孩干活?

4、启发孩子做决定与替其做决定有何不同?

5、为什么不要轻易给孩子正确答案?

6、何谓启迪型教育?

教育孩子的正确策略和方法是什么?

教育的功能就是开发一个人的生命特质,而生命特质可谓非常丰富、各具特色。有的喜欢做手工,有的喜欢搞理论,有的喜欢搞艺术,有的喜欢搞管理……一个人一旦找到自己感兴趣的那一方面去做,他就一定做得非常开心,做得非常好!这就是别人做不了的事情。再笨的人都有别人代替不了的事情,就只有他一个人做得来。

我上小学的时候学习很差,写字也很潦草,基本上老师都不认识。有一天,老师想启发一下我。他说:"看你这样子,学习也不好,字也写得这么差,你能不能做一件别人做不了的事啊?"我说:"当然能!我写的字就只有我自己认得,别人都认不出来。"

虽然是个笑话,但确确实实每个人都有

自己的能耐。只要你去发现他的能耐，你就会看见他在这个世界上是独一无二的荣光，独一无二的尊严，独一无二的荣耀，独一无二的不可取代。

我们很多父母太过于追求完美，其教育孩子的策略是拿自己孩子的缺点去跟别人家孩子的优点比，越比越悲催，越比越没信心。不仅是父母没信心，比到最后孩子也没信心了。这是教育策略的问题，正确的做法是你要去发现孩子的优点。

天下父母之类型及其特征是什么？

通过观察和总结，我发现天下大概有三种类型的父母。一种是自我控制型，就是自我型的控制类父母。他们很自以为是，是以自我为中心特别严重的那种人。他们像上帝一样，对孩子方方面面都进行严加管控。不仅是孩子的心情他要管控，生活他要管控，未来也要管控。这就是自我特别强的控制型父母。他们把自己当神看，反正你是我的孩子，你的未来一切由我做主。

这类父母自己成不了神，就在孩子身上当神，处处感觉到自己在孩子面前法力无边，把孩子搞得很没有信心。遇到这类父母的小孩很可怜，怎么可能活得出来呢？孩子随便哪方面，都在这类父母的手掌心里面控制得死死的，钱给他控制得死死的，想法也给他控制得死死的，每天做什么、吃什么、玩什么都控制得死死的。但是每一个孩子都有其独立的人格和思想，想要完整地对孩子实施控制是不太可能的，所以这类父母是最累的。

还有一类是欲望型的禽兽类父母。为了满足自己的欲望，无所不用其极，什么不要脸的事情都能干得出来，甚至把子女当工具。天底下真有这样的父母，纯粹就是一切只为满足自己的欲望。假如自己烂赌成瘾，他们会直接拿子女当筹码，甚至卖儿卖女，这种事情都干得出来。还有的父母，为了不让孩子给自己的寻欢作乐带来麻烦和障碍，甚至亲手把孩子从高楼上推下去摔死。这种欲望型的禽兽类父母，跟动物完全是一个层次，没有任何进化。

碰到以上这两类父母，做他们的子女都很倒霉。我遇到过控制型父母的子女，一说起父母，他们就哭得不成样，父母的控制欲搞得整个家庭都很无奈。而那种欲望型的禽兽类父母，则让子女感到很无助。相比之下，无奈还好一点，无非是怎么都没办法沟通。当孩子慢慢长大以后，还可以挣脱父母控制的牢笼。但是那些禽兽类父母的子女，就真的是很无助，千条路万条路都给你堵死，硬是离不开那个魔爪。

我们要做第三类父母，就是真爱型的启迪类父母。他们教育子女不是控制，也不是欲望转嫁，而是用一种真爱启发孩子的智慧。他们用满满的爱和智慧来启迪孩子，这样的父母自身也非常喜欢学习。

有一个故事里面说，一个国王喜欢学习。有一天，他听说有一个叫妙觉的人非常有智慧，就把他叫过来问："妙觉，你的智慧是从哪里找来的？"妙觉说："我的智慧是通过艰苦劳动找来的。"国王一听，感到很惊讶："智慧也能够通过劳动找到吗？"妙觉说:"对呀,只要通过这个艰苦劳动,你一定能找到智慧。"然后国王就说:"那我现在也想找点智慧。""这好办啊,请你拿上锄头一起跟我上山干活吧。"国王心想:别人都说我这个人缺少智慧,这回我跟妙觉一起去找一下智慧。然后我也找到很多智慧,把我整个脑袋装得满满的。有可能的话,我还要准备好几个箱子,都装满智慧,然后带回来给我的孩子们用。

国王把皇宫里的事情安排妥当之后,就带上锄头跟着妙觉走了。走了很长时间,他们来到一个叫戈壁山的地方。这时候,妙觉对国王说:"好了,国王陛下,请脱下你的黄袍,就在这个地方开始干活吧。"国王为了找智慧,只好跟他一起卖力干活。才干了一会儿,国王的手就打出血泡来了。他说:"妙觉啊,你说的智慧在哪儿呀?我怎么没找到呢?"妙觉说:"别急,我们就这样抡起锄头一直干,直到把整个荒漠都开垦出来。到了春天的时候,我们就把智慧的种子种上,然后等到秋天的时候,我们就可以收获满山遍野的一麻袋一麻袋的智慧了。不然,我们去哪里找智慧啊?"这时候,国王就问:"你说的这个智慧不就是大自然里面那些丰收的果实吗?"妙觉说:"对了,陛下,这只是寻找智慧的第一步。"国王听妙觉这么一说,很无奈,但是为了找智慧,他还是跟着妙觉整整干了一年。

到了秋天粮食丰收的时候,国王就对妙觉说:"我感觉到这个粮食吃起来容易,但是种起来太难了!"然后妙觉说:"非常正确,你现在已经找到第一条非常重要的智慧了。"

为什么一定要让小孩干活？

我们不要把亲子教育搞得太复杂，太脱离生活实际了，很多宝贵的智慧就在干活里面。所以教育孩子，一定要让他干活。如果一个人没有干过活，他就不知道吃粮食很容易，种粮食很艰苦。没有这样一个认知的话，他在家里面就不珍惜，出去混也不懂得珍惜。一个什么都不懂得珍惜的人，你要指望他人生有什么出息那就太难了。

体会过劳动的辛苦，知道得来不易要懂得珍惜，我们有时候并不觉得这是智慧。我们认为教科书里面讲的玄之又玄的那些才是智慧，而生活里这些实实在在的道理，我们却并不觉得是智慧，其实这才是最实际的智慧。你能体会到很多事情，什么容易什么不易，这不就是智慧嘛！你能体会到做父母的不容易，干活不容易，挣钱不容易，持家不容易，这时候你还不懂得体谅父母吗？懂得体谅父母的人，还会不懂得珍惜工作吗？懂得珍惜工作的人，还会不好好干吗？你好好干了，你可能没有前途吗？

有些时候，很多道理就在很朴素的我们认为没有价值的一些生活中随处可见的事情上。你真的认为亲子教育有那么复杂吗？你一定要让他干活，干活干多了，他也就懂得尊重父母了，也懂得孝敬父母了，也懂得珍惜粮食了，也懂得珍惜玩具了，也懂得珍惜金钱了。如果你不让他干活，就算给他灌输再多的书本知识都没用。

干活是生命历练自己、开发自己、提升自己的第一个功课。这个功课都没学会,还学其他的干嘛呢?小孩先把活干好,衣服自己洗,袜子自己洗,家里面地板自己拖。这不是任务,是给他成长的机会。你不能把干活当成任务,当成任务说明你不开窍。如果你把它当成是一个成长自己的机会,那么你就会争先恐后地去干活了。

启发孩子做决定与替其做决定有何不同?

我们要培养孩子的自主性,让孩子能够学会和懂得自己做主。作为家长,千万不能够什么事情都替孩子做主。你说孩子不懂,你给他做主。哪个人是生来就懂的呢?你不给他自主的机会,他永远不会懂。你说是因为怕他吃亏,所以很多事情就替他做主了。可是你能替他一辈子吗?

真正的亲子教育不是替他做主,不是替他决定,而是启发他做正确决定。启发孩子做正确决定比你替他决定重要得多。你替他决定,他永远都不会知道如何去选择。不管他想要什么,你都不能替他决定。你只能是启迪他如何做正确决定,一方面启发他的智慧,一方面培养他的自主意识。

为什么不要轻易给孩子正确答案?

当我们要教一样东西给小孩的时候,要和小孩一起研究,包括怎么样使用,有哪些功能,有哪些注意事项,有哪些潜在危险等等。我们要和他一起去互动,一起去琢磨,而不要直接告诉他这个东西怎么怎么样,有多危险。你直接告诉他很危险,他是不相信的,但是你通过启发他,让他知道这个很危险,他就会相信。

启发教育不是给小孩答案。我们现在几乎所有家长、老师都已经习惯于给小孩答案,这是我们亲子教育最失败的地方。任何答案都不能给小孩,但是我们要启发小孩一起找答案。一件事情或一个问题,是我们一起找到的答案,甚至是启发小孩自己找到的答案就对了。他自己找到的答案,他就会理解得很深。

有一天,一个朋友闲来无事,约了我和三五好友一起出去玩。出发前,他在刷手机的时候,突然看到一条新闻:有一个孩子,在父母上班以后,自己在家里面玩火,把整个家给烧了。父母出门之前还跟孩子交代过不能玩火,玩火很危险,可是就在交代孩子不能玩火这一天,他们家被烧了。

当时,这个朋友一听到这条新闻,吓出一身冷汗。他说:"万一哪天我的孩子也玩火把家烧了怎么办?"他就开始在那儿莫名地担心起来。当我们问他今天去哪里玩时,他说:"我今天不出去玩了,我得赶紧回家给孩子补课,强调一下玩火的危险。"我问:"你准备怎么科普啊?"朋友愣了一下,说:"反正就是尽量告诉孩子这个东西不能玩。"我说:"你还不知道吗?你看新闻里面,那对父母就是因为告诉孩子这个火不能玩,所以才发生火灾的。你还要按照这种方式去搞啊?"

在多少亿万年前，我就上了我老爸的当。我老爸说伊甸园里有棵树上长的果子不能吃，但是我跟夏娃两个在那儿看着就想吃。整个伊甸园丰富多彩，我俩哪里都不去玩。你不知道曾经的那个伊甸园是多么的丰富、多么的精彩，里面有小溪、流水、蝴蝶、蜻蜓、花鸟虫鱼……各种动物、植物，各处风景，简直太美、太丰盛了！那时候，我和夏娃两个手牵手，一直在那儿，无比幸福自在。

后来有一天，老爸过来说："我告诉你啊，那棵树上的果子不能吃哦，吃了你就会怎么样怎么样……完了！就在那一天，我俩就守在那棵树旁，一直盯着树上的果子："为什么不能吃？一定要吃一下，尝尝是什么滋味儿。"然后夏娃说："不能吃啊，老爸说不能吃就不能吃。"我说："不行，老爸没说，也就算了，既然老爸说了，就一定要吃。"夏娃一直坚持不能吃。最后，一条老蛇出来说："你老爸骗你的！你可知道那是智慧果，吃了以后你就什么都搞懂了。什么人生的问题、宇宙的问题就都搞明白了，你不吃你就不会明白。"原来老爸太坏了！老蛇刚一说完，我就把果子弄下来吃了。一吃，完了！有智慧了，开始有想法了，然后我就走出伊甸园，去给大家讲课了！

后来我想明白了，我上我老爸的当了。假如我老爸不说那棵树上的果子不能吃，那个伊甸园大到无边无际，我的运气再差，按照概率我要吃到什么时候才可能吃到那棵树上的果子？有可能我这一生吃到死，都碰不到它。为什么呢？园子里好玩的东西太多了，我不可能单单对那个东西好奇啊！而我之所以对那个东西好奇的原因，就是老爸说了那东西不能吃，然后其他的美好我都不感兴趣了。整天就盯着那里，一天到晚就想着这个东西一定要弄来吃。吃了以后，就弄出了一堆烦恼。

教育就是这么回事，你不能直接给孩子答案，不能直接告诉他什么东西不能做。关于什么东西能做与不能做以及如何做，你只能启发他自己得出结论。凡是你禁止他干的事情，他就一定干！因为这是人的天性，只要是不允许玩的，他就一定要玩。

听我这么一说，朋友当时就困惑了，"那怎么办？"我说："太简单了，启迪教育！"他追问："怎么启迪啊？不能告诉孩子这个东西不可以玩，难道要反过来告诉孩子去玩这个吗？"我说："没错！你回去把打火机拿出来，跟宝宝这样说，'今天老爸给你展示一下世界上最神奇的一种现象。来，伸出你的小指头，我要变魔术了！'然后把打火机对着他的指头，啪！火苗一出来，那小手烫得呀，赶快就缩回去了。'神奇吧？你看我没按这个开关之前，你的指头一点事都没有。我一按，你的指头就受伤了。来，我们再来一次。'然后你把打火机给他自己玩，他肯定不敢玩了。"

这时候，你可以进一步启迪孩子。世间任何事物都有正反两面，有它潜在威胁的一面，也有它可利用价值的一面，这个叫启迪教育。所以，你告诉了他危险的一面之后，这个教育还没有完成。你还要启发他，这个火除了可以伤人之外，你只要了解它的特性，你能科学、有效地了解它，利用它，它还可以为我们服务。

这时候，你可以把煤气炉打开，然后告诉他："你看这煤气炉一打开，这个味道你闻一下，一瞬间就可以让我们窒息，甚至让我们丢掉生命。为什么？因为它的主要成分是一氧化碳，跟我们平时呼吸的空气不一样。它一吸收进去，我们立刻就缺氧，大量吸入的话会导致死亡。"这时候你就启发他，煤气阀门一定要随时关上。除此之外，你还要告诉他，这气阀也不能老是这样关着，该开的时候要开，我们做饭的时候就要开。

这就是让他自己去体验，然后你在陪伴的过程中，启发他自己去增长智慧。你还可以进一步启发他，这火不仅仅是能够给我们取暖，给我们做饭，它还可以让飞机上天，让火箭升空，还能让汽车跑起来，让海上的邮轮开起来，火的能力可大了。你这样慢慢启发他，智慧不就打开了嘛。

不能直接给孩子答案就是这个道理，可是我们现在的父母就喜欢给孩子答案。你没有给他答案之前，他可能有无数个答案。为什么？因为上天创造了无数双眼睛来看这个世界，所以就一定有无数种答案。

有一天，我看到一个故事，讲的是国外一个非常有智慧的母亲把学校告到法院去了。告的理由是什么呢？她的女儿第一天上幼儿园，刚回到家来，就非常兴奋地跟妈妈说："妈妈，你知道吗？这样一个东西，就这么一个弯弯，读八。"小女孩说的是阿拉伯数字"8"。她妈妈问："谁告诉你的？"她说："老师告诉我的。"她妈妈一下子气得不得了，第二天就把整个学校告到法院去了，最后她居然把官司打赢了。她说："谁叫你给我女儿答案，告诉她这个读"八"的？你不告诉我孩子这个符号是读"八"，我的孩子在什么都不知道的情况下，按照她的想象，这个符号可能代表很多事情。有可能在她眼里这个符号代表某种神奇之物，但是你这么廉价地就把答案给了我的孩子。一个可以有各种可能性的符号，就因为你给了她一个答案，让她的想象力跟着就被灭杀了。"为此，她硬是把学校告到法院去，最后法官支持了这个母亲。

的确，教育不是给答案！给予答案是非常廉价、非常不靠谱的教育。而且，非常关键的是人们给予的答案不一定正确。不管是什么专家，他们给的答案都不一定正确。联合国有关组织就曾公布过，我们人类曾被科学界一致认可的三千多项认知和定论是错误的。但是这些成果，科学家们过去却一直认为是正确的。所以，不要轻易给人答案，更何况我们还没办法保证答案一定是对的。真爱启迪型父母不会轻易给孩子任何答案，而是和孩子一起研究问题，进而找到多种角度的答案。

对于每一件小事情，建议父母都要尽可能启发孩子去找到九个答案，这是最基本的。我在书院的时候，有一天休息，一个朋友把女儿带过来玩。刚好那天我也没事儿，就和她女儿一起玩。跟小孩聊天的过程中，我问她喜不喜欢妈妈，她说不喜欢。我问她哪方面不喜欢，她说妈妈发脾气的时候她不喜欢。然后我说咱们做个游戏吧，就针对"妈妈发脾气"来做个游戏。我问她喜欢什么，她说喜欢画画。我说好啊，现在我们就以"妈妈发脾气"为主题画九幅画,你画一幅,我画一幅,来表达妈妈发脾气的那种状态、那种感觉、那种现象。

小孩都是很好奇的,她喜欢什么东西,你就从这方面启发她。我说针对你妈妈发脾气,你会画成一个什么样子?她的答案很快就出来了。哇!她画出来的是一张很凶的脸,手里拿着一个大喇叭,喇叭里面吹出来的全是那些小昆虫,确实画得很形象!"原来妈妈发脾气是这个样子,好凶、好恐怖啊!"给予她认可和肯定之后,接着启发她再来一个。这时候,她四处观察了一下,发现旁边有一只蚊子飞过来。我问她喜不喜欢蚊子,她说讨厌蚊子。于是我说:"那好,咱们就用蚊子来表达你妈妈发脾气。怎么样?"她立即响应:"好!我要画一只非常大的蚊子,有毒!但是,蚊子是从一个吹箫人的箫里面吹出来的,然后那只有毒的蚊子直接就往我的脸上飞。"她充满想象力地在表达从箫里面被吹出来的不是音乐,而是有毒的蚊子,会伤人!一会儿功夫,她又创作一幅画出来了。接下来她说要画这样一幅画:在妈妈的背上绑一个大鞭炮,然后点燃,一下子,嘣!往上一冲,妈妈就飞到天上去了。

我本来是跟她说她画一幅我画一幅的,但是她在投入到想象与创作的过程中已经全然搞忘了,结果我一幅都没画。最后她不知不觉就画了九幅不同的妈妈发脾气的作品!她可以用各种意象来表达妈妈发脾气。

何谓启迪型教育？

任何一件事情，你都可以去启发小孩，他们比大人的创造力还丰富，因为他们是一张白纸。但是我们大人总是喜欢给小孩一种导向，比如这样是错的，那样是对的，结果搞得小孩就不敢发挥想象力去创造了。

我们已经被社会集体意识约定俗成的是非对错观念牢牢地控制了，当我们跟孩子互动的时候，孩子天马行空、自由想象的创意，一旦不符合我们的标准答案，我们就把它灭杀掉了。

你真的认为我们的答案是标准的吗？只是孩子的跟我们的不一样而已，这不能代表他的答案就是错误的。恰恰孩子所提供的答案里面有引发我们大人思考，甚至是值得我们学习和成长的地方。

启迪型的教育是通过启发、引导孩子去经历、去体验、去认知、去探索、去想象、去创新、去研究……然后让他在这个过程中，从自己心里面找答案，而不是我们给他现成的廉价的答案。孩子们找到的N种答案不一定都靠谱，但是我们认为的靠谱其实也不靠谱。我们所谓的靠谱只不过是在这个现实生活当中有一个所谓的集体意识约定俗成的管用的标准。这样的话，不也就简单了嘛！我们可以启发孩子不断地找到我们认为靠谱的答案为止。他除了找到靠谱的答案，他还有不靠谱的答案，在这个过程中不就启迪和开发了他的智慧嘛！但是，我们成年人喜欢把大脑模式化。什么叫模式化？就是在脑袋里面装很多现成的标准。

我们装进大脑很多模式化的知见以后，我们还怎么能去启发一个如同一张白纸般的孩子呢？孩子是一张白纸，他就有可能变成上帝。为什么呢？因为上帝就是一张白纸，然后上帝整天东想西想，就创造了丰富多彩的万物。

当我们把孩子当成白纸，我们不去否定他哪个答案是错的，有可能他哪一天就变成上帝了，就是跟上帝一样具有无限的创造力了。所以，我们不能够完全以靠谱的方式去要求小孩。

对待孩子的教育，不是让孩子跟着大人学。我个人的观点是应该大人向孩子学。我的孩子现在已经读研究生了，但是我从来没有给孩子任何答案，我始终都是在他身上找答案。遇到任何不懂的事情，我都问他，然后他会给我各种答案，而且很多答案是我想象不到的。

第肆节 任何对的都简单而且一定管用

本节要点：

1、怎样培养孩子找到自主性?

2、怎样智慧对待一个爱打游戏的孩子?

3、孩子的对立观点和行为是怎么形成的?

4、孩子对任何东西产生反感的原因是什么?

怎样培养孩子找到自主性？

一天夜里，有一个人走在纽约的一条很漆黑的街道上，不料被一个蒙面匪徒拦劫。匪徒用枪口对着他，并且用很粗壮的声音说："赶快拿钱出来，否则我就要敲碎你的脑袋。"没想到这个人对匪徒说："先生，你敲吧！在纽约这个地方，没有脑袋还可以活，要是没有钱可真是活不下去啊！"这是一个笑话，但是这个笑话反映出我们今天把一个无比丰富的生命就只是局限在金钱这么一个单一的媒介上。

金钱是一个媒介，金钱本身不是一种价值，它是代表一种价值。我们把整个具有很多可能性的生命局限在这样一个简单的金钱媒介上，然后拼命去追求，其原因在于什么？在于我们很多人站在一种要么这样、要么那样的二分化思维机制推理出结论的角度，然后

105

定义什么事情对的就是对的，不可能是错的，什么事情错的就是错的，不可能是对的。我们一直是这样认为的，于是我们人就模式化了。

当我们的脑袋模式化以后会怎么样呢？我们就像一个生物机器人一样，按照一套固化的理念来过一辈子，这样就很可怜。所以，我们不能够按照这种模式化的方式来生活，我们要按照一种具有无限神秘性、可能性的自主意愿来生活。为此，我们要培养孩子的自主性。

培养孩子的自主性，就是通过启发让他去找到很丰富的认知，然后进一步启发他去找到符合这个社会集体意识的认知。我们没有说社会集体意识这种认知是绝对正确的，只不过说小孩一旦找到了符合社会集体意识的认知以后，他会少碰壁，他也会少经历到一些伤害，同时他也很明白集体意识不一定是对的，但是要知道他们是怎样想问题的，这就是找到了自主性。

怎样智慧对待一个爱打游戏的孩子？

我从小就是一个调皮捣蛋的人，长大后糊里糊涂地我就跟一个女孩结了婚，然后糊里糊涂地我就当老爸了，随后糊里糊涂地我就离家出走了。直到有一天，孩子他妈跟我说："这个儿子我管不住了，你管不管？"这时候，我才恍然大悟，这个事情还没管好，我就走了。意识到这一点以后，我就说："好！交给我管。"而后，我关于亲子教育的故事也就开始了。

那时候，我儿子上小学就那么点作业，他妈妈每天辅导他做到半夜12点都做不完，被气得要命！因为作业做不完，开家长会的时候妈妈又要被批评，但是孩子就是做不完，那有什么办法呢？当时孩子的兴趣就不在学习上面，所有心思都用在了游戏上。一放学回来，你刚刚转过身，他就跑到邻居家非常起劲地打上游戏了。孩子从幼儿园到小学一年级，整个兴趣都在打游戏上，他妈妈是伤透了心。但是，为什么他这么喜欢打游戏？因为他妈妈说不能打游戏！大人说不能打游戏，孩子就偏要打。孩子的心态就是这样的。就像我老爹说那个智慧果不能吃，我就会乖乖不吃吗？怎么可能不吃呢？！你想想是不是这个道理？后来我就把孩子弄到成都来了。

他一来，我说："你喜欢什么？喜欢学习吗？"他说不喜欢。"那你喜欢啥？""喜欢打游戏！""你太对了，太明智了，打游戏这个事儿太神奇了，你老妈让你打不？""就是不让我打。""好！这下你来成都了，你老妈又到北京去了，她现在管不了你，对不对？现在就你和老爸在成都，咱们天昏地暗地打游戏，行不行？""那行！"哎呦，当时孩子眼睛都亮了！他本以为来到这儿是地狱，没想到一来就是天堂！

早在来之前，他老妈就跟他说："我把你送到你老爸那儿去，看你怎么样！"他一直很害怕，以为来到我这里肯定是地狱啊！哪里想到来了以后，只休息了一会儿，我就告诉他说我们现在就到成都电脑城去买游戏。孩子一听，两只眼睛铮亮铮亮的，简直不相信这是人世间。他带着很怀疑的眼神问："真的？"我说真的！然后马上就带着他到成都电脑城去了。我告诉他说："老爸很清楚，电脑城的盗版游戏十块钱一张，我们今天拿个大口袋买到装满为止。"儿子兴奋地拿着口袋，所有游戏全部买完。然后我说："现在，你的任务就是打游戏，你什么都不用干。但是有一件事情，你要教会爸爸打。每个游戏你来教会我，爸爸保证很谦虚地向你学习。这方面你是老师啊，对不对？那么在爸爸没学会之前，你这个当老师的绝对不能放弃我。你不能说你到时候只管自己玩，觉得我好笨，你就不教了，那可不行！这个事情你得答应，如果这事情不答应，老爸也会耍混，也不让你玩。"于是他就答应了。

结果他万万没想到，他这个老爸是天底下最笨的一个了，怎么都教不会。每天晚上教到凌晨一两点钟，一个简单的游戏都不会打。他已经很反感了，他说："打到我都不想打了，你都还没学会啊？"我说："这个东西不是每个人智商都一样，但是你要看到爸爸学习的主动性怎么样，爸爸有没有离开桌子？我一直坚持在这里吧？就凭这种精神你也要坚持到底，不要放弃我啊！"

不到一个星期的时间，十分之一的游戏都没打到，从此他说看到游戏就想吐了，就因为这么笨的老爸！那一堆游戏，我一直收藏了十多年，后来因为太久了，才将其丢掉。他说太没有意思了！

我们老是说那个事情不能做，然后他就一直认为那个事情很有意思。当他真正去做了，他就发现没有意思了。天天在那儿做，他说太讨厌了！人世间不就这样吗？为什么把那个事情看得那么紧张呢？打游戏有什么大不了的吗？又不是毁天灭地的事，干嘛不能打呢？为什么谈到游戏就这么恐怖呢？当你能够真正站在一个客观中立的角度，用爱与智慧陪伴和引导他去经历一个被接纳、被允许、被满足的尝试与体验过程，他很快就觉得没意思了。后来统计下来，我连一个游戏都还没学会，儿子最多好像也就打了六个游戏，从此就断根了，再也不玩了。

孩子的对立观点和行为是怎么形成的？

我们要知道，很多时候并不是从正面的角度来教育孩子就能管用的。比如我孩子一直到五、六岁都不喝汤，一口都不喝。他跟着妈妈在外婆家生活，妈妈是大学生，外婆也是有文化、教过书的人，公公也厉害，是公安老干部。一家子都是有智慧、有社会地位的人，但是全家人无论怎么努力都搞不定这孩子。每次用餐的时候，所有人都围着他，苦口婆心地劝他喝喝汤，对身体好！可是无论怎么劝，他都一口不喝。

这个小孩的敏感性很强，心里嘀咕："你们大人都没主动喝，就先让我喝，这个东西肯定有陷阱，开玩笑！我怎么可能喝？"我们认为是对他好，可是他很怀疑，认为有陷阱。

小孩未出生之前跟母体是连接在一起的，他在母体上感觉到很安全。在他出生的时候，是强制性地把他和母体分开，他就感到很惊恐，很不安全。"怎么这么可恶呢？怎么活生生地把我从舒适状态里面逮出去呢？我这是来到了一个什么样的空间呢？"他不理解！他一生下来，就受伤害了。所以他从妈妈的身体里面一出来，就开始对这个社会充满抗拒，对这个人世间没有信任感。"这里的人都是坏蛋，硬把我从那很舒服、很温馨的地方剥离出来！"他一开始就对这个社会不信任，再加上很多父母会骗他："如果你这样这样以后，就会怎么怎么样。"但是最后并不是那么回事儿，于是他就会自己总结："这个世界上所有的人全都是恶魔，没有一句话是真话！"

很多父母骗孩子说，你现在好好吃饭，只要把这饭吃完，我就给你什么什么……很多父母认为这就是教育策略。孩子好单纯啊！他就想，既然你说了我把饭吃完你就给，那我就把饭吃完。可是吃完以后并没有给，父母又提了另外的条件，你把作业做完我就给。然后孩子说，这个世界上的人实在太可恶了，又编出一个理由要我把作业做完，做完也不会给的！

小孩一生下来，对这个社会是很陌生的状态。我们做父母的之所以对这个社会不陌生，是因为我们花了几十年的时间来适应它。在这个社会中，我们已经建立了自己的舒适圈。我们有自己的家庭，有自己的亲情，有自己的朋友，有自己的同学，有自己的同事关系。透过这各种关系，我们已经形成了一个舒适圈。只有在这个舒适圈里面，我们才感觉到我们的安全是有保障的，我们有被支撑的感觉。

而小孩刚刚来到这个世界，他唯一的舒适圈就是母亲那个身体，现在被强制性地隔开了，而他的各种圈层关系都还没有建立起来。他最亲的关系就是

110

父母，而父母却一天至少骗他三回。他再笨的人，他也会自己总结。他总结下来以后，就发现这些成年人没有一个靠谱的，讲的话没有一次是兑现的，于是他就形成了一种对立的观点。形成对立的观点以后，他基本上就是这种思维：你叫我干的，我一定不干；你叫我不干的，我一定要干。

我那孩子就是这样总结了：平时妈妈答应我的事情，最后都没有兑现。现在天天叫我喝汤，凭什么啊？一定是陷阱！他虽然不会说这个话，但他心里就是这种认知，所以就一直不喝汤。

后来，我们吃饭的时候，我说这个事情如果愿意交给我的话，我大概十分钟就可以解决这个问题。他老妈不可置信地看着我，心想"我已经在这上面花了好几年时间都没解决，你十分钟就解决了？"我说解决问题有那么复杂吗？她说："行啊！那就你来解决吧。"对此，她觉得很好奇！一年365天，每天都是早中晚三次，每次都劝他喝汤。如此频繁地劝，不断地叫他干，他会形成多大的抗拒？他有多大的抗拒，他就有多大的反作用力，这是肯定的。

我透过这个孩子的反作用力，分析出这个结论以后，便知道十分钟就可以解决问题了。我当时就跟他老妈说配合一下，一起演个戏。演啥戏呢？我说我们等一下说话的声音要不高不低，让他能听见，但又不能听得太清晰。和他妈妈预先沟通好之后，我们就开始行动了。我说："你把这个给我放在那儿藏起来，不要让儿子知道，这个是我自己喝的。"然后他妈妈连声说好！这个声音不大不小，恰好被他刚刚听到。

"什么东西藏起来不让我喝？"霎那间，孩子很愤怒地从客厅里面冲到厨房大声问道。这时候，我就开始对他妈妈"埋怨"起来了："都跟你讲了，说话小声点，这么一点事都搞不好，这个正是我想喝的东西啊！"孩子问藏在哪里，他妈妈说不知道。"不知道？我就知道你藏在那里！"结果孩子自己搬只凳子踩在上面，然后凳子都没下，端起柜子上的一大碗汤，片刻间就喝得干干净净，一滴都不剩。后来我一看，还不到十分钟，五分钟就搞定了！

孩子对任何东西产生反感的原因是什么？

亲子教育不是斗勇气，也不是斗狠劲儿，而是斗智慧。原先这个孩子莫名其妙地对学习很反感，直至后来，我终于慢慢地营造到今天这种水平：我动辄放言，"再不听话，就不允许你上学了！""我告诉你啊，你大学不要读了，研究生不要考了！"然而那已经是不可能的事情了，他早就上当了，学习已经成为他离不开的兴趣了。

一个人反感任何东西，一定是我们父母让他反感的。一张白纸一样的一个童真的孩子，不可能莫名其妙地对任何东西反感。如果他反感，问题一定出在父母身上。很多人教育孩子都是去翻书本，去书店看看有没有哪个教育专家的著作，可是你找了那些东西来，好像也不管用。你只要记住一个原则：如果一个东西很复杂，就一定不管用。任何对的东西都是最简单的，而且一定管用。

第肆章

亲子教育中的自由意志培养

大自然无以数计的生命形态，各自按照各自的特性来表达和绽放。如此，在一个极为丰盛的整体里面，就有森罗万象、多姿多彩的差异性，但同时所有生命又是以一体的方式，共同在宇宙里面互动。而我们是要于天地自然这样一个整体存在中的任何一种互动里面完成自己的功课，也就是说我们要在这里面学习。

本节要点：

1、自主意识与规范意识如何培养？

2、何谓不可忽略的三个基本原则？

3、启发孩子应跳出绝对的认知标准？

4、何谓生命表达艺术之秩序教育？

5、何谓心灵固化与心灵自由？

自主意识与规范意识如何培养？

生命的自主性一旦失去，人生的很多趣味就没有了。我们培养孩子的第一要务，是启发孩子去认知事物，去建立和形成自己对待一切的自主性。同时，我们还要启发孩子形成一种自觉自律的品质，但是现在我们已经把有关自觉自律的这一部分弄成了一种教条、一种法律、一种家规。实质上，当我们把它上升成家规教条以后，有些时候就有点贬低生命的味道了。

当我们把神圣的生命降格于所谓的教条规范之下，那么到底是规范为生命存在？还是生命为规范存在？我们很多人只是片面地或者是单一地强调规范本身，从而限制了生命本身的尊严。我们由于不理解自觉自律之真实义的微妙性，我们就会在某种程度上把其

115

作为某种僵化的教条式家规或者制度规范，从而像缰锁一样套在生命的脖子上。如果这样的话，就并非自觉自律，而是一种被动遵守。

生命有一个特点：凡是被动的东西，他是没有乐趣的；凡是生命自觉自律的东西，他是其乐无穷的。我们要找到两者的差异在哪里，一个人在自觉自律的同时，也在遵循相应的规范。但很奇怪的是，他是自觉的，他没有觉得这些规范对他来说是一种约束，没有觉得这些规范是对他的一种限制，更没有觉得这些规范是在制约他去表达生命的自由。恰恰相反，他是在利用这些规范来表达生命的自由。

这种很微妙的智慧，如果在理论和认知上不参透，我们就会永远活得很受限。你知道吗？生命只要是自觉自律要干的事情，再苦再累他都乐趣无穷。比如说一个人打麻将，如果是他自己想打，那么三天三夜都不累。而一旦被规定要他打，他就会腰酸背痛，累得要死。假如公司规定他每天的任务就是专门陪领导打麻将，那么他打起来就一定很累，感到压力好大。公司让他今天加班打麻将，他就不干了，凭什么让我加班？但是，平时没有规定的时候，他连打三天三夜都不下桌子。我虽然举的是打麻将的例子，但任何事情实际上都是相通的。一个人对于任何自己想干的事情，一点都不会累，而对于凡是条文规定必须要干的事情，则往往感觉累得要死。所以我们需要掌握生命的特性。

何谓不可忽略的三个基本原则？

我们不是说生命不要遵守规矩，而是我们首先要认知到生命超越一切规矩。一切的规矩都是为生命本身服务的。比如说，交规是为生命服务的，不可能说让生命去为交规服务。但是有时候我们会莫名其妙地就是搞不懂，感觉到好像生命可能比交规要低一点。在家里面亦是如此，有时候你同样会莫名地感觉到好像我们的生命比家规要低一点。

我们要认识到为什么孔老夫子可以达到一种非常美妙的从心所欲而不逾矩的状态。他是非常从心所欲的，但是他没有违反任何规定。他是活在什么层面呢？他是活在超越规则的层面。当他在超越规则的层面活的时候，规则就成为他表达秩序、表达生命、表达美的一种法则。规则一旦成为生命表达秩序、表达美、表达和谐的一种工具的时候，这个人就是非常自在的。他知道要运用什么规则来表达什么内容，要主动遵循什么样的规则来扮演什么样的角色，要运用什么规则来书写一个什么样的生命形态。这时候的规则就成为对生命进行服务的一种智慧运用。而我们不懂规则的人，把自己置身于规则之下，一辈子为规则服务，就处处都觉得很受限制。

要培养孩子的一种自觉自律性，就一定要启发孩子去运用规则，而不是颁布规定。颁布规定是很简单的，但是孩子要么是被动遵守，要么就是根本不会遵守。如果你是启发孩子去运用规则，这里面就有他的意志参与，就有他的创造性参与，就有他的体验参与，那么他就会感到很有乐趣。但是如果你规定孩子玩儿完的玩具必须要摆回原位，他就觉得你在限制我。

他刚刚一个玩具玩没兴趣了，马上又拿过另一个来玩，然后又没兴趣了，就丢在一边，再去拿一个来玩，没兴趣了就又丢在一边，然后又去拿新的过来玩，玩着玩着……最后都没兴趣了，他就出去玩了。家里面搞得乱七八糟，哪里都是他乱扔的玩具，然后你就开始把他叫回来骂："叫你玩儿完放回原来的位置怎么不放回？不收拾好就往外跑！"而他却完全一副不以为然、无所谓的样子。你会发现，你跟他颁布规定一点用都没有，因为那是规定，他觉得被限制了，他也不认为一定要遵守。

当你启发他：不仅玩玩具是个游戏，摆放玩具也是游戏，你不能把游戏单一地理解成是玩玩具。我们穿衣吃饭不是游戏吗？我们洗脸刷牙不是游戏吗？为什么一定要把游戏弄得这么狭隘呢？我不能以游戏的心态和心情来漱口吗？我不能以游戏的这种轻松和愉悦来穿衣服吗？我不能以游戏的这种美好的感觉来扫地拖地吗？我不能像玩游戏一样，像唱歌一样享受切菜做菜吗？为什么不能呢？是完全可以的！

我们还要启发孩子在生活的一切游戏里面去找到一种美感，这种美感是可以启发的。"这些玩具摆得乱七八糟的，你看一下有没有美感？"启发他的美感就是培养孩子发现美、经营美、创造美的智慧和能力。

小孩子始终有一颗要去发现未知的心，那么你只要去启发他，他就会知道，原来这个玩具摆整齐是一种美观。家里面空间很敞亮，物品摆得有秩序，人就很舒服。

每个人的心灵都是相通的，你只要一启发，他就会知道这些东西乱七八糟地乱扔和整齐有序地摆放，完全是两种不一样的感觉。这时候他就不是遵守规则了，而是透过表达这种有序性来游戏，这样他就会把怎么样摆东西摆得有序、摆得整齐、摆得有创意作为一种美的表达。

我们要在生活当中的每一方面都启发孩子，形成一种自觉自律性。这种自觉自律性不能透过规定来要求，而只能透过一种探索来达成。比如你对孩子说："你看，你把这屋子搞得乱七八糟，我们要行走都不方便。家里面既要摆这些玩具，同时又要让我们的生活不受障碍，我们共同来研究一下这个问题怎么样？"这就是发现神奇，这也就是培养孩子主动去运用规则的意识。当他能够慢慢形成主动运用规则的意识形态时，天地大道开创的一切规则，均成为他表达生命的法用。这时候，我们就可以理解为什么孔老夫子可以从心所欲而不逾矩了。

实质上，不逾矩这个"逾"字用得并不恰当。从心所欲而不逾矩，这个"逾"字给人一种意味，就好像孔老夫子很乖、很听话，但是压根儿就没有乖和听话的意思，实际上跟听话一点关系都没有。这里面的真相是孔老夫子已经掌握了整个生命的智慧，他知道遵循什么样的原则去表达生命，遵循什么样的原则去摆放家具、物品，遵循什么样的原则来调整家居风水，遵循什么样的原则来进行关系互动，遵循什么样的规矩来开展工作，遵循什么样的规范来进行团队管理……所有这些，他都已经学会了。学会以后，他就主动用最好的这些法则来展开他的生命，来表达他的生命，来绽放他的生命。他每一样表达出来都是美好的，每一样表达出来都是有秩序的，每一样表达出来都是充满和谐的，每一样表达出来都是符合大道的。这时候他对一切规则的运用都成为他的主动性表达。所以，这里面不是说孔老夫子很听话的问题，而是说他找到了生命运作的奥秘。

当一个人在主动运用这些法则去表达生命的时候，这哪里是规定？就像一个演员，他演不同的角色，就有不同的角色要求，不同的角色要求就对应不同角色的规范。他只有遵循这些规范，才能把他饰演的角色演出最恰当的状态。演员能把角色演好，是因为他主动运用了智慧，主动运用了表达的规范，主动运用了演绎的法则。他透过对这些法则的运用，就能够把角色演得非常投入，表达得非常到位。这时候，演员哪里是在遵守什么规定？演员只是运用这些规则来准确表达他区别于他人的独一无二的自己而已。

如果我要表达自己是一个很有秩序的人，我就会通过这个规则来表达我的秩序。如果剧本要我演一个很窝囊、很混乱的人，我也可以表达得很恰当。我可以把衣服、裤子反起来穿，把鞋放在头顶上，把自己家里搞得乱七八糟，我也就表达出我是一个很混乱的人了。如果我要表达我是一个有秩序的人，我是一个有品位的人，我是一个高雅的人，我就会主动运用一切能表达我高雅、表达我有品味、表达我有层次的所有那些要素。这哪里是规定？哪里是家规？又哪里是教条呢？

当我们智慧不够的时候，我们就把这一切理解成是一种家规、一种教条，然后就让我们感觉到左也不是右也不是，把生命原本自如自在的一种状态，搞成一种很被动、很无奈的状态，这时候生命就没有感觉了！所以，我们讲家教中有三个不可忽略的基本原则：第一个是启迪孩子的独立自主性，任何事情他是主动，不是被动；第二个是培养孩子任何事情都有自觉自律性；第三个是培养孩子不偏不倚的中道精神，也就是合情合理。

启发孩子应跳出绝对的认知标准？

我们不能以对错是非来培养孩子，我们要启发他从不同角度看问题的智慧。你认为这个东西是对的，那么我可以找一些证据来证明它是错的；你说这个东西错了，那么我也可以找到若干证据来证明它是对的。我们就要这样去启发和教导孩子。我们站在不同的角度就会得出不同的结论，哪里有什么对错呢？

一个老太婆有两个孩子，一个是卖鞋的，另一个是卖伞的。下雨的时候，她就为那个卖鞋的孩子焦虑；晴天的时候，她就为那个卖伞的孩子焦虑。所以下雨她焦虑，晴天她也焦虑，她从来没有换个角度思考过。她只要换个角度想，下雨的时候，卖伞的孩子生意好了，很高兴；晴天的时候，卖鞋的孩子生意好了，也很开心。

我们就要去找这种智慧，一切不是从对错上去找，一切是从合情合理上去找。没有绝对的对与错，只有合情合理。是否合情？是否合理？这就是我们参与这个世间游戏的中庸之道。

我们参与世间游戏的中庸之道，就是找一个事情又合情又合理的状态。有些事情合理但不合情，有些事情合情却不合理，老是让人很分裂。所以我们要找到一种不分裂的状态。关于这一点，我们就要懂得培养孩子们不要那么太单一地去生活，但又并不是说没有对与错、是和非，然后让他们感觉到很焦虑，不知道怎么生活。因为是非对错在社会集体意识的规范中的确是存在的，但是你又要知道，事实上是没有一个绝对的是非对错的。我们要启发孩子在什么环境里，在什么样情况下要遵循什么样的法，遵循什么样的情，遵循什么样的理，因为我们每一个人的内心意识和心灵感应都是相通的。

不管是小孩还是成人，我们的先天本性、我们的灵性、我们的自性都是相通的，所以我们一定能找到我们内在可以形成共识的那个点。如果不是这样找，什么事情都一刀切，那么这样的人就走得很极端。

我们的教育在哪个阶段最极端？在幼儿阶段。因为幼儿园的老师关于是非对错的观念特别清晰。而当我们的教育进入研究生阶段，进入博士阶段，是非对错就变得特别模糊了。到了这个阶段，任何事情什么可能性都有，最后就没有结论了。在幼儿园阶段，什么都有结论，对的就是对的，错的就是错的。一到博士阶段，似乎什么结论都没有，结论很难说，说不准，一切就又开始回归到天地宇宙大道的状态了！所以，任何事情并不是像士兵走路一样的，有一个整齐划一的标准。当然士兵走路也不是任何时候都这样，而是在特定的时候才如此。如果每时每刻都一样的话，那么人生何其单调。

何谓生命表达艺术之秩序教育？

有一支部队的士兵在操场上进行队列训练的时候，在指挥官的口令下，他们已经走了将近一个小时，又热又累。此时，只见他们排成横队朝着操场边上的一幢房子笔直走去，一直走到很靠近的时候，眼看就要撞上了，指挥官依然没有喊口令让他们停下。我们知道，军队是绝对服从命令的，如果没有下达新的指令，他们就会一直往前走。果不其然，顷刻间，他们接二连三全都撞到墙上了。在他们都还来不及放声大笑的时候，指挥官就大声呵斥他们了："你们刚刚都没有走整齐，如果你们步伐一致的话，撞到墙上，我应该只听到一个声音！"

我们看过一群聋哑人表演的节目叫千手观音。他们动作整齐，步调协同，甚至呼吸都一致。这种一致性，是生命为了表达一种庄严而出现的秩序和规范。一个军队要表达一种威武庄严，除了这种整齐划一之外，你还能想象出其他更合适的方式来表达吗？很难想象！所以，你会发现这种整齐划一就是表达生命的一种威武和庄严感觉的艺术。

为了表达庄严，我们必须走整齐，这时候我是主动的，因为"必须走整齐"变成了一种表达的运用。反过来，你告诉我"必须走整齐才威武庄严"，那么我就是被动的，因为这时候"必须走整齐"变成了规定。就这么奇妙！

关于亲子教育，有些老师说："你只要爱孩子，你就一定要限制孩子。你不限制他的话，他就会犯很多错误。"表面上感觉是对的，是要限制孩子，不限制孩子，他什么事都不懂，将来就无法无天了，肯定犯错误。但是，你要搞明白，我们不能为了避免孩子犯错误，就用限制性的教育灭杀了他的创造性。难道除了这样，就不能有别的方法了吗？我讲的别的方法不是规定，不是要求，而是从另外一个角度去启发孩子怎么样来表达生命，怎么样来表达自己。从这个角度切入，你会发现这个问题就解决了。

很多时候，我们都只是简单地用各种条条框框和规矩来解决问题，这样就把一个生命的尊严和规定之间的关系及序位搞反了。人世间的东西，它原本不是一种规定，它原本是一种表达；它原本不是一种教条，它原本是一种运用。实质上，你把这个东西想明白了，它就很简单，就是为了表达某种感觉：表达一种秩序感，表达一种庄严感，表达一种神圣感……以及我要运用一些什么东西。

你只要这样去思考，你就会豁然开朗，你自然也就知道怎么教育孩子了。这时候，所有的规则你都可以创造，但是你会知道：你是规则的创造者，你不是规则的被动执行者；你是规则的设定者，你不是规则的被约束者和被动遵循者。

我们一定要成为规则的定义者、规则的设定者、规则的运用者。你会发现有这么两种人，表面上一样都在遵循规则，但实际上一种人是运用规则，一种人是遵守规则。运用规则的人和遵守规则的人是两种不同的人，运用规则的是主动的人、智慧的人，而遵守规则的是被动的人、可怜的人。虽然，他们都会给我们带来一个现象，就是一切都很有秩序，但是秩序背后隐藏的智慧你就搞不懂了。

何谓心灵固化与心灵自由？

一个圣人和一个凡夫，从他们的表面上是看不出来有什么差异的。如同一个人刚开始修行的时候，看山不是山，等修到最后，则看山还是山，又回到老百姓的状态了。这时候，表面形态都一样，该遵循什么都遵循了，但是内在不一样。当一个人主动运用规则，他的内在是自由的，他是一个自觉的人，他是一个智慧的人，他是一个大自在的人。而另外一个人他也遵守规则，他也按照社会集体意识要求的东西在遵照执行，但是他是一个被动的人，他是一个压抑的人，他是一个郁闷的人，他是一个不幸福的人。你会发现他们就是内在不一样，而外在完全一样。

圣人和凡夫就差这么一点点，但却是天壤之别，就这么一点点我们就很难搞明白。当我们搞不清楚这一点，我们不懂得这样一种教育理念的时候，我们就会把孩子搞得对自己一点都不信任。不仅是不信任自己，孩子对老师也都不信任。为什么？因为我们的理念有问题。

有一天，一个小宝贝刚刚放学回家，老爸问："今天上学怎么样？你们那个老师如何？"孩子回答说："你不要提老师了，他是一个好老师，但我还是不能相信他。"老爸很惊讶地问："为什么你对老师不相信呢？"孩子说："我们老师说话有问题，他刚开始说3+2等于5，可是还没过一会儿，他说1+4等于5。你说他怎么这么糊涂呢？怎么一会儿2+3等于5，一会儿1+4也等于5呢？所以我觉得他说话不靠谱。"

我们经常把一些事情搞成教条以后，就连我们自己都不知道它们实际上是同一个意思。所以，你只要把本质性的东西搞明白，那么不管怎么变化，它的意思是不变的，2+3等于5，1+4也等于5，它保证结果是一样的。

如果你是重形式、重教条的人，你就感觉到不可思议。刚刚明明是3+2=5，为什么现在变成1+4等于5了？虽然这是个笑话，但是我们很多人实际上就是按照这样的形式、这样的套路在学习知识和文化。我们在物理里面学一套，我们在化学里面学一套，我们在自然科学里面学一套，我们在社会科学里面学一套，最后我们发现，学到的这些东西我们都不知道怎么运用。

有时候你会发现，在哲学理论里面，前面讲的和后面讲的好像都有矛盾。有时候你也会发现，听一个老师讲课，感觉前后似乎也有很多矛盾，但是事实上没有矛盾，它是一种圆融。就像你还没有搞清楚孙悟空之前，你发现孙悟空一会儿变成妖怪，一会儿变成老虎，一会儿变成猴子，一会儿又变成乌龟，一会儿又变成蜻蜓,一会儿又变成蜜蜂……你搞死也研究不透这个孙悟空。为什么?因为你只是在研究这个形式。如果你不是研究这个形式,而是研究这个可变化的本质,你只抓住这个可变化的本质,这时候你压根儿就不关心所变出来的猴子、蜜蜂、乌龟等等一切形式,你通通不关心。因为不管怎么变,本质一模一样。如果你按照这样一个状态来尝试我们小孩的教育,你就会发现不管怎么教育小孩都是对的。那个时候,你就不再是一个教条的人,你就非常灵活。

本节要点:

1、父母与子女之间到底是谁在成就谁?

2、要在亲子教育中感悟宇宙道法?

3、亲子教育就是为了训练孩子听话吗?

4、如何在教养中感悟关系互动的奥秘?

5、真正有智慧的父母怎样教育孩子?

父母与子女之间到底是谁在成就谁?

关于孩子的教育,父母与子女之间,到底是父母在向孩子学习,还是孩子在向父母学习?直到目前还是悬案。你很难说到底是谁在教谁,谁在成就谁。生命现象是很神奇的,如果真正从生命真相的角度来讲,一个小孩的角色和一个父母的角色在关系互动中最终成长起来,可能得出的结论是父母成长更多。这方面的证据,相信每一个人都能找到。

有一部电影叫《奇迹男孩》,父母因为生了一个有问题的孩子以后,家里面的整个氛围都变了,最后父母通过帮助孩子创造了属于他们自己生命的奇迹。当你把整部电影看完,可能你会发现还有另外的角度来看它。有些时候,在亲子关系中,作为父母的角色,并不一定是成就者,可能恰恰相反,是真正的被成就者。

家庭关系是让我们拓展智慧去看生命存在的意义。比如你可以自己设想,在有孩子之前,夫妻之间的关系是什么状态?有了孩子以后,夫妻关系又是什么状态?没有孩子之前,这个家庭是什么状况?有了孩子以后,家庭又是一个什么状况?你自己可以去做这些研究。

宇宙开创生命在不同的显相上,不同的形态上,有更深层的意思在其背后。比如在生活中,有时候我们认为的傻瓜,你不要看他傻,一个聪明的孩子有时候可能还不如一个傻瓜的孩子给父母带来的成长大。真是这样的!我们要去观察生活,才能够想明白这些道理。有的人家里面突然生了个傻瓜,人人都说这孩子这也不行,那也不行,但是事实上当生命真正走到了一定程度,再回头一看,你会发现这个傻瓜成就了一对父母。

有一只老鼠,掉进了一个装满水的水缸里面。这时候,这户人家的小孩就冲着他老爸喊:"老爸,你知道吗?有一只可恶的老鼠掉进我们家的水缸里了。"老爸说:"快点把它捞出来。"然后这孩子说:"不用,老爸,我已经把我们家的猫扔进水缸里了。"因为猫是抓老鼠的,现在老鼠掉进水缸里面了,小孩就把猫扔到水缸里面去抓老鼠。有意思吧?我们很多人解决问题就是用这种相生相克之法。阴阳五行是设定的一个基本的游戏规范,是大自然派演万物的法则,但它不是绝对的。整个大自然派演万物所遵循的金木水火土相生相克的自然法则，也可以改成别的法则，当然这些讲起来就是关于道这个层面的东西了。

要在亲子教育中感悟宇宙道法？

总的来讲，我们教育孩子，我不认为父母一定要扮演得比孩子聪明。实际上我也不认为天下的父母比孩子聪明，并不是抬高孩子，而是我觉得我们只不过是对人世间的游戏规范比较了解，我们对集体意识比较了解。我们走这条路走了几十年，我们知道某些违反集体意识的说法、做法可能会碰壁。这方面我们总结的经验比较多，所以我们希望把这一部分经验传递给我们的孩子。从这一部分来讲的话，好像我们比孩子聪明。但是你要真正从生命存在意义的角度来讲，从生命表达爱的角度来讲，从生命角色的扮演，以及从生命关系的互动带来的那种生命情趣、诗意浪漫的角度来讲，可能有些符合于集体意识的让我们不碰壁的认知和观念，恰恰是导致我们缺少浪漫、缺少诗意、缺少情调的最直接的原因。

我们有时候向小孩学习，会在他身上找到很多有情趣的东西。如果你希望让孩子规规矩矩地听话，这样不能弄，那样不能弄，但是你会发现孩子一秒钟都不会停，一会儿功夫就会给你搞出很多问题，那么你会搞得很累，你会感觉到应接不暇。你就没搞清楚，可能更没想过天地之间既然有法存在，为什么老天不把小孩设定得非常听话呢？既然天地有道法存在，为什么老天不用这个道法，让小孩变得非常安分呢？为什么不呢？

放眼观察大自然，一棵草，自有其关于草的宇宙道法之法则，从而让草里面的细胞分子遵循草的基因，堆成了一棵棵不同的草；一朵花亦如此，如同堆砖头一般，花里面的分子按照花的基因堆成了一种种不同的花；一棵树亦如此，树里面的分子按照树的基因堆成了一棵棵不同的树。你会发现万物里面一切都很规范，不管分子堆成苹果树，堆成香蕉树，堆成李子树，堆成玫瑰……还是堆成千变万化的各种植物，它们都有一个类似于堆砖头一样的法则在里面，非常准确地约束着这些分子，让这些分子按照不同的基因图谱堆放成大自然很丰盛的植物、动物等一切万物。千万年来，没有哪一种花的基因曾经改变过，它们始终遵循规范，不越雷池一步。玫瑰就是玫瑰，月季就是月季，牡丹就是牡丹……它们始终遵循这个规范。

如果把这些分子想象成一块一块的砖头，你就会发现这些砖头可以堆砌成各种各样的形状。那么，为什么它们堆起来的这些形状千万年来都是这么有序呢？就像我们人一样，也是这些细胞、这些分子堆起来的，那么为什么我们堆起来的是这样一个有头、有身体、有胳膊、有腿的人呢？而不是堆成一个大冬瓜呢？从理论上讲是可以堆成大冬瓜的，因为身体里面就是分子构成的细胞，然后这些细胞就在里面堆，堆起来就可能堆成一个大冬瓜，也可能堆成一头猪，也可能堆成一头牛。为什么我们人堆起来始终都是人这个样子呢？有些细胞就堆在头部，有些细胞就堆在腰部，有些细胞就堆在胸部，有些细胞就堆在腿部，而且它们的量为什么那么合理呢？你想过没有？如果你把这些细胞想象成是一块块砖头，难道这些砖头自己就会很有序地堆砌起来吗？

我们工人修房子，可以把砖头堆砌成一栋写字楼，堆砌成一栋别墅，堆砌成一栋公寓，那是因为有图纸。如果你没有图纸，或者根本不看图纸，那么最后出来的建筑物肯定是乱七八糟的。我们按各种图纸很有序地进行施工，就会呈现不同的建筑物。如果把细胞分子想象成是砖头，来进行有序地组合，就会组合成各种植物、动物乃至天地万物。而且它们组合的这一切千万年来都不会改变，它们里面难道没有图纸吗？一定是有图纸的！我们今天已经知道那是基因图纸，但是基因图纸只是我们今天的科学家命名的，在科学家没有给这个图纸命名之前，亿万年来，这个宇宙里面早就已经存在这些图纸。这个叫什么？叫宇宙道法。

亲子教育就是为了训练孩子听话吗？

在我们没有发现宇宙道法之前，它就是先天存在着的。这个法存在得无比科学，可以让天地宇宙里面的这些细胞、这些分子遵循它而堆成不同的花，堆成不同的树，堆成不同的动物，堆成不同的小昆虫，堆成不同的飞鸟，堆成不同的人……一切都堆得这么好，由此你可以想象宇宙道法有多么神奇的功能和力量！它既然有那么大、那么神奇的功能和力量，为什么它不让我们小孩规规矩矩听话呢？难道宇宙没有这个能力让小孩非常听话吗？它完全轻而易举就能解决让小孩听话的问题。它为什么让有些小孩调皮？有些小孩乖？有些小孩有创造力？有些小孩没创造力？它为什么让小孩这么丰富多彩呢？你慢慢去思考。

当我们期待小孩要听话的时候，这个认知已经在限制生命的丰富性了。宇宙所设定的小孩一分钟都定不下来的这种天真活泼，给我们家庭带来的意义是重大的。从这个角度去思考，你可能会发现这种设定是最美的。想象一下，如果一个小孩很听话，就像机器人一样摆在那里，按他屁股一下他动一下，按他开关一下他说一下话，这样的小孩你觉得有趣吗？他之所以有趣就在于这个小孩是活泼的，他时刻都在动，没有一刻是安宁的，一下子就把整个家庭的氛围搅动起来了，给整个家庭带来了无限的生机、快乐、欢喜。我们在享受小孩的这种生机、活泼、好动给我们家庭带来活力、美好的同时，我们又在烦恼他干嘛不听话呢！我们认识问题是否应该开放一下脑筋？这样的话，我们就不会对小孩有期待。

我们可以常常思考：我跟孩子之间的互动怎么样更为美好？如果从这个角度去思量，我们自然就会找到很多种方式去跟孩子互动。

我们只要遵循一个原则：始终带着爱去跟小孩互动。当你带着爱遵循一个表达有序的原则，遵循一个表达美好生活的原则，遵循一个表达有趣性的原则，你就会发现我们找到了跟小孩互动的方法。

小孩活蹦乱跳的，他不是一种缺点，而是一种优点。有时候一群搞理论研究的人在一起，死气沉沉的，吃顿饭你都觉得一点儿趣味都没有。但是如果这一桌子里面突然来了一个特别火辣、特别活泼的人，那么你会发现，仅仅就因为多了这么一个人，一下子整个饭局就变得非常有意思了。这就是生命的特质。如果都是那种非常理性的、非常保守的人在一起，那就是一潭死水。但是突然之间来了一个感性的人、有情趣的人、比较激情的人在那里一搅动，大家一下子就觉得有趣了。

每一个生命禀赋的不同特质，是上天所设定的，所以一定有他的意图。你不能去打压这个特质，你只能去发挥这个特质。有的人很激情，说起话来很激动，然后就有人一定要改造他，说"你一定要很理智，你一定要像某些专家教授一样说话有板有眼"。这对他来说是很痛苦的事情！为什么？因为他的生命能量是一团火，一团火怎么可能冷静呢？冷静不了。如果没有这团火，我们大自然的花草树木会生长吗？那玫瑰会开花吗？不会的。它就是有一种火一样的能量在里面涌动，才出现了百花盛开的这种景象。

大自然是用不同的能量来装点世界的，所以我们在教育小孩的时候，就要去启发小孩如何认知他的个性，认知他的特质，然后通过他这种特质去发挥他独特的价值。这样的话，小孩就有自信心了，我们也就不会有烦恼。尤其是在生活情调和生活情趣上，我们会在孩子身上找到很多。所以，我们在进行家庭教育的时候,对孩子要有弹性,不能够死脑筋。

亲子教育,不是让一个孩子听话这么简单的。你要一个孩子绝对像机器人一样听话是不太可能的,因为他不是一种有序的东西。对于一个无论是禀赋何种特质的孩子,我们都不要去改变孩子的这种能量。实质上我们要去认知这个能量,然后去思考如何很美地和这个能量互动。我们要改变我们的互动方式,而不是要去改造这个能量。

一个人的习惯可以养成和改变,但是生命的性格特质,你是改变不了的,因为这是上天给的。有的人就是说话慢条斯理,有的人就是很激动,你说要改变这种特质,那是改变不了的。你也没办法通过规定来实现,规定是没有用的。你只能换能量,换一种慢条斯理的能量。只要能量一换过来,你用不着规定,他说话自然都是慢条斯理的,因为一切都是能量所导致的。他的能量特质决定了他就用这种方式跟人互动,所以我们要认知生命的个性,它是上天给的。上天给了人不同的能量品质,然后生命在投胎转世的时候,就携带了上天给的不同的生命特质,然后再把一个灵魂装进禀赋这种特质的身体里面,然后又把灵魂装进禀赋另外一种特质的生命里面,这样灵魂就会经历丰富多彩的各种人生体验。

如何在教养中感悟关系互动的奥秘?

上天给我们开创了三大中心,分别为本能中心、情感中心和理智中心。我们本能中心在丹田这个范围内，然后我们情感中心是在膻中穴这个位置，我们过去把它称为中丹田，然后我们还有个上丹田是理智中心，处于眉心位置。

这三个地方是宇宙开创的三种程序，这三种程序就和我们身体里面促进血液循环、能量加工与演化等程序是一个道理。我们身体里面有很多程序在运作。比如说我们吃饭，刚吃到胃部，我们的胃就要启动一个程序来分泌胃酸，把吃进去的食物分解成像小分子一样的很微观的颗粒。这里面指挥胃进行胃酸分泌的这个程序是非常科学的，它不是随时都在分泌胃酸，而是当有食物进入胃部，它才启动程序开始分泌胃酸出来。而且胃酸的腐蚀能力非常强，哪怕是金属在胃里面，它也能把金属给腐蚀掉。但是具有这么强的腐蚀能力的胃酸，却始终不会腐蚀胃本身。你说这个程序合不合理？它是非常科学的，什么时候分泌什么时候停止，就像应急开关一样，一有声音出现，那个灯就亮，没有声音的时候灯就是关着的。

它通过分泌胃酸把你吃的食物分解成微观粒子之后进入脾脏运化程序系统，然后再进入我们的小肠、大肠，而小肠、大肠也是一套程序。这些小颗粒一送进小肠、大肠以后，这里面负责小肠、大肠的这套程序就自动启动。程序一启动，小肠开始吸收，大肠开始蠕动，然后吃进去的食物就在里面不断地被加工提炼。提炼以后，又有一套功能开始启动，就是我们的血液循环机制，开始把小肠里面这些非常精微的能量提炼到我们的血液里面，然后在血液循环的过程当中，又把这些多余的能量送到骨髓里面储存。

待到机体有需要之时，它又从骨髓里面把这些半成品再一次提到血液循环系统里面进行提炼。再次提炼之后，最后把加工而成的精华之气送进我们的本能中心。

整个过程中，每一个环节都是一个严密的程序，每一个程序都是自动运行、极为科学的，从头到尾没有让我们的大脑去指挥半点。由此，你就会知道为什么老天创造的最复杂的系统都不会交给我们人类指挥，因为老天知道人类干不了这个事情。

你要知道，一切里面都是有法则的，一切里面设定的东西都是极为科学的，一切的存在都是有程序的。一个小孩喜欢动，另一个小孩不喜欢动，其背后都有一个能量在驱动他想动或是不想动。一切的背后都有一种无形的力量在驱动。

大自然无以数计的生命形态，各自按照各自的特性来表达和绽放。如此，在一个极为丰盛的整体里面，就有森罗万象、多姿多彩的差异性，但同时所有生命又是以一体的方式，共同在宇宙里面互动。而我们是要于天地自然这样一个整体存在中的任何一种互动里面完成自己的功课，也就是说我们要在这里面学习。

我们教育孩子，实际上是上天给我们一个透过孩子来觉悟生命更丰富无穷之智慧的机会。我们没有权力去控制小孩，我们更没有权力去规范小孩未来的人生，我们只是有这个因缘可以相互陪伴。在这种陪伴当中，小孩通过我们学他要的东西，我们也通过小孩去悟自己生命要的东西。然后我们各得其所，彼此之间更有爱。这是一种互补，我们透过这样一个照顾与被照顾的关系，每一个生命都得到了成长。如果这样去看，你就会发现亲子教育并不是那么复杂。

只要我们抱持一种学习的理念和成长的思维与小孩进行互动，我们就会觉得一切都是很有意思的现象，所以你不能把小孩当成是你的财产去摆布和操控。他不是你的财产，也不是你的附属品。老天只是因为你们之间有因缘所以给你送个小孩来，实质上两个人的尊严是平等的，生命的灵性是平等的。只是一个人扮演小孩的角色，一个人扮演大人的角色，只是双方扮演的角色不一样。我们只是要透过这个角色来领悟一些生命的东西，确切地说就是来悟这个道。

我们透过两个人的婚姻关系来悟道，我们透过父母子女之间的关系来悟道，我们透过长幼之间的关系来悟道，我们透过兄弟姐妹之间的关系来悟道，我们透过企业老板与职员、领导与下属这种上下级之间的关系来悟道，我们无非是透过生命开创的若干种关系来悟这个生命终极圆满的道而已。

当我们把这一切的奥秘，把这种伦理关系、生命互动关系，僵化地理解成为金钱服务，为利益服务的时候，一切的互动关系就都变得是那么的狭隘，那么的有动机，那么的有目标性。如果人生太有目的性的话，小孩也会感觉到不自在，大人更会感觉到这一切都不舒服、不如意，因为太有目的性的人生，就会给我们带来很多的不自在。

真正有智慧的父母怎样教育孩子？

我们尊重孩子，爱孩子，通过和孩子之间的互动来陪伴孩子，启迪孩子，教育孩子的同时，也在透过孩子来找到生命更多的情趣。如此，亲子教育一下子就变得活生生的，一下子就变得诗情画意的，一下子就变得非常简单、轻松。可见，亲子教育只是换一个理念即足矣。

当你觉得小孩怎么这么调皮，带小孩真是一件麻烦事，自己一天的精力都花在上面了，这样想的话你就会感到很累。同样是带小孩，当你换成由此发现生命神奇，找到人生情趣的角度，立刻就变得不一样了。这时候你不要把自己当成是一个成年人，你把自己假设成跟他一样，是一个小孩。你透过小孩的眼睛去看问题，透过小孩的视角去思考问题，也透过小孩的思维去看大自然的神奇。这时候你就会发现，你仅仅是跟随这个小孩，你就会收获很多意想不到的惊喜。

真正有智慧的父母，不是站在孩子面前指手画脚，而是陪伴着孩子去发现生命的神奇和奥秘，去找到他的兴趣爱好，去找到他真正的天赋使命。因为小孩确实已经把记忆搞忘了，他不知道他的天命是什么，也不知道他的兴趣在哪里，那么在整个过程当中，我们肯定要给他尝试的机会。但是，我们给他尝试的机会时，又不能把它当回事。你可以带他去体验各种各样的特长班，这些都没问题，但是不能因为孩子喜欢学钢琴，你给他交钱了，他就一定要学好。他如果没有那个天分，他是不可能学好的。有的孩子动手能力比较强，那么你就启发他在动手能力方面去寻找兴趣，然后他成为一个发明家，难道不好吗？他为什么一定要成为一个钢琴家呢？当一个发明家，他可以去干很多关于发挥动手能力、体现创造力的事情，那不也很好吗？为什么一定要搞得很单一呢？

本节要点:
1、何谓亲子关系互动中的感觉教育?
2、如何启迪孩子掌握生命主动权?
3、如何启发孩子去经营真正的幸福?

何谓亲子关系互动中的感觉教育?

教育孩子,有一个经营生命感觉的策略要让他知道,要在生活中有意识地教会他。比如吃东西,我们的本能一般都是哪个东西好吃,我们就先吃哪个,几乎都是这样。其实,吃东西是很有学问的。你要启发小孩,做不同的实验对比:你先吃好吃的,然后吃不好吃的,你感觉一下有什么不一样?你会发现整个用餐体验都变不美好了。如果反过来我们先吃不好吃的,感觉就会完全不同。为什么?因为当我们肚子正饿的时候,先吃那个平时不喜欢吃的,就能吃得下。而且我们还有一种体会,就是肚子正饿的时候,吃东西格外香。

当年朱元璋打天下的时候,曾栖身于一个小破庙里面。有一天他饿得不得了,住在庙里的叫花子看到朱元璋快要饿死了,就把他们乞讨回来的一大锅剩饭剩菜倒在一起熬了一锅汤给他吃。朱元璋吃了以后,觉得这是人世间从来没有吃过的美味。后来他当了皇帝，尽管在皇宫里面御厨每天每顿都给他做上百个菜，但是他始终怀念他在破庙里面吃过的美味。当时，他吃了这美味以后感觉太舒服了，就问叫花子这是什么汤，叫花子随便取了个名字叫"珍珠翡翠白玉汤"。因此，他就牢牢地记住世间有一个汤菜叫"珍珠翡翠白玉汤"是自己吃过的世界上最美的佳肴。后来朱元璋叫御厨寻找这种美味，可是御厨怎么能找得到呢？

吃东西美味不美味是在于肚子饿不饿。肚子很饿的时候，一切都是美味；肚子不饿的时候，再美味也不觉得美。这一点一定要让孩子知道，美不美味就在于饿不饿，所以小孩一定要体验适当的饥饿感，然后去找到什么叫所谓的美味，为什么是美味。

我们还要让小孩知道：美味也好，不美味也好，实际上是跟自己的心情有关系。这一个发现也是一种智慧。我的心情不一样，这个味道就不一样。我换一种心情，味道就跟着变了。你会发现这一切都跟我们的心情有关系，跟菜本身没有关系。这是家庭里面亲子教育要建立的非常重要的观念。

如何启迪孩子掌握生命主动权？

事物美不美跟事物本身没有关系，而是跟我们自身的状态有关。因此，你要让小孩去发明、去游戏、去经历、去体验在什么情况下同一个菜，我吃起来很美味？在什么情况下，我吃起来很讨厌？你一定要让他自己去做区分，你不能让他犯糊涂。你让他犯糊

涂。你让他犯糊涂，他始终不去思考，他就会认为世界上的美味只是跟菜本身有关系。当他一旦建立起这样的认知以后，他就从来不会在自己身上下功夫了，而是整天在动脑筋去哪里找美味。你能在哪里找美味呢？美味就在你心里，不在外面。

当年我孩子小时候，他妈妈每天给他做各种好菜，他就挑食，什么都不吃。后来他七八岁的时候，他老妈让我带，我用了不到半年时间就已经让小孩知道了什么叫美味，什么叫不美味。世界上的美味是怎么来的，所谓的好吃是怎么来的，他就搞明白了。

我那时候天天给他做宫廷御菜，他说宫廷御菜怎么这么难吃？我说当皇帝的人才吃得出它的味道，我们都是平凡老百姓，怎么能吃得出皇帝吃的味道呢？我其实是不会做菜的，当时我的心思不在做菜上面，所以就没有去研究这个菜怎么样做出百味来。但是孩子来到我身边了，我总得要做给他吃。于是我每天都要提前花几个小时给他做，非常努力，但是做完他一尝，却直呼难吃。

后来，我就跟他说："难吃不难吃，是由多种因素决定的。我今天是特意让你知道它难吃，但是明天我就让你知道它好吃。因为这跟开饭的时间有关系，我开饭的时间是不是在你想吃的时候，还有你吃饭之前有没有吃零食……有很多因素决定老爸今天做的饭是否好吃。对吧？比如我今天提前开饭了，开饭前又给你吃点什么零食，零食又吃得比较饱，然后现在又突然让你吃正餐，那么再美味的菜你都不会觉得美味了。你不信我们可以做实验，不仅是老爸做的东西不好吃，如果肚子不饿，就算去餐馆里面点你认为最好吃的菜，你看看好不好吃？"

而当我把开饭时间拖延一点，你觉得想吃了我还不给你吃，你特别想吃了我还不给你吃，我一直拖到你已经吞口水了，我才给你吃，这时候你会发现同一个菜现在很香、很美味。于是我们就发现：菜没有变，我们只是改变了时间要素，改变了肠胃的饱和度，改变了一种心情，这菜是否美味就在我们的掌控中。我们可以把一个不美味的东西，通过掌握时间要素，掌握肠胃的饱和度，掌握我们的心情，从而创造成世界顶级美味。

你会发现，这个生命的能动性在于我们自己，而不在于美食。后来，我在孩子身上不断地发明各种吃法，包括什么"想象大法"我都搞出来了。我说："宫廷御菜的各种吃法，其中有一个是一直秘不外传的叫'想象大法'，今天老爸传给你。在用餐时间点准时开饭，但是肚子又在一定饱和度，不想吃又必须得吃的情况下，就可以用上老爸传给你的'想象大法'。这个'想象大法'很简单，眼前这个菜是你不想吃的，你把它想象成是天边遥远的宫廷里一种天地之间你最想吃的东西，然后闭起眼睛想一下这个东西就在眼前，你开始吞口水了，然后把它刨在口里面，呱呱呱地嚼。这时候，你就会发现神奇的事情出现了，它不那么难吃了。"

就这样，不到半年时间，我就把他的胃给撑得像小牛一样大。现在我孩子跟同学一起吃饭，剩下的菜他全部一个人吃光，胃太大了，再也不挑食了。这就是一种心理感觉的经营，是一种主动性的智慧运用。我们为什么老是不在自身的状态上去寻求，去探索，去掌握这种主动性呢？为什么一定要死死地盯住客体不放呢？什么都是可以变化的，一切都在于我们站在什么角度，用什么样的智慧来经营。

如何启发孩子去经营真正的幸福？

某位广告传媒大亨，有一天不幸病死了。他来到天堂入口时，天使就出来迎接了。天使说："先生，鉴于您在世界范围内传播知识所做出的贡献，我们给你一次选择去天堂，或者是选择去地狱的权利。紧接着，天使一挥手，就出现了一个白色的画面：一个很大的空间里面有很多老人还有年轻人都是死气沉沉的，没有什么活力，整个画面空间里面是一种很萧条的景象。天使再一挥手，又出现了另外一个色彩斑斓的画面：里面人人脸上都洋溢着很满足、很幸福的笑容，整个画面里面都是非常繁荣兴旺的景象。

随后天使告诉他："前面我给你呈现的以黑白为主题的这个空间就叫天堂，后面以彩色为主题的这个空间则是地狱，你选择去哪儿？"大亨一辈子做媒体，何其精明的人，他马上不加思索地说："我选择去地狱。"然后补充道："我肯定是去地狱嘛，我怎么可能去那个只有黑白两种元素的天堂呢？"天使问："你确定？"大亨再次确认说："是的，这还用问吗？"。这时候，只见天使一挥手，冲出来六个小鬼，把这个媒体大亨架起来就准备往油锅里面扔。此时大亨惊叫起来："为什么和我刚才看到的不一样？你这个骗子！"然后，天使笑着说："因为你刚刚看到的是广告。"

你看，人世间很多搞媒体的大亨，他们做的广告哪一样是真的？他一辈子都在做广告，不知用广告欺骗了多少人，现在他也被天使的这个广告欺骗了。当你把眼睛盯在外面的事物上，你就会被各种广告所欺骗。

如果我们从小就教育小孩不要把眼光盯在外面的事物上，而是反过来，我们不改变外面的事物，我们只改变我们的心情，我们只改变我们的心理状态，我们就可以改变外界事物给我们带来的各种感觉体验。这样的话，小孩从小就会知道人生的幸福根本就不在外面，而在于自己的心情状态。

当他能有这样一个认知的时候，那些广告以及那些欺骗人、诱惑人的东西，就都左右不了他。但是，如果你教育小孩的理念，一旦跟我们大人一样，只是盯在外面的物质上，认为我们一定要开豪车、住洋房，这样我们才幸福，那么他就一辈子都在奔波劳累，最后即便是开了豪车、住了洋房，可还是不幸福。为什么？因为生命的喜悦、幸福和美妙统统不在外面，而是在我们内心世界里面。

我们只有通过对内心世界的认知，对内在世界的发现，才能够掌握到人生经营的主动权。所以，有时候我们只需要调整自己的心情，就可以改变外界事物给我们带来的感受。为什么？因为主动权掌握在自己手里，永远都是自己说了算。这就是圣人的智慧。如果你不是这样去教育小孩，他整天盯住那些外在的东西，今天要买个大玩具，明天要吃最好吃的，后天要买最贵的东西……那么他就永远都不会满足，也更不会拥有真正的幸福。

人类马不停蹄地向外追求，是永远追求不完的。古时候没有车子，一匹好马都成为那些王公贵族们整天津津乐道的对象。当时能够获得所谓的赤兔马，就跟我们今天开劳斯莱斯一样，以为会是那种幸福、满足的滋味。可事实上，根本没那回事！你不要认为那个时候骑好马就会怎么样，和我们现在开豪车也照样不幸福没什么两样，幸福跟外在并没有关系。

当一个人的内心世界是贫穷的，就算把外在的工具从马车换成奔驰，换成宝马，换成劳斯莱斯，换成飞机都没有用。其内在世界是匮乏的，那外在的东西怎么可能有用呢？肯定是没有用的！因为无论外在多么富有，都永远解决不了内在的荒芜。所以，我们在教育小孩的时候，关于怎么样吃饭，怎么样生活，怎么样带来内在心灵的受用，我们都要启迪他向内去探索，这就是智慧。

第肆节

父母如何透过孩子来强大自己

本节要点：

1、养成向孩子请教的习惯有哪些好处？

2、要教育孩子以什么态度来看待人间事物？

3、怎样对待孩子第一次要去经历的事？

4、要正确引导孩子认识这个世界的人？

养成向孩子请教的习惯有哪些好处？

小孩都喜欢问问题，但是你千万不能给他答案。你不能自作聪明，老是给他答案，天下最傻的就是这种父母。在孩子面前好像显得自己很有智慧一样，这是何苦呢？你搞得过孩子吗？搞不过的。小孩脑筋反应很快，再加上现在网络很先进，你不了解的事情太多了。我们也不要给小孩灌输那些所谓的知识，知识都是现象界的东西，它不是本质界的，现象界的东西是永远研究不完的。

我们做父母的要养成一个什么习惯呢？向孩子请教。他问你什么问题，你就反过来问他，永远问他。我教育我的小孩，从来就不会给他提供任何答案，我不懂的问题我也要问他。你把问题推给孩子，你很轻松的同时，他要么自己解决，要么想办法向老师或某个领域的专业人士寻求支持和帮助。

如果你在孩子面前表现得你很智慧，那么你的事儿可就多了。哪一天他在网上看到一个新奇的东西，某科学家发现了什么定律，你连名字都没听说过，他要问你，你就很尴尬。你回答不出来，但是你又不能随便乱给他一个答案，否则就是不负责任了。为此，你就不得不很慎重，要上网搜一下。这不是把自己搞得好累、好麻烦吗？所以你一定要反过来问他。

　　关于这个问题，我是这样和我孩子说的："你可以自己去想办法解决，你也可以去请教老师，但不管是你自己找到了答案，还是老师给了你答案，你一定要把最终的答案告诉老爸。老爸是笨得不得了，你刚刚这个问题，只有天才小孩才能提得出来。老爸跟你同一个年龄的时候，这个问题连想都想不到。"你知道吗？要给小孩信心，就是你比他笨，他才有信心。

　　很多父母都喜欢在小孩面前表现得很聪明，那你怎么给他信心？他的身体本就没有你健壮，家里面的钱又都是你掌管，所有的资源都是你垄断，他什么都没有，他哪里来信心？唯有爸爸比自己笨，妈妈比自己笨，他才会有信心！

　　只要小孩有信心，他就愿意去探索；只要他有存在感，他就愿意去找答案。然后你跟他说找到答案后一定要告诉你，他就会有使命感、责任感，那么他就一定要去找到这个答案来告诉这个笨笨的爸爸。因此，对于我家孩子提的所有问题我都要反过来问他，然后要他告诉我答案。

　　作为父母，透过孩子学习是很有意思的，而且这样也是最安全的。首先你不会犯错误，因为你不是万能的，你不可能掌握到世界万物的真相以及一切的是非对错。何况，你每天还有那么多自己的事情和工作要做，干嘛去研究这个事呢？没必要！你可以给他提供解决问题的途径，而不是给他提供现成的答案。

人一旦得到答案以后就感到没趣了，反倒是寻找答案的过程特别有趣。所以，很多事情你不要给孩子任何现成的答案，而是要让他自己去证实。他证实以后，就成为某个领域的专家了，多好啊！就像牛顿一样，看到苹果从树上掉下来，因此发现了万有引力以后，最终成为了伟大的科学家。对于那些很简单的问题，孩子通过自己去找答案，最后证明果然是这么回事，那多好！你能证明它果然是这么回事，那你就是专家。你不知道它是怎么回事，那你就是一个学生，要好好研究。

要教育孩子以什么态度来看待人间事物？

如果我们不是以好奇、思考、研究和发现这样一种态度去看待人间事物，而是进入好和坏、对和错、是和非这种二元状态去看世间百态，那么没有一个人是不痛苦的。实际上，事物本身并没有好坏，但是当你掉入二元的时候，你就会有很多烦恼。

在德国纳粹时期，也就是希特勒统治德国的时候，就闹出很多这种悲剧出来。有一天，两个柏林市的市民在一个公墓里面相遇，其中一个人对另一个人说："我有两条重要消息要告诉你，一条是坏消息，一条是好消息，你想先听哪一条？""好消息。""好消息是希特勒死了。""我的天呐！万岁！那么坏消息又是什么呢？""第一条消息是假的。"原来是一场空欢喜！好坏不过是自我定义出来的一种知见而已，一切都在于我们站在什么样的角度来看待、理解和认知。

怎样对待孩子第一次要去经历的事？

关于亲子教育，我们要给小孩输入一个资讯，就是你要跟他约定："无论什么事情，凡是第一次做，我们要相互之间通个气，共同来研究。每件事情的第一次，你一定要告诉爸爸妈妈。"你要和他做这个约定，因为他是一张白纸，人世间很多事情对于他而言都是第一次。

任何事情都有正反面，它不完全都是好的那一面，可能有时候刚好触动到的是坏的那一面，那么这时候孩子就容易受到打击。孩子跟我们通个气就会避免很多不必要的挫折与弯路，因为我们毕竟是过来人，这个空间我们比孩子来得早，我们对这个空间的人心状态比较熟悉，所以我们就能给他提供相应的资讯，我们会启迪他如何去面对第一次。

凡是生活里，孩子第一次做的事情，我们要陪伴他一起去经历，并且在过程中去启发他。比如说，要去拿桌子上的杯子或者其他什么东西，只要是他第一次拿，你可以给他提示："你在拿这个桌子上的杯子的时候，你要用什么方式拿？你看我们大人的个子很高，我们可以直接去拿，可是你的个子呢，很矮，你没办法直接拿到，那么我们共同来研究一下，看看有哪些途径可以帮助你拿到。例如你可以端张凳子来站在上面，是不是？但是站在凳子上有两种可能：有时候站得稳，有时候站不稳。我们一起来做一下站在凳子上面去伸手拿杯子的实验。当我们双脚站在上面身体往前倾，倾斜到30度以后，我们就发现很危险了。因为重心偏移了，再继续倾斜的话，我们整个身体就会扑过去了。那么你要分析一下，根据你站在凳子上所处的位置，和你要拿的这个物体之间的距离，你大概要倾斜多少度的身躯？在你倾斜身躯的过程中，你会发现你的重心偏移到了什么程度？偏移的这个程度是不是已经大于你对重心控制的范围？当大于你的控制范围后，结局是什么呢？"

你让他自己得出结论，他说结局就是"砰！摔下去了。"他说得对，重心偏移的结果肯定是摔下去！然后你告诉他："这是你第一次做，我会跟你分析这种场景，这样你就会知道怎么避免摔到。当你爬到凳子上的时候，你就知道要让重心保持在你的控制范围内。"

这时候，你再告诉他："这就是我跟你一样大的时候，曾经摔了很多跤而总结来的东西，今天免费教给你了。另外还有一个途径，不用端凳子，你也可以拿到这个杯子。想不想知道？"这时候他就很好奇地连连点头。"你看，这个桌子上有一块抹布，杯子放在抹布上，你只要拉着这个布角往外一拖，那个杯子就乖乖地移过来了。但是你会发现，用这种方式拖过来，也存在一个危险，这个危险和你拖的幅度和速度都有关系。如果拖的速度太快，杯子就会摔在地上。

如果杯子里面的水很烫，还会把你的皮肤烫到。这些都是老爸老妈经历过来的场景，我们可以给你提供资讯，然后你自己思考，怎么去拿这个杯子才是安全的。一件事情有正、反两方面以及第三条路，只要是第一次干的事情，如何看正反两方面，老爸老妈跟你一起来分析，分析完以后，剩下的是你自己的事情。人世间的一切事物都一定有第三条路，正面走不通，反面走不通，而第三条路一定能走通。人世间没有哪件事情不是这样通达的，但是这第三条路老爸老妈不会告诉你，你要自己探索。"当孩子学会自己去探索，就开动了他的创造性和推理能力。那么，其他事情就不必跟他约定了。

父母可以非常明确地跟孩子讲清楚："对于其他事情没什么要求，只是对于第一次做的事情请一定要告诉我。还有一种情况，就是当你只有一个想法但还没有去实施，你也可以告诉我。只要有想法了，我也会告诉你这个想法会带来一些什么问题。任何一个想法都会带来人生相应的连带关系。你有什么想法都可以跟我通一下气，这样我也可以给你提供相应的资讯，然后剩下的就是你的事情。"

"比如说，你现在要跟其他小孩到哪里去玩，我会给你分析这个环境的整个状况，你以什么样的方式到那里去是安全的，你以什么样的方式到那里去是危险的。你只要想，而并没有去，我都会告诉你，任何事情都有正反两面。还有一些地方，你想要去，但是有些时候那个地方不一定是我们想象中那样美好的。那个地方的人不一定都像爸爸妈妈一样对你，因为他们毕竟不是你的爸爸妈妈。你要知道,在家庭范围里面,无条件对你好的就是父母亲人。但是离开这个家到了其他地方,有些人莫名其妙地可能就不会以友好的方式对待你。"

要正确引导孩子认识这个世界的人?

这个世界上,有些人的心态是莫名其妙地觉得欺负小孩是比较有乐趣的。社会上有各种各样、形形色色的人,但是绝对没有坏人,没有好人。你不能说那个人怎么怎么样就是坏人,那个人的存在告诉你什么?告诉你生命还有这种情况,然后你在这种情况下增长你的见识,所以那个我们认为的"坏人"并不是真正的坏人。那是一个以坏的方式来帮助你成长的一个人,他哪里是坏人?所以,你不能跟孩子说世间有好人和坏人,不能够这样定义。

世间一个坏人都没有,只是有用不同的方式帮助你成长的人。有从正面关怀你的角度来帮助你成长的人,也有从反面伤害你的角度来帮助你成长的人。只是说他们帮助你的方式不一样,但是这两种方式都是存在的。这个世界为什么这么有趣儿,就在于这个世界什么样的人都有,他们可以用各种各样的方式来帮助人。你说这个世界美不美好?这个世界太美好了!

我们要让孩子对这个世界有信心,同时让他知道这个世界的人会用不同的理念生活,会用不同的理念跟人打交道。那么,当我们在面对不同的人的时候,我们怎么去观察这个人?他在用什么样的理念生活?他在用什么样的模式在这个社会上跟别人之间产生关系互动?你要让孩子了解这些,了解以后他就会爱这些人,他就会觉得这是挺有趣的,他就会对社会的丰富性有更多的了解。

当孩子对社会的丰富性有一些了解以后,你还可以更进一步启发他:有的人不知道自己用某种方式要达到的目的是什么。比如说,他想要用搞破坏的方式来寻找幸福,想要用捣蛋的方式来引起别人对他的重视,想要用制造问题的方式来引起别人对他的关注……但是我们来分析一下,当他用这种捣蛋、搞破坏和制造问题的方式去跟人互动,他能不能得到别人的重视、认可和关注呢?

你会不会认可?你肯定不会认可!你会对他有所提防,那么推己及人,其他人也一样会对这种互动方式有提防。当人人都对这种互动方式有提防的时候,你会发现这种方式压根儿就没办法真正实现他们想要的被人关注,想要的存在感,想要的幸福等等,他们根本就得不到。他们不仅得不到,甚至有一群人会专门找他们的麻烦。哪一群人?警察叔叔。他们是专门跟这种人过意不去的,他们抓到这些人就可能用电棍打,用鞭子抽,抓到这些人就可能送到牢里面去做劳改犯。所以,用这种方式互动,想要带来自己的人生幸福根本就实现不了。但是为什么这些人还用这样的方式来互动呢?因为他们自己也不明白。

当你和孩子这样分析以后,他就会有一个理念出来了,"以后我长大了,我可以去帮助他们,告诉他们用这种方式去互动，根本就得不到他们所要的东西。"这样你就会让孩子对这个世界一点都不讨厌，同时他也知道对这个世界自己应该怎么去应对和防范。他对那些迷糊的人还会心生一种同情和怜悯，将来有机会的时候，自己还可以帮助一下对方。这样多好！所以，父母应该教孩子这样去认识人事物。

我们做父母的，始终把握这一点：对于孩子第一次做的事情或者是想做但是不一定要去做的事情，你让他这两种情况都跟你通个气，然后你就借助于这个机会，跟他进行这样一个互动。那么互动下来以后，他也就懂了很多东西。这就完全不同于你提前跟他讲这也不能做那也不能做的限制性教育理念，因为他根本就不知道为什么。

如果你是通过这种爱的启迪方式告诉他，他就知道为什么要这样做，为什么不能那样做，这是他自己得出的结论。他都自己得出结论了，他还需要你去给他下规定吗？所以，我们永远都要做真爱型的智慧启迪类父母。

第 伍 章

教育是唤醒生命本然具足的智慧

我们把教育定位成是一种发现功能、启发功能、唤醒功能, 那就简单了。我们今天的教育为什么这么辛苦呢? 因为我们老是认为通过教育就能培养人才, 我们一直认定了这个错误的理念。实际上, 从古至今的人才都不是教育出来的, 都是老天赋予他特质以后, 通过相应的因缘而发掘出他的能力。

第壹节

奇迹在生命当中无所不在

本节要点：

1、亲子教育要了解生命的特殊性？

2、何谓战胜一切困难的法宝与智慧启迪？

3、如何在亲子教育中圆满爱的功课？

4、教育的使命是什么？

5、应把教育定位成一种什么功能？

6、怎样轻轻松松做家长？

亲子教育要了解生命的特殊性？

《奇迹男孩》是一部非常好的亲子教育影片。所谓的亲子教育其实就是一个具有共业的群体，借助于共业关系进行个人生命的修行。我们人世间的整个环境，就是为了让生命来修道、悟道和证道，最终能证得生命的大圆满。

这是我们人作为万物之灵这样一种特殊的生命，所拥有的区别于一切动植物的特权。只有人能够透过肉身而升华自己，动物和植物是不可能的，所以人之存在本身就是奇迹。

透过《奇迹男孩》，我们不能够只是单一地看到这里面的主角怎么样创造了奇迹。其实单纯是从电影的角度来讲，那里面也不仅仅是这个男孩创造了奇迹，他整个家庭成员都书写了他们各自的奇迹。我们透过这部电影，要能对奇迹本身有一个更深的认知。

如果我们只是从一个主人公的故事的角度去看奇迹，其实这样的奇迹严格意义上来讲，并不是生命更深意义上的奇迹。这里面对于奇迹男孩的姐姐来说，难道不是一种奇迹吗？她因为想要一个弟弟，就跟她妈妈商量，然后向上帝祈求给她派一个弟弟过来，没想到老天给她派来的是生下来就状态极其糟糕的一个弟弟。

自从这个小孩降生到这个家庭，就把父母双方本然具足但还没有得到表达和抒发的那种圣洁、美好、纯粹、无私的爱激发出来了。他的父母在奇迹男孩身上爆发出的是他们像天使一般的大爱，是天底下最为神圣的父爱和母爱。

对于姐姐来说，她还曾经对弟弟有妒忌。为什么？因为父母所有的爱都给了残疾的弟弟，而她被忽略掉了，然后她内心感到很孤独。无论走在哪里，所有人的焦点都围绕着她弟弟，她只是紧随其后。那么作为姐姐，她所书写的奇迹就是在她本身对弟弟有一点点嫉妒的情况下，当弟弟遇到困难的时候，她依然还是挺身而出。她不仅突破了自己的心量，她书写的更大奇迹就是战胜了自己的嫉妒，因为嫉妒心是很难战胜的。她作为姐姐，能够战胜嫉妒本身就是最大的奇迹。

何谓战胜一切困难的法宝与智慧启迪？

一种良好的夫妻关系，除了两个人之间的感情之外，也会有一些其他的辅助性因素，会使两个人的关系越来越好。就像一个公司，新招进来一些员工，相互之间根本就不团结，甚至是你瞧不起我，我瞧不起你。但是当老板给他们下达了一个目标，而且把这个目标跟每个人都联系上，并设定了"干得好就有奖励，干不好就有惩罚"这样一种游戏规则时，那么就在互相对立的双方之外，莫名其妙就多出一个第三因素来。本来相互之间都瞧不起的人，一下子就因为这个第三因素而团结起来，然后共同克服困难去达成这个目标。这样一个过程，使所有的成员更加地相知，更加地彼此了解，最后他们不再互相瞧不起，而是成为了非常好的同事，非常好的朋友。

　　由此，你会发现，在两个人之间有一个第三因素出现的话，往往更有利于他们关系的建设。所以，良好夫妻关系的建设，有时候也会得益于一个小孩。比如《奇迹男孩》中的这个小孩，当人们看到他这么糟糕的身体状况，于是所有的同情心和爱心都被激发出来了。大家围着这个孩子转的过程当中，关系也更好了。

　　从这个角度来讲，实质上不仅仅是父母帮助了小孩，他们夫妻能有这么良好的关系，其实某种程度上来讲，也是小孩帮助了他们。所以，父母和子女之间，所有的关系互动都是双向的，带来的都是皆大欢喜的收获，而不是单一的某一方对另一方的付出。

　　电影中的这个奇迹男孩由于自身的一个生理缺陷，他出现了这样一种心态，就是缺乏安全感，尤其是很自卑。这时候刚好有这么一对父母，他们用最无私的爱来帮助他。他母亲本来有着很好的前途，但是为了照顾这个小孩，甚至把自己的工作都放弃掉，就围着小孩转了。从这个地方可以体现出这个家庭是充满爱的，在一个有爱的家庭里面，就没任何困难是战胜不了的。

如何在亲子教育中圆满爱的功课？

人世间不管是在社会上还是家庭里面经历任何遭遇，只要有爱，就没有挺不过去的。所以，爱不仅是小孩，更是我们每一个成年人都要学习的功课。实际上整个宇宙的十法界众生都在学习如何爱，但是爱并不是那么简单的功课。爱的功课是一种生命品质的修为和养成，是一种生命能量的优化与提升。所以实质上，一个人有没有爱，不是看他嘴巴上说"我爱你"，而是看他自身的存在品质如何，这是看得出来的。

《奇迹男孩》这部电影非常感人，影片中有一个反面角色叫朱利安。他带头欺负小奥吉，总是给奥吉塞一些辱骂他、羞辱他的小纸条，甚至把奥吉从他们班的集体照里删掉，而且还声称丑八怪没有资格出现在他们的集体照里面。校长发现这个事儿以后，就去找朱利安的父母来谈话，从他们的谈话你就能知道那孩子为什么是这样。你看他母亲谈话时那种态度，孩子不是这样的人才怪。

他母亲第一个反应就是不认账，极力维护孩子。

她嚣张地说："我就是怕丑八怪影响到我们孩子，所以是我删掉的。"于是校长说要给朱利安停课两天的惩罚，让他们好好反省一下。其实停课两天的惩罚，那不就是给他们一次反省的机会嘛，严格来说也并非真正的惩罚。但是这时候，他们非但没有领会校长的意图，反而开始耍威风，"我们可是给你们学校捐了钱的，你们董事会的人我们也认识，所以你不能如此对待我们。"但是校长是一个很有正义的人，他没有妥协。最后没办法，朱利安的父母失去理智了，马上就让孩子退学，根本就没考虑孩子的感受。

朱利安虽然调皮，但他是喜欢这个学校的。作为父母，有什么资格去剥夺掉他对这个学校的喜欢呢？在电影里面，我们都能看到他的父母是很强势的，根本就没考虑孩子的心情有多难过，说转校就转校了。这就是那种很霸道的父母，表面上好像是我爱你、我为你好，实际上是自私自利、完全以自我为中心的状态。孩子虽然是父母生的，但是从灵魂的角度，父母也得尊重孩子。能懂得尊重人，这是最基本的。

当一个人在家庭里面没有被关注的时候，都会感到很失落，就像影片中被忽略的姐姐。爸爸妈妈整天都在操心怎么样帮助奥吉，真的就把姐姐搞忘了。奥吉的姐姐长得很漂亮，但是没想到她的内心是那么失落、那么寂寞、那么孤单，导致后来她对弟弟充满了很大的嫉妒。但是不管怎么样，他们整个家庭都透过小奥吉的这样一个特殊状态，书写了真正的奇迹。

我们来在这个世界，重要的不是我们能有一个

163

特殊的待遇，让自己经历到什么奇迹，其实更有意义的是去发现奇迹，因为奇迹在生命当中是无所不在的。

教育的使命是什么？

人身难得，生而为人，实质上是一次发现自我、认知自我、了解自我的机会。人和动物不一样，所有的动物生下来，它的前途是固定的，基本上不可能有提升。但是人很奇怪，作为人这样一个生命来讲，在六道轮回里面，乃至于十法界里面，他仅仅透过一个肉身，就可以对自己做出不可限量的提升，所以人的前景是唯一不固定的，这也是作为人最特殊的地方。我们要能认识到人生下来本身就是一个奇迹。为什么呢？因为这个人身里面隐藏着一种巨大的潜力，但是它还不是既成的事实。就像一颗很小的松子，它具备一个非常大的潜力，它能长成参天大树。

作为一粒种子来讲，它里面蕴含着将来所能爆发的潜力。它存在这样一个潜力，但是它还不是既成的事实。比如西瓜子和松子，西瓜子有时候甚至比松子还要大，虽然同样是种子这样一个外形结构，但是里面却隐藏着不同的潜力。

一粒西瓜种子你种下去，它怎么都不可能长成参天大树。不管怎么努力，它就只能是藤蔓植物。但是松子不一样，松子种下去以后它就没有限制，它会一直长一直长，甚至可以长上千年。说明什么？说明生命内在的潜力是不一样的。因此，我们是要非常重视教育，但是也不能迷信教育。因为人才是绝对不能透过教育培养出来的，但是人才绝对需要透过教育把他的潜力激发出来，所以教育就是激发潜力。他本来有这种特质，通过相应的教育把他唤醒，这就是教育的使命。

应把教育定位成一种什么功能？

当教育作为一种唤醒的功能，你就觉得教育没必要那么紧张了。它作为唤醒的功能，你干嘛那么紧张呢？它又不是一种创造的功能，它不可能把我们天下所有人通过相同的模式都培养成像毛泽东一样的伟人。同理，像孔夫子这样的人，你就是按照和孔夫子相同的模式去成长，也不可能成为孔夫子，因为生命的潜力是不一样的。

每一个生命都有其独一无二的特质，一旦透过相应的教育，唤醒了孩子的特质，父母的任务就完成了。把他的特质一唤醒，你压都压不住，他注定成才。如果他在某个方面没有那种特质，而你却非要给他请一流的老师来硬生生地培养，那么到时候他很痛苦，你也痛苦，真是这样的。

教育应该是很轻松的事，只要把上天赋予他的能力唤醒，使命就完成了。然后他就带着这种特质、这种兴趣自己去探索和研究。相反，他没有兴趣，你怎么都教不出来，他有兴趣自己就会去研究。所以不管是书法也好，弹琴也好，唱歌也好，跳舞也好……你都可以带他去接触。他一接触，就叫应这个缘而把他潜在的记忆唤醒，找到他真正想要的。只要是他想要的，就是他的天命，就是他生命的特质，就是他作为一粒种子的发展方向。

我们把教育定位成是一种发现功能、启发功能、唤醒功能，那就简单了。我们今天的教育为什么这么辛苦呢？因为我们老是认为通过教育就能培养人才，我们一直认定了这个错误的理念。实际上，从古至今的人才都不是教育出来的，都是老天赋予他特质以后，通过相应的因缘而发掘出他的能力。真的是这样！

唤醒生命本然具足的智慧，这就是教育。你没唤醒也不行，你必须要唤醒他。像禅宗六祖慧能大师，一个农民的儿子，非常可怜，爸爸死得早，家里面特别穷，又是封建时代，不像今天农民都有土地。那时候慧能家里是没有土地的，所以他很小就每天上山砍柴。砍了柴以后就送到集市上去卖，收入极其菲薄，然后买点粮食、蔬菜回去孝敬母亲。就这么一个出生和成长背景的人，一天书都没有读过，没想到突然一个因缘巧合，他的人生发生了重大的转折。

有一天，慧能上街卖柴，一位顾客买了他的柴并让他送往旅店。来到旅店门口，慧能刚好听到里面有一个人正在诵读《金刚经》，一下子就把他内在本自具足的东西唤醒，当下就开悟了！一开悟，整个人的气质马上就不一样了。他平时是很自卑的一个人，现在就听了几句金刚经，一下子就被唤醒了。他马上把柴放下，昂首挺胸地走进旅馆。平时他敢吗？平时根本不敢。身为一个贫穷卑贱之人，平日砍柴卖柴，遇到大户人家连正门都不敢进，都是从后门挑柴进去的。然后人家给点碎银子，他也就畏畏缩缩地离开了，哪里说能够走正门进去呢？但是这时候的慧能已经不一样了，直接走进去后问道："请问刚才是谁在读什么经呢？"只见里面走出来一个很有社会地位的有钱人答曰："是我。""请问你读的是什么？""金刚经。"就此，两个人便开始交流起来。

这是一个很有见识的人，一听到慧能说起刚才听经而产生的极大震动，直接就吓住了。他马上就说："你不要砍柴了，去找我老师吧，你这件事情只有我老师能给你解答。你回去安排一下，请邻居或什么人帮你照顾一下母亲，你这件事情太重大了！"一天书都没有读过的人，就这样莫名其妙地听到《金刚经》里面的一句话就开悟了，从此以后登台讲经，出口成章。他讲的经，后来被弟子整理成一部经典叫《六祖坛经》。直到今天，全世界的人都公认他是最伟大的哲学家、教育家，但是这个人却一天书都没有读过。所以，我们要知道教育的功能不是培养人才，而是唤醒人本身具足的特质。

怎样轻轻松松做家长？

只要我们都不迷信教育，家长就会很轻松，也不会整天盯住他考多少分。我小时候每次考试都不及格，回来被打得要死。有什么办法？那时候就这么笨。一个人什么时候被唤醒是要讲机缘的，而且是很复杂的因缘。一个人要笨到多久才被唤醒，你根本没办法把握的。他总会有被唤醒的时候，所以我们要给人更多的机会让他去增长见识，然后在这个过程中，可能某一件事情就把他唤醒了。

当然这里讲的唤醒是多个层面、多个角度的，有的可能是通过一些事情唤醒了他的爱好，找到了自己最感兴趣的方面；有的可能是通过某个机缘，唤醒了他的某种特质，就像慧能一样整个人开悟了，把自己的本性唤醒了，这就更了不起。

我们人和动物不一样，就在于动物是没有成长空间的。作为动物，它除非是遇到了极为特殊的因缘，否则它永远是动物，这种可能性是非常小的。而人是不一样的，人有一个不可预料甚至是不可估量的未来和前景。

本节要点：

1、七岁之前的小孩应如何培养？

2、培养和训练孩子吃苦有何意义？

3、如何从自然之道中领悟教育智慧？

4、数字"7"中隐含何种生命奥秘？

5、亲子教育应如何跟自然的节奏一致？

七岁之前的小孩应如何培养？

小孩的教育是最简单的，某种程度而言，你越是将其复杂化，就越不利于他的天性发展。而教育最重要的一点就是保护好孩子的天性。每个人都禀赋一种天命，禀赋一种特质，这就是他的天性。

我们透过教育，让孩子去增加一些见识，他通过相应的经历逐渐去总结，最后他就知道自己能干什么。如果透过教育不但没有把小孩的天性保护好，反而还把他的天性抹杀掉了，那么这种教育不是一种功德，反而可能是一种罪过。

七岁之前的小孩，教育非常简单，只需要陪伴和启发就够了。今天，我们很多人都有一个认识上的误区，老是害怕孩子输在起跑线上。其实这一点并不是家长想出来的，而是

169

很多想挣钱的人搞出来的点子。他们找了各种各样的理由，发明出"不能让孩子输在起跑线上"这种教育理念，然后让父母整天想着给孩子报各种辅导班、特长班，来来回回一顿折腾，最后不仅没有把孩子培养出来，甚至有些孩子被折腾到都差点不想活了！有钱人的孩子往往更甚，早上学钢琴，下午学舞蹈，晚上又要去学其他课程，一天到晚累得要死。关键是很多父母明明发现教育真没那么神奇，但他们还是往这上面拼命地去攀求。

真正合于大道的教育是很轻松的，一点都不难。父母对孩子的教育，如果越感到轻松，越感到自然，那就对了。如果父母在对孩子的教育过程中，感到很焦虑、很有压力，那就肯定有问题。这里面肯定有期待，有干预，有控制。不然的话，你怎么会这么累呢？你根本无须这么累！你只要陪伴他、启迪他、爱他即可！实质上，以我的经验总结，父母能启迪的部分都不是很多，你只需要学会问小孩问题就够了。

其实，老天负责了我们人最主要的教育功能，我们人只是把老天赋予的特质，通过教育，通过一些因缘进行启发和唤醒而已。老天对整个大自然一切万物都是遵循春夏秋冬四季的教育理念。春天的时候，老天露点阳光，也就是给一点爱，然后大自然的种子就开始发出芽来，老天用阳光和爱的雨露很温暖地滋养它。刚刚才露两天灿烂的笑容，马上倒春寒就来了，冷得不得了，就开始专门磨练这些小嫩芽。这倒春寒冷起来有时候比冬天还冷，一直冻这些小幼苗，都快要把它们冻死了！这时候，老天又开始露出阳光来照耀它们，于是小幼苗们一下子又欢喜起来，又开始拼命地成长。可是刚刚成长了几天，看到它们又具备一定的能量了，然后倒春寒又来了。整个春天里，老天都是这种若即若离的状态。大自然训练种子、训练万物就是这种智慧，一定要有磨练。不经磨练，这些生命是没有力量、没有担当的，所以一定要磨练。

我们上初中的时候，老师叫我们做一个泡豆芽的实验，我们就去街坊看那些卖豆芽的人怎么样泡。结果回来后，我们自己泡出来的豆芽，跟他们泡的最终还是不一样。同样的种子，同样的方法泡出来，我们的豆芽很细，而卖豆芽的人泡出来的却很粗。

老师说："你们自己对比一下，有什么不一样？"我们说："就是一个粗点，一个细点。""为什么一个粗点，一个细点呢？你们到底有没有学会呢？""我们都问清楚了，放多少水，泡多少天，用什么布盖，都学会了。"都学会了，为什么结果却不一样？因为没有把它学透。最后才发现最关键的东西在哪里，卖豆芽的人是把豆芽泡好以后，在上面给它压一块一块的石头，然后豆芽发出来以后，它为了抵抗住来自上面的压力，就拼命地把自己的腰撑得很粗壮，于是它就因为有这个压力而长得非常好。

同样的道理，如果你让小孩太舒服了，他怎么成才？所以，真正爱小孩，就要尽可能把做家务的机会留给他，我们大人就不要跟小孩抢。你要通过让孩子做家务来磨练他，然后使他能担当，这样才有益于将来的前途。你爱小孩，就给他更多的机会去锻炼，把他的基础打扎实。否则，他一辈子都不会有多大的前途。

培养和训练孩子吃苦有何意义？

生命一定要靠磨练、靠苦难来滋养。美国科学家曾经进行过一项很有意思的实验。研究人员用铁圈将一个小南瓜整个箍住，以观察它逐渐地长大时，对铁圈产生的抗压力有多大。最初，他们估计南瓜最大能够承受大约五百磅的压力。在实验的第一个月，南瓜就承受了五百磅的压力。实验到第二个月时，这个南瓜承受了一千五百磅的压力。当它承受到两千磅的压力时，研究人员必须对铁圈进行加固，以免南瓜将铁圈撑开。最后，当研究结束时，整个南瓜在承受了超过五千磅的压力后，才产生瓜皮破裂。

当他们打开南瓜时，发现它已经无法再食用，因为它里面充满了坚韧牢固的层层纤维，来试图突破包围它的铁圈。为了吸收充分的养分，以便于突破限制它成长的铁圈，它的根部甚至延展至超过数万英尺。所有的根往不同的方向全方位地伸展，最后这个南瓜独自控制了整个花园的土壤与资源。事实证明，它所能承受的压力远远超乎人们的想象。透过这个实验，我们会发现，给生命压力不是害他，而是为了使他的根基扎得更深，更远，更牢。

如何从自然之道中领悟教育智慧？

很多父母自己吃过苦，就不想让孩子吃苦，这就是害了孩子。我们现在的生活，要想找很苦的日子都不好找了，所以就剩那么一点点家务事，大人就不要跟孩子抢了，全部给孩子干就行了，让他有机会得到锻炼和成长，这就是春天的教育。

春天过后，到了夏天就不一样了。夏天就是赏识教育、纵容教育。夏天里，阳光不再是若即若离，而是给予太多的泛滥的爱，然后纵容这些花草树木疯狂地成长。夏天里的秧苗一天一个样儿，成长速度超快。为什么？因为夏天有非常充足的日照来跟它进行光合作用，所有的能量都在鼓励它，都在支持它，都在赏识它。

整个夏天，万物的成长是很疯狂的，一下子就成长到最顶峰的程度。同样，正值"夏天阶段"的人也是很疯狂的。因为疯狂，就会有毛病，就会犯错误，但是疯狂是好事，不是坏事。你看夏季，老天给的阳光太多了，也就创造了苍蝇、蚊虫滋生的环境，但是上天在夏季这个阶段要的就是万物拼命地成长。虽然蚊虫、苍蝇这些都会跟着泛滥，但是老天不管这个，老天只管万物要疯狂地成长，别的东西都暂时先不管。老天是很有智慧、很有耐心的，觉得没必要在夏天就急着把这些苍蝇、蚊虫给处理掉，而是等到冬天再处理。

同样，人的教育也是如此，夏天就好比是人的青春期。在这个阶段，就是要拼命地赏识他、鼓励他、配合他去成长。火热的夏天，就如同我们青春期的激情澎湃一样，而这种激情，是老天赋予的力量。

有时候，因为小孩比较激情，大人站在自我的角度可能看不惯。但是只有老天给了他力量，他才有激情的。老天不给我们力量，我们都激情不起来。这些道理我们慢慢地去悟，就会悟明白。

到了秋天，老天爷切换了模式，要冷静了。为什么？因为挂果了！这个阶段就不能冲动了。夏天犯点儿错误无所谓，犯的错误都促进了你成长。但是秋天不能够犯错误，犯一点儿小错误，挂的果全部都掉了，所以秋天就比较冷静。秋天的气候不冷不热的，特别理性，就有利于保护这些果实。

一个秋天，果实全部都成熟了，然后收回家放起。到了冬天，再慢慢来收拾夏天滋生的这些苍蝇、蚊虫，把它们冻死。所以，冬天是反省的季节，适合冷静地反省，纠正自己的毛病。大自然的智慧就在这里。

数字"7"中隐含何种生命奥秘？

我们人的一生也分成春夏秋冬。像七岁之前，就是春天；七岁以后一直到二十八岁都属于夏天；二十八岁一直到四十九岁都属于秋天；后面就开始冬天了。如果具体来讲，其实老天给了我们人一个非常好的眷顾和照料，就是每七年给我们一次改过自新的机会，所以上天给我们人类的幸运数字就是七。

当然，《黄帝内经》里面讲女七男八，但是总体来讲，不管男女都是七年。从医学、生理学来讲，我们整个身体的所有细胞，包括骨头的细胞、毛发的细胞，每七年都要全面更新。我们平时也在更新细胞，但平时都只是局部的细胞在更新，只有到了第七个年头，才会来一次所有细胞的同时更新。

实质上，这是造化透过这样一种规律，在给我们一种启发：就是每七年我们应该有一种新的活法！这也是大自然丰富多彩、绚烂多姿、美妙无限的一种特质体现。所以，我们每七年要换一种活法，就是在遵循自然道法。

亲子教育应如何跟自然的节奏一致？

我们的生命分为身、心、灵三个层面。对于生理层面，老天每七年都让它全面更新一次，那我们的心理、我们的认知层面难道就不需要相应地同步更新吗？所以，很多时候我们的成长根本就跟不上自然的节奏。

按照自然规律，实质上我们每七年就要重新换做一个人，表面上还是这个人，但其实每一个细胞都重新换过了，相当于这个人重新诞生了。但是，我们新的思想没有诞生，心态没有发生改变，我们依然还是陈旧的思想、旧有的心态，所以我们并没有跟上自然道法的节奏！

第叁节

七岁前要特别保护孩子的天性

本节要点:

1、孩子的创造力来源于哪里?

2、知识和智慧有何不同?如何求证智慧?

3、七岁之前的教育只有哪三件事可做?

4、七岁之前要养成何种意识和习惯?

5、一个人生活混乱的原因是什么?

孩子的创造力来源于哪里?

在小孩第一个七年,千万不要太给他书本知识的教育,没必要。第一个七年,就是保护小孩的天性,开发他天性当中的创造力。

为什么第一个七年要保护天性呢?因为第一个七年,是小孩从娘胎里面带出来的肉身,这个肉身管七年。到他下一个七年的时候,他就彻底以人世间吃的五谷杂粮作为能源,来全面更新身体的细胞,不再保留任何从妈妈身体里面带出来的细胞。

在第一个七年里面,小孩的身体称为"半神半兽体"。什么叫半神半兽?就是他的整个身体都是吸收妈妈的精华成长起来的,所以七岁之前的小孩非常有灵气。过去说,小孩能看到另外空间的东西,就是因为七岁之前,他是半神体。在他灵气最充足的这个阶段,不要用后天的知识去破坏这种先天灵气。

教育有三大功能：传道、授业、解惑。现在从幼儿园到大学，几乎所有的老师都传不了道。老师只干一件事情就是授业，教给学生物理、化学等各种知识。将来学生走进社会，也同样是干一个授业的工作。基本上，百分之八九十的老师都解不了惑。为什么？因为他自己都有惑，就连很多大学教授都有惑。什么叫惑？心里有烦恼就叫惑。我曾遇到过一个大学教授，他比谁都烦恼，怨言比任何人都多，自身都处于这种情况还谈什么给别人解惑？

事实上，我们今天的教育可谓呈现了一个非常繁荣的景象。但是，在教育的三大功能当中，目前只解决了一个，就是授业。而授业功能就是用于将来找工作，所以根本没必要在小孩七岁之前就开始急着搞授业的教育。七岁之前不需要灌输任何有关授业的知识性教育，保护小孩的天性比什么都重要。天性保护得好，会奠定他一辈子的创造力。所以，七岁之前更重要的是自然式教育，就是父母要陪伴孩子在大自然里面去玩，大自然里面有无数的老师会教他。小昆虫也是老师，会教他："你看我长成这个样子！"孩子就很好奇："你怎么长得跟我不一样？"他就会研究。花草树木也是老师，花草树木怎么长成这样？他可以研究。看！那只鸟会飞，不同的鸟有不同的叫声。他会去想，会去探索，会有这种好奇。

小孩看到大自然里面的一切都会感到很好奇。他只要有好奇，就会去研究，去探索，去学习。如此，他就会增长很多见识，见识到各种各样昆虫的长相、动物的长相、植物的长相等等。小孩在大自然中的见识会非常广，因此他的思维会无比开放，他会发现大自然是最具有创造力的。

我们人类，包括艺术家、发明家的创造力都是在模仿大自然。比如日本大动漫家宫崎骏，好莱坞著名导演詹姆斯·卡梅龙，他们的创造力都是来自于小时候在大自然里面玩耍。看到各种各样的小昆虫，他就很好奇，就和它们一起玩。他在研究小蜘蛛、小蚂蚁这些小昆虫、小动物的时候，它们的意象就留在了头脑中。他在玩的过程当中，就感知和收获到了很多东西。那么当他在搞创作的时候，就会把这些形象搬进动画和影片里面去。他有时候就是把大自然里面体型大的动物缩小，体型小的动物则放大。本来是很小的小昆虫，他把它搞得很大，很威武，你就会觉得很有意思，很好玩儿。

所有大艺术家的创造力统统都来源于大自然，老天早就已经颁布了大自然这部浩大的教材。整个七年，你只要让小孩每天在大自然里面玩就够了。大自然里面，光是草就有多少品种，你知道吗？根本就计算不过来。像我们大人看到的就统统都是绿油油的草，我们不会去研究每一种草有什么不一样，因为我们大人基本上已经没有了好奇心。但是小孩看草就不一样，这颗草跟那颗草长得不一样，这颗草开的花和那颗草开的花不一样，他会发现很多不一样。不但是花有多少品种你说不清楚，大海里面鱼有多少品种，你也数不过来！天地具有无穷的创造力，直接就给我们展现在大自然里面了。

七岁之前，保护好小孩天性中的好奇心，保护好他的想象力和创造力。将来他带着这种天资走进学习，走进工作，你基本上不需要有任何担心。如果在七岁之前，就开始给小孩灌输各种各样的知识，他就错过了最好的自然教育，那么他将来的创造力就很有限。你也就没有真正帮到他，事实上某种程度来说，是害了他！所以，七岁之前，小孩不需要任何知识教育。

知识和智慧有何不同？如何求证智慧？

知识是解决我们在人间生存所必需的东西，但知识却并不是我们生命所必需的东西。比如六祖大师慧能，他就没有学过一天知识，可是他很有智慧。

知识和智慧并非一回事。我们老祖宗把很多天机都隐藏在中国汉字里面了。比如"知识"，"知"字左边一个"矢"，右边一个"口"；"识"字左边一个"言"，右边一个"只"。"知"字左边的"矢"，《说文解字》里面说那是一个弓箭，代表功夫。把"知识"两个字按照《说文解字》上面的意思串联起来，"知识"就只是嘴上的功夫。

我们再看《说文解字》里面讲"智慧"：智慧的"智"，上面是知道的"知"，下面是"日"，代表光芒，光芒在下，觉知在上，带着觉知的照耀就是"智"；而"慧"字上面是两个"丰"，中间是横过来的"山"，下面是"心"。上面"丰"的形象代表扫地用的扫把。《说文解字》里面讲得很清楚，两竖是代表树枝。以前我们用高粱、树枝扎起来做扫把，老祖宗发明字的时候就取两根来代表扫把里面一根根的小棍子。然后三横就代表捆在树枝上面的绳儿，中国文化以三代表数量很多，就取了三横，以此综合意象来代表扫把。下面横过来的"山"，《说文解字》里面讲，是代表撮箕。

一个人，一手拿着扫把，一手拎个撮箕在干什么呢？显然是扫地。在哪里扫呢？在心上扫。扫心地，就是开智慧的路径。中国文化中，不仅是字把天机给我们道出来，《道德经》更是直接就赤裸裸地给我们道出了天机——"为学日益，为道日损"。就是说，要求证到智慧，就要天天把心上的垃圾清扫出去，叫"日损"；而"为学日益"是讲追求知识就要每天读书、每天背诵、每天记忆。可见，知识和智慧并不是一个层面。

七岁之前的教育只有哪三件事可做？

七岁之前，保护小孩的天性主要就是保护他先天的智慧，而我们后天所灌输的物理、化学等这些学科统统是知识。对于知识这一部分，七岁以后再慢慢学，都来得及。

其实，如果遵循中国文化中"天人合一"的智慧理念，那么小孩七岁之前，最基本的就只有三件事情可干，就是吃好、睡好和玩好！多一件事儿都在违背生命的自然成长规律，也就因此而破坏了小孩的天性。

这三件事都很重要：一定要吃好，是因为小孩的成长需要更多的能量；一定要睡好，是让他更好地长身体；一定要玩好，是要给他充分释放天性的自由。这样，小孩就会很轻松、很愉悦、很舒服，小孩的身心灵都会很健康。

现如今，很多小孩在童年阶段都缺失了"玩好"的体验。尤其是有些生长在城里的孩子，连玩耍的空间都没有，因为有的父母怕小孩把家里面的地板弄脏了，就不让小孩在地上玩。我就不理解有些人把家里面搞得像宾馆一样，哪都碰不得！有必要吗？脏就脏一点，大不了你就专门划个区域供他玩耍，但是无论如何千万不要限制他玩。因为小孩在玩中可以充分地释放天性，天性中本然具足的智慧就会让他在玩的过程中学到很多东西。而小孩在玩中所学到的东西，却是大人和书本没有办法教给他的。所以，一定要让小孩在家里面玩好，让他完全地活在天性里面。

七岁之前要养成何种意识和习惯？

小孩七岁之前就在玩中跟宇宙同步，跟天道合一，跟大自然一样有序。我们讲天人合一，就是要跟大道合一，跟自然合一，所以小孩在玩中就要学会像天道自然一样，摆放任何东西都很有秩序。比如，衣服脱下来放在哪里？玩具摆在哪里便于取用？怎样摆才最好看？你启发他自己去研究和摆放。总之，就是要有秩序。如果只知道玩，而不懂得秩序，就说明你根本不合于自然。说白了，也就是根本不懂玩！

大自然就特别懂玩，山河大地、日月星辰、鸟兽鱼虫等一切存在都是大自然玩出来的作品，皆是非常有秩序的呈现。我们整个身体的细胞堆放同样很有秩序，就像我们的眉毛，一辈子就只长那么长。为什么？它如果长长以后，就会挡视线，所以就不能让它长长。为何头发就天天长长呢？因为头发长长，可以变换造型。那么，是谁有这般能耐让眉毛不长长却让头发天天长长呢？反正不是你，也不是我，只有老天有这个能力。

可见，天道里面堆放东西是非常科学的。你想，谁有能耐把鼻子给它反过来朝天长呢？没有人有这个能耐。到今天，我们还没发现哪个人的嘴巴长在屁股上，也没有发现谁的耳朵是反过来朝后长的，也没有谁的眼睛长在后脑勺，包括我们的牙齿都没有长在大腿上。我们身体的所有细胞都堆放得很有秩序，这就是天道自然。

我们自己都可以启发孩子来研究我们这张脸："如果鼻子朝天长根本就不好看，对吗？如果把牙齿长在额头上也不好看，对不对？还有我们的耳朵，如果一只往上一只往下同样不好看……你看大自然摆放东西，都是以好看为标准的。"

整个大自然都是有关美的创造和演化，而美需要秩序来表达，所以秩序不是规则，秩序是为表达美而服务。透过对大自然的参悟，小孩就能够学会和掌握这种对称的秩序美。

在家里面，我们大人可启发小孩来研究和设计家具怎么摆更好看？房间如何装饰会更美？哪个地方需要放束花？哪个位置需要挂一幅画？怎么样挂起来才好看？柜子里的衣服怎么挂才美观？所有问题你都可以向小孩请教。

每一个小孩，你不要觉得他还小，好像很脱离生活，就认为他不懂。妈妈打扮一番以后，出来问孩子："你看看，漂不漂亮？"他保证说得很对！大自然摆放一切的美学是天性，所以合于天性的小孩自然就知道何谓美和不美。你穿哪件衣服好不好看，你就问小孩一下，这个时候你就是在发挥他欣赏美的能力。

"我们的家具怎么摆好看一点？厨房这些东西怎么摆？刀怎么摆？锅铲怎么摆？碗筷怎么摆？怎么样才能不仅看起来好看，而且拿起来还方便？这地方我们弄一个什么瓶子来插朵花，是不是更好看点儿？那面墙有点儿空，是不是？我们弄幅字画或者弄点什么装饰品挂在上面，你觉得怎么样？会不会更好看？"家里面这些事情，你都请教孩子，然后你花心思跟他一起研究。只要你一启发他，他欣赏美的天性就会轻而易举地被唤醒。你根本不用花多少精力，就会给他养成摆放一切要很美、很方便、很有秩序的意识和习惯。

我们强调的是美，不是秩序，秩序是为美服务的。反过来，如果你不强调美，你只强调像宾馆一样的秩序，那就成了教条。把家里面搞得像宾馆一样，孩子回来以后，就会感觉规矩太多，很受限制和拘束，这样就不利于孩子的成长。

在家庭教育中，启发孩子欣赏和表达美是最划得来的事情。你哪怕就是花了几个月的时间，把他给培养出来，就已经在生活上帮他解决了一辈子的事情。可是现在，很多孩子是读完大学还不懂怎么生活，走向社会才开始慢慢来补课，开始花钱去学习怎么整理物品。其实，这些在七岁之前都不需要太多的教育，因为天性里面本来就有，只要给他稍微一启发，他就回忆起自身天性里欣赏美的能力。

一个人生活混乱的原因是什么？

小孩在七岁之前就要养成以秩序来表达美的这种意识和习惯。有秩序地来诠释和表达美，就是一种合于天道自然的生活，一种关于智慧、关于内在心灵世界的生活。你的内在心灵如果是有秩序的，你的生活就有秩序，你的物品收纳和摆放也就必然是有秩序的；如果你的内在心灵是混乱的，那么你的生活就一定混乱。

一个人的生活之所以会混乱，就是因为背离了天道。你只要在小孩七岁之前保护好他的天性，启发他合于自然去生活，使他跟天地合一，他就自然会有秩序。

现实生活中，我们很多人不是去保护孩子的天性，不是去引导他走天人合一的道路，而是从小就开始干预他，让他早早就脱离了天性，这样就把小孩搞得很混乱。

七岁之前，就是让他纯粹地和大自然合为一体，呵护好他与生俱来的创造力，不要人为去干预他。他来自天性中的有序和创造力，将来走进工作都是大有用处的。

本节要点：

1、如何启发小孩领会各种伦常关系互动？

2、如何教导小孩了解和认知情绪？

3、亲子教育中应怎样正确对待情绪？

4、是什么原因导致能量被割裂？

5、如何启发孩子区分各自本份之事？

6、怎样把握"一切由自己说了算"这个点？

如何启发小孩领会各种伦常关系互动？

在小孩七岁之前，父母还要给他普及一个伦常的教育，就是对于五伦关系当中的每一种关系，该用什么心态去与之互动。比如说，爷爷奶奶属于长辈，中国文化讲究长幼有序，我们要尊重长辈胜过尊重一切，甚至比对爸爸妈妈还要尊重。那么，我们共同来研究，为了表达尊重我们的爷爷奶奶胜过尊重爸爸妈妈，我们都有什么方法？

我有一个朋友，他就跟小孩一起就这个问题来进行研究和探讨。他说："我们爷爷奶奶老了，他们为了我们辛苦了一辈子，他们把爸爸养大，才有今天爸爸来养你，现在爷爷奶奶是我们家里面最应该处处受到尊重的人，我们要表达这种尊重,我们想想看能有什么方式?"

他刚刚给小孩启发完,小孩马上就想出来了,直接跑过去给爷爷奶奶磕头。他当时感到很惊讶,很受触动,既欣喜又激动地问小孩是怎么知道用磕头来表达尊重的。这就是天性,你只要一启发,他就懂。比对爸爸妈妈还要尊重,他就只有磕头了,还有比磕头更能表达的吗?

"为了表达尊重,除了磕头之外,还有什么方式呢?"他继续启发小孩。这时候小孩说了:"有什么吃的东西,应该先给他们,把吃的东西先给他们就代表比对所有人都尊重。除了先给爷爷奶奶之外,还要把最好的东西给爷爷奶奶吃。"

你会发现你根本就不用给他下规定,你只是给他提问题,怎么样用生活作为素材来表达对爷爷奶奶最尊重就够了。然后他自然就知道,要表达最尊重,就要把最好的东西给爷爷奶奶,就应该给他们磕头。

经由启发,小孩就把这些表达的方式都找了出来,他就明白他要做的不是一种规矩,而是一种表达。他知道,当自己要向爷爷奶奶表达尊重的时候,就会用磕头,会用最好的东西,会塑造一种很神圣的氛围来表达这种恭敬。

七岁之前,你就启发小孩如何处理好每一种伦常关系,和他一起来研究一下表达伦常关系的艺术形式,也就是生命艺术的表达形式。对于五种伦常关系中的每一种,我们都可以找出三种表达它的形式,来体现出我们对他们的尊重,或者我们对他们的爱,或者我们对他们的照顾，或者我们对他们的友谊。

你就要跟小孩去研究这些东西，这些就是生命的课题。你不要小看这些生命课题，他如果不掌握的话，将来走进社会，都不懂得尊重人。当他以这样的一种姿态，去干一份工作的话，老板会瞧得起他吗？而且即便他知道要尊重人，但是你没有启发和训练过他，他就只是心里面知道要尊重，却不知道怎么去表达，这也是个问题。

你没有启发过他在生活当中找两三种形式来表达尊重，那么将来他要表达对某个人的尊重，他就真的找不到什么方法。比如说，他到了大学以后，他的导师对他非常好，他想要表达对导师的尊重，可他就只是心里面很感恩，却不知道该如何去表达。

那么，当你在训练他的时候，你说："为了表达你对某个人的敬重，送东西可以是一种表达，另外，从我们的仪态上要怎么样来表达呢？"他就会慢慢地想到，要给对方鞠躬，而且还要鞠得很低，才足以表达自己非常感激对方，他是自然而然就会对他恭敬的人鞠躬。

如果是规定要鞠躬，他就觉得凭什么？所以你把鞠躬作为一种规定，那就是教条。但是，你把鞠躬视为表达恭敬的一种方式，那就叫艺术。就看你要走哪条路。如果你要走生命艺术之路，那么所有这些东西就都变成了表达艺术的素材。这时候，他见到一个人，给对方鞠个躬，就看起来很美。为什么？用鞠躬的方式表达他内心的恭敬，表达他内在的感恩，表里一致、内外合一，就给人一种很美的感觉。

我们要给小孩提供各种方式来表达不同的关系互动。比如你告诉小孩说："当别人给了你一个好处，你心里面是不是会有感恩？那么现在，我们感恩的心，也需要用三种方式来表达：一种是用我们的仪态表达，另一种是用我们的语言表达，第三种是用礼物来表达，你看用什么？"你要给他启发和提示。

透过启示，他就会发现，朋友之间的友爱是平等的，可以搂一下肩或者相互拥抱一下，不需要鞠躬，几个哥们在一起，我给你鞠个躬就有距离感了。好哥们见面了，走过去一拳头打到胸口上，就胜过万语千言！朋友之间，这种表达就很准确。

如何教导小孩了解和认知情绪？

每一种关系，都应该有相应的表达仪态。除了表达关系之外，还有情绪该怎么表达？你也要教导小孩。比如，愤怒要如何表达？他说，砸东西是一种表达，骂人是一种表达，给对方一个耳光是一种表达，往对方脸上吐口痰也是一种表达。你要告诉他，这些都是表达心情的一种语言，你不能去定义好和坏，它就是一种表达。如果摔东西能准确表达出自己内在的愤怒，它就是艺术的美，而不是一个丑陋的事情。

你看电影里面为了传递一个人的内心世界有多么愤怒，而安排他把一个几百万的古董砸烂，他照样砸。为什么？他不砸烂怎么能表达他有多愤怒呢？它是一种语言。不是说这个东西能砸不能砸，为了表达这种愤怒我就可以砸。所以小孩要是把家里面最好的东西全部砸完，就代表他很愤怒。但为什么要愤怒？这才是问题。

关于生命，我们要去了解愤怒，我们要去了解忧伤，我们要去了解孤独，我们要去体验各种各样的心灵感受，我们不能回避。如果我们认为只有快乐才最好，然后只是去拥抱快乐、讨厌忧伤，生命就很肤浅。我们要去体验忧伤，这时候我们可以做游戏，就像我跟那个讨厌妈妈发脾气的小姑娘做游戏一样。

当她觉得妈妈发脾气是一种伤害行为，她就很讨厌她妈妈。我跟她做游戏，让她创造九个作品来表达妈妈发脾气时的状态。九个作品构思完以后，我再问她还讨不讨厌妈妈发脾气，她说不讨厌了，甚至觉得妈妈发脾气好有意思。真的就这样变了！过去她觉得妈妈发脾气很糟糕，现在却变得很有意思了。可见，有没有意思取决于你是否有意思！假如，你是一个没意思的人，一个无趣的人，那么大家都没意思。

我们要让小孩去认知痛苦其实是非常好的。如果感到痛苦，那么为了表达痛苦，我们有什么方式？他会说哭或者是不吃饭，或者是蹲在角落里缩成一团，或者是闷在沙发上不说话，这些都是表达痛苦的方式。

当你去启发他各种情绪如何表达，他就会发现很有趣儿，他会进一步去研究忧伤怎么表达？孤独怎么表达？寂寞怎么表达？恨怎么表达？当表达情绪成为一件很有意思的事情时，他就不会被忧伤击倒，不会被痛苦击倒。他反而会懂得生命，会去体验情绪所带来的乐趣，同时他会增长智慧。当他发现人家这样是忧伤，那样是痛苦以后，他就开始懂得察言观色了。这都是小孩在七岁之前就可以懂的，用一点心去启发，花很少的精力就训练会了。

这些基础搭建好以后，他就不会吃这方面的亏。他知道情绪的表象是痛苦，而实质上是内心的表达。这个是在表达忧伤，那个是在表达抓狂，他就很清楚，他不糊涂！

教导小孩去了解和认知情绪，你可以陪他一起去体验和探索，也就是和他一起玩。给他放一部电影，里面什么情绪冲突都有，每看到一个就停下来，"我们现在模仿一下他这种表达愤怒的方式，看看能不能学会？"再看到下一个，"现在我们来模仿一下表达欢喜的方式，看能不能学会？"然后又看到一个，"先停下来，他现在表达那种忧伤的情结，能不能学得会？"就是这样，看一部电影，凡是表达情绪的地方，就停下来，陪他一起模仿一下。

亲子教育中应怎样正确对待情绪？

如何表达内心的感受与情绪，是影响孩子一生的有关生命的教育，这就叫天道的教育，叫趣味的教育，叫智慧与艺术的教育。这样，你教育出来的小孩，在面对喜怒哀惧爱恶欲这七种情绪的时候，就不会认为哪种好哪种坏。他只是觉得这一切只有那么完美了，这样的人就会很坚强，这样的人也是最有力量的人。为什么？七种情绪能量没有哪一种是他讨厌的，那么这种情况下他的力量就是最大的。如果在这七种能量当中，我们讨厌其中的很多种，我们的能量也就会相应削弱很多，那么我们的整体生命能量就会减少很多。

站在天道的角度来讲，能量哪里有好坏？能量只是缺少一个我们对它的认知。我们对能量没有正确的了解和认知的时候，我们认为哪个是坏能量，就会将其丢弃。

以前，农民不懂沼气，跳下去几分钟都不到，就闷死在里面，但那难道是沼气很坏吗？当我们对沼气有所了解以后，我们发现沼气一点都不坏，它可以帮我们做饭，给我们照明，它哪里坏？是我们对能量不了解，才认为它坏。

我们身上的七种情绪，是七种不同的能量，它们构成了我们这样一个丰盛的生命。每一种情绪并没有好与坏，关键是我们怎么去欣赏情绪、表达情绪和运用情绪。

是什么原因导致能量被割裂？

七岁之前，就要引导小孩去认知情绪。不要回避，要去直面各种情绪，尤其是面对那些我们的集体意识认为"不好"并强制性进行打压的情绪。比如，"哭"是我们常见的一种表达情绪的方式，也是一种表达情绪的艺术。但是我们很多父母都认为哭是很丑的事情，这种荒诞的定义都不知道是什么时候从哪里来的？弄得人们对哭有着极大的偏见。"哭"能够准确地表达某一种心情，它就很美，一种不一样的美，令人为之动容的美。

所有的形态没有一样是丑的，当我们人为地划分成这样是美，那样是丑时，我们就对自己的能量很割裂了，我们也就成了一个分裂的人。能量没有好坏，只在于我们对它的了解和认知，七岁之前把这些问题解决了就可以了。

如何启发孩子区分各自本份之事？

小孩七岁以后的知识教育你压根不要管，你越轻松就代表你的教育越正确。我们家小孩从初中开始，老师要求家长每天要给他检查作业，做完要签字，但是我们家从来没这样做。为什么？学习是你的事儿，凭什么要我监督你？我的事儿，你能监督我吗？你这个阶段的事就是读书，我这个阶段就是去工作，就是去挣钱养活你。

我的工作都没让你监督我干，凭什么你的学习让我监督？我无论如何都不签字。小孩说："你不签字第二天交不了作业。"我说："你自己解决，这是你的事情，跟我没有关系。我们灵性平等，只是说在角色上，我比你先来到这个地方。我先来做人，所以我比你经验丰富点，我可以给你做一些指导。你来得晚一点，我给你介绍一下这个人世间是什么状况，但是各人的事情各人负责。

我比你来得早，你不懂，你可以向我请教，我可以不收你费用。我会给你提供相应的资讯，然后供你参考，但是我不会给你答案，因为给你的答案，不一定正确。

我要小孩自己解决问题。他很聪明，他知道如果跟老师说，肯定说不通。他最后搞得实在没招儿，就来了个弄虚作假。他说："我拿一张白纸，你给我写一次，就写这一次，以后永远不会叫你写了。"我一听，心知肚明，啥也不揭穿。就这样，靠我写在白纸上的这个签字，他就把这事情解决了。从初中到高中，他都是模仿我的笔迹自己签字。

所以一定要分清楚，各有各的事情干。他干他本分的事情，我干我本分的事情，这样我就很轻松。我从不关心他考多少分，但是我花了一年时间却莫名其妙地把他从全班倒数第几名训练成了全班第一名，而且这还是被我打击，不让他去读书的情况下拿回来的。

有一次他考试得了100分，放学回来没去挂书包，而是站在我的面前，摆了个造型，欲言又止。平时他回来，都是刚一进门就把书包一挂，然后该玩就玩，该学习就学习去了。我一想，今天是发卷子拿成绩的时间，就问："啥意思？"他说："今天很倒霉！""怎么会倒霉？""哎！考了一个非常倒霉的分数。"他这么一说，我一下子就有兴趣了。"怎么倒霉？看一下！"结果拿过来一看，100分。我说："把老爸也忽悠到了！"他说："我没忽悠，这难道不是最倒霉的分数吗？""此话怎讲？"他说："你看，这次100分，下一次再考100分，就是原地踏步！如果下一次考90分，就是倒退了！那不是很倒霉吗？"

我说："你这个问题值得研究，有一件事情，老爸也给你一个启示。关于在班里面考名次的问题，老爸给你提供一些建议，当然采不采纳是你的事情。人生当中，很多事情你千万不能处处冒尖儿，这是老爸在外面闯荡江湖、吃亏上当总结过来的，今天免费供养给你。"

怎样把握"一切由自己说了算"这个点？

总结下来，一个人要想日子过得舒服，最好的位置在哪里？在前十名。你一定不要搞第一名，因为在第一名上，你是孤家寡人，所有人都妒忌你，很多人都不舒服。

如果你一旦养成事事"拿第一名"的习惯，那么你将来在工作上不拿第一名你就不舒服，你就感觉这人生累死了，到时候你就会知道这第一名是拿不得的。拿了以后就枪打出头鸟，所有人都不舒服，都盯住你！但是前十名就无所谓，所有人都不会妒忌你，反而都喜欢你，觉得你成绩不错，然后你朋友也多，你也不会得罪人。你始终就在这个线上游刃有余，你想前进一下你自己说了算，你想后退一下你也自己说了算，反正你始终要把握一个点：一切由自己说了算！

从此以后，他就懂了。下一次考试，做完题检查一下之后，就把有的题特意搞错，然后交到老师那里去。有一天，老师找我谈话说："这个小孩是故意干的吧！你看，以他的水平怎么可能把这道题答错了？"虽然我心知肚明，但是我也只能说："有时候，疏忽大意是会出这种毛病的。"老师一脸冤枉相，嘴里叨咕着

194

说："这孩子就是不认真。"我反倒安抚起老师来："不是不认真，人也难免有糊涂的时候，这也是很正常的事情。"

一个人明白了这个道理后，就不会去冒那个尖儿。当然，如果是混日子也是不对的，你把自己混到最后也是不舒服的。所以，人生就是要找到"一切由自己说了算"这个点。

第 陆 章

如何避免生命成长走向僵化模式

在亲子教育上，我们不能够把大脑弄得很僵化。如果大脑一旦模式化以后，人生真的就缺少了情趣和味道。在什么情况下，我们容易形成大脑的模式化呢？就是我们不求甚解地读书，知其然而不知其所以然。看事情过于单一，没有从更多的角度去看。人有时候在执着当中，会把生命定义得很狭隘，从而使自己显得很贫乏。因此，我们要避免这种僵化模式的人生。

教育小孩不能够仅仅是给他们一些形而下的东西，不能够仅仅给一些在现实考量里面的知识性的东西。从生命的角度来讲，解决我们肉体层面这一部分的需求，所占比重并不是很大，生命更多的需求是无形层面的。所以，实际上更应该给小孩多一些形而上的教育。

第壹节

向最有智慧的历史人物学习

本节要点：

1、何谓战胜一切烦恼的力量？

2、何谓通往人生幸福美好的桥梁？

3、如何看待所谓的"好"与"不好"？

4、遇到问题时应以何种心态面对？

何谓战胜一切烦恼的力量？

历史上，有三个人非常值得推荐给我们小孩去交朋友。这三个人是两千五百年来活出了最智慧、最幸福，也是最精彩的一种生命状态的人。这三个人之所以精彩就是因为他们都书写了非同寻常的人生成就，在人类历史上，两千多年来没有任何人超越他们。

我们先来介绍第一个人：他的妈妈未婚先孕，大约14岁就在马槽里面把他生下来，因此而饱受羞辱和诽谤。他也从小就受到很多人的打击，比电影《奇迹男孩》中的那个小男孩受到的打击还要多。

试想一下，如果我们也受到影片中小男孩的那种遭遇，可是我们的父母又不完全像影片当中那个小男孩的父母那样，懂得爱、启迪和引导孩子，那么我们该如何去调整自己的心态？现今社会，很多时候都是看颜值，对

199

外貌有缺陷的人来说，当外界对自己有不一样的态度和做法时，本身就表现得很自卑，若家人也是以和外界一样的态度来对待自己，那么作为子女要以怎样的心态来面对？

其实，我在这里给大家推荐的这第一个人，真的比奇迹男孩的境遇还要糟糕。奇迹男孩至少还有很好的父母，但这个人的亲生老爸是谁都不知道。在那个年代，一个出身背景这么惨的人，却并没有活在一种悲哀的状态上。反而，他干的事情影响了整个世界两千多年，到今天全球有几十亿人在追随他的思想。他老爸老妈不是做生意的，也不是当官的，但是他照样凭自己把人生书写得非常精彩。

两千多年来，三个人当中，这个人是我最崇拜的最会讲故事的人。他讲的都是非常深刻、非常有内涵的生命故事，而不是像一些玄幻小说那种乱编胡扯的故事。他讲的每一个故事都很美，而且每一个故事都隐含着无比深奥的人生道理和生命智慧在其中。他仅凭讲故事，就让今天全世界几十亿的人追随他。

这个人叫什么名字呢？他就是耶稣！非常可怜的一个人，走在哪里都有人打击他。虽然他是一个身份最卑微的人，但是这根本不会影响他把自己塑造成最高贵的一个人。他不仅仅把自己塑造成是最高贵的人，而且他还让全球几十亿人都接受他的塑造，包括总统在内都接纳他的塑造，所以一些西方国家的总统在宣誓之前，都要向他做祈祷。

由此，你就可以想象，同样的肉身，同样的一个人，他的命运处境又如此悲惨，他凭什么能够让人类历经两千多年的光阴，却依然如此信任他、追随他、崇敬他？其实他就紧紧把握了一个要素——爱，这就是他发现的宇宙里面最大的奥秘。他发现忧伤在爱面前很容易疗愈，恐惧在爱面前消失得无影无踪。凡是人世间我们所害怕的东西、担忧的东西，包括贫穷、疾病等等，只要在爱面前就都变得无关紧要。这是他二十多岁的时候就发现的奥秘。

他在这个世界上行走，走在哪里都有人欺辱他，但是他想要改变人们，希望人们接纳他。他知道那些有钱人不太容易接纳，他就专门找那些从来没有读过书的人，去跟他们表达爱。于是就有很多农夫、渔夫，因为他的爱，因为他讲的故事，而塑造了自身的生命价值，由此深深吸引了千千万万的人围绕在他的身边。

他是这个星球上两千多年来，我最崇拜的三个人之一。我很想努力地向他学习讲故事，可是我怎么都学不会。他讲故事的那种优雅、那种美令人心旷神怡，每一个故事里面都充满着哲理，同时又充满着浪漫和诗意。他是怎样一种心胸，怎样一种风度，怎样一种气韵，怎样一种心灵品质的人，才会讲出那般美妙、感人、动听和令人神往的故事，这是我一直很困惑的一个问题。他的故事非常美而富有内涵，雅而极具哲理。后来，人们把他的故事收集起来，就成为全球最畅销的一本书——《圣经》。

何谓通往人生幸福美好的桥梁？

整部《圣经》都是在讲故事。为什么？因为那些追随他的人都没文化，给他们讲什么哲学，他们也听不懂，所以耶稣只能给他们讲故事。他讲的故事太美了，那种美不仅是讲故事的语言本身，还有那故事的灵动性，最主要是因为他讲的故事中隐藏的生命内涵是无穷无尽的，所以我很喜欢他，对他是顶礼膜拜。

我第一次接触他是在我十多岁的时候，那时候我在江苏。有一天我跟一个女孩一起，偶然间就来到了他面前。只见他被绑在十字架上，两只手上面还钉着一些钉子，头是斜着的，但是眼睛很善良。然后就在我驻足凝视的时候，也没人劝，同来的那个女孩就拉着我一起跪下去了，才一跪下去，居然感觉挺舒服的。

从那时候开始，我就喜欢上他了，特别喜欢。后来，我找到了他讲的这些故事集来看，看了以后就更崇拜他了。我喜欢看电影，看各种各样的故事，但是到目前为止，我都没有看到有任何故事超越他讲的故事。他就是这么一个令我称奇、赞叹、崇拜之人。

即使我们是像奇迹男孩那样有糟糕的缺陷，然后父母又不像他的父母那样爱我们，我们也完全可以像耶稣一样用爱来塑造自己的生命。他说，爱是通往天堂唯一的桥梁。我们可以把天堂理解成是幸福、美好，或者是成功的人生。那么，我们要迈上幸福、美好、成功的人生，爱的确是唯一的桥梁。

如何看待所谓的"好"与"不好"？

实际上，我们看《奇迹男孩》更多的是要看到奇迹男孩对父母的帮助，而不是单单看父母在如何帮助他。这部电影更深的一个层面就是奇迹男孩在帮助这一家人，帮助他们夫妻把自己的爱激发出来，让他们夫妻的关系变得更好，甚至他也帮助了他的姐姐把心量变得很大，变得很能够照顾和体贴他人。

所以，如果我们的父母对我们很好，未必就是好事，某种程度来讲可能是不幸。父母对我们不好，某种程度来说不一定就不好，有可能是万幸。因为有可能是通过这种不好，激发出你内在的一些非常好的品质，而这些恰恰是生命成长最可贵的东西。

遇到问题时应以何种心态面对？

在这部电影里面，他们一家人当中，父母和姐姐的收获是非常大的。同样，我们也要反过来思考，不要总是想到要别人帮助我们，我们更多的是要想到怎样去帮助到他人。

两千多年前，耶稣走的就是帮助他人的路线，他跟人接触的时候就是在传递爱，他告诉了世人他所发现的秘密：只要有爱，人类没有解决不了的问题！

后来，人们接纳了他的想法和建议，无论遇到任何问题，都用爱去解决的时候，就发现一切真的都不是问题了。

第贰节

挖掘自卑蕴含的神奇力

本节要点:

1、怎样面对及理解与父母的关系?

2、何谓生命潜力触发的情景?

3、自卑一旦被战胜会转化成什么力量?

4、战胜自卑的关键及与外界是何关系?

怎样面对及理解与父母的关系?

我的生命走到今天,不是因为父母帮助我。当然,我讲我老爸的事儿,不是控诉他,而是感恩他。小时候,我每天都会被他打一回,有时候甚至打几回。要说我那个家庭有什么爱,那是不可能的事情。反正每一天都会挨打,每一回不被打死,就已经是很感恩戴德了。

还记得那年我要读初三之前,突然醒悟了,想要好好读书了。可是就在这时候,老爸突然有一天脾气说来就来了,直接抓起我的书包就往火炉里面扔,一边还骂道:"读啥鬼书?"这些情节至今我都没有忘记,他是不可能像奇迹男孩的父母那样对我的。

我家里面包括我的妈妈对我干了一件最伟大的事情,就是没有任何关爱。印象最深的一件事情就是我们小时候非常喜欢过年,今天的小孩可能对过年没什么概念，但是我们那时候会提前半年就期待过年，因为过年的时候有肉吃。现在有的小孩都不怎么喜欢吃肉了。为什么？天天吃都吃腻了。我们那时候是过年才有好吃的，所以会提前半年就期待过年的情景到来。

你可以想象一下，从半年前你就开始期待过年，但是到了过年那一天，你的亲生父母、你的亲兄弟姐妹，没有一个叫你吃饭，你是什么心情？你会认为这个人世间不会发生这样的事情，就算一个人犯了再大的错误，过年都要一起欢聚、一起吃饭啊！但是偏偏就我遇到了：大年三十，所有人都在团圆，包括监狱的劳改犯都在团圆，包括死刑犯在没有上刑场之前都在过年，而我却一个人没年过。

在大雪纷飞中，我一个人跑到我们家后面的大山上，孤独的身影在森林里面往复徘徊。我不断地唱着《我的未来不是梦》这首歌，心里说不出来的失落与难过，独自一人悲戚戚地遥望着万家灯火、鞭炮雷鸣，肚子饿得饥肠辘辘……但是，今天讲这个真真实实发生在我身上的故事时，我一点都不恨他们，而是非常感恩。

当年，我老爸老妈非常努力，没事就生小孩。在我们兄弟姐妹里面，我是第六个。那个时候的农村，生多了，谁管你死活？病了不会随便给你找医生，饿了不会想到给你饭吃。

我上初中那几年，一天里顶多运气好的时候，早上能吃到一碗冷水泡的粗粮饭。还不一定是米饭，有时候是包谷饭，有时候是麦子饭。一天里就仅仅能吃到这么一碗饭，没有任何其他吃的东西，饿了就只能自己上山摘野果来吃。每天放学以后，一路上整个过程都在摘野果吃。冬天没得摘了，就跑到那些园子里面去偷萝卜吃。

那时候，我就是这样过来的。家里面没谁给吃的，因为他们讨厌我，嫌我这个人不安分，调皮捣蛋不听话。家里面兄弟姐妹多，本来饭就不够吃，刚好有一个这么讨厌的人，还不如早点死了算了，但是没想到这个人又不死。

我也曾经自杀过，但是我这种人命也大，死不了。有一天晚上，肚子饿得不得了，而我就睡在我老妈的隔壁床上，我用头使劲儿地去撞与母亲相隔的那道墙，想引起我亲生母亲的重视。我就一直在那儿嘣嘣嘣地撞，一撞就撞到半夜两三点钟。我相信她肯定没睡着，可是任凭我一直撞一直撞……她整个过程都没有起来问我怎么回事，她明明知道我一整天都没吃饭。撞到两三点钟的时候，我就想，"算了，这样的母亲也不指望了。"然后我就离开家，一股劲儿地往我们老家原有的一片很茂密的森林里面跑去。为什么往那里跑呢？因为我知道那个地方有老虎、野猪出没，我打算把自己喂老虎和野猪去了。

那时候我有一个信念，男子汉自杀是很没面子的事情，但是被杀，我是可以接受的。所以我绝对不会自杀，但是我一定会被动地接受死亡。当时就是不想活了，所以我就直接跑到有老虎和野猪出没的森林里。我连看都不看一眼它们有没有过来，就在那儿一心等着它们过来把我吃掉。

很奇怪，一直等到天亮，它们都不来吃，我就只好又厚起脸皮回家。随后，我就离家出走了。所以我十几岁就开始跑江湖，东混西混，一直混到今天开始赎罪传播圣贤文化。这一切就得益于我有这样一对父母。

今天，我千真万确是无比感恩，一点儿都不怨他们。因为当我明白过来之后，突然有一天，我发现跟同龄人相比，我思考问题的深度远远要比他们深刻得多！我又进一步总结，凭什么我读完初中以后，命运如此坎坷，整天东混西混，思考问题却比他们深？而他们继续读高中，然后上大学，毕业后参加工作，但是一听他们讲话却那么肤浅。我一直在思考为什么会是这样？最后我发现，就是因为这些遭遇和磨难，让我不得不去思量很多在温室当中生活的人不会去思考的事情。所以，从这个角度来说，我的父母是天底下最好的父母。

何谓生命潜力触发的情景？

作为生命个体，我曾经是最自卑的一个人。关于我那时候的自卑程度，我可以很有信心地说：我曾经自卑到地球人最自卑的状态，反正就是自卑到无法形容的地步。

我基本上从十几岁到二十岁，长期就低着头走路，因为我连任何人的脸都没勇气看。为此，我还曾经干过很多荒唐的事情：每天睡在床上用意念想象自己长高到一米八三、一米八五，每天意念一通宵，早上起来还是一米六几，从来没长高过，依然是"三等残废"。

这个社会很多人都喜欢帅哥，美女都喜欢帅哥。那时候，我想自己是完蛋了！父母靠不上，兄弟也靠不上，自己还没有文化，身体又是三等残废。我们那时候的标准就是一米七八才正常，一米六几就是三等残废。因此，我就很自卑。结果越是自卑，人家就越瞧不起，所以那时候没人瞧得起我。但是被人瞧不起，自己是不甘心的。越被人瞧不起，就越会在心里面积蓄一种力量，就是不甘心！就是不服输！这种不甘心、不服输的力量，在我的心里面就像火山一样地酝酿起来，于是我就很争强好胜，也很不怕事。

我曾经创下一个纪录：自己一个人赤手空拳与拿着刀和棍棒的三百多人干架。反正无所谓，这么多人打我一个，被打死多光荣！对战过程中，他们也确确实实毫不客气地拿着刀还有棍棒拼命地往我头上砍，但很奇怪的就是只听见声响，却没有一样砍在我身上，整个过程居然毫发未伤。所以我就觉得很奇怪，被几百人围攻，为什么砍不死？我一直想不明白。

突然有一天，我莫名其妙地拿到了一本小书，一看是关于毛主席小时候的写照，就深深地被吸引了。然后我就继续找他的故事来看，一看就看到他参军打仗时，发生了很多神奇的事情，炮弹落在他的面前竟然不爆炸！继续看下去，发现这样的事情，毛主席遇到了好几次。我感到很奇怪，我就在想，怎么炮弹丢在哪里都炸，为什么在毛主席面前就不炸？我对这个问题一直感觉很好奇，产生这种好奇心之后，就会想到去研究生和死怎么会这么奇妙？于是就不断地去研究到底是为什么。

有一天，我突然又看到一个资讯：当年的侵华日军曾经对老子的故里——鹿邑县城的老君台连续轰了十三发炮弹，居然没有一发炮弹爆炸！当时，日本军队发射到城里其他地方的炮弹都爆炸了，为什么偏偏老君台那个地方没有爆炸呢？结果他们跑过去一看，发现这里供奉的是太上老君。日本人都听过老子的传说，他们当场就吓得匍匐在地祈求老君原谅。现在，那个地方已经成为旅游风景区了，当地政府把当年日军炮轰老君台的哑弹摆在那里。可见，老君台是一个充满神奇色彩的地方。

我当时看到这些资讯觉得好奇怪，炸弹在毛主席面前不炸，老君台也不炸，这太神奇了！这里面一定有秘密！后来，我继续研究的时候，又看到一个资讯：日本人也曾经对广东南华寺轰炸弹，同样是不炸。我就感到奇怪了，难道是炸弹长眼睛？碰到寺庙就不炸，碰到毛主席就不炸，碰到其他人其他地方它就炸？我就开始困惑了。这些炸弹不就是火药做成的吗？不可能像孩子一样，能听得懂话。可是它为什么能认得人呢？那位是毛主席，那位是老子，那位是南华寺的慧能老祖。你认为是巧合吗？关键是日本人轰炸的不只是一个地方，总不能都是巧合，所以根本讲不通，也显然不是巧合。

对此我一直感到很困惑，终于有一天，拿到了一本《道德经》，突然看到里面有一句话叫"不处死地"。就是说当一个人不处在死地的时候，再凶的豺狼不会咬他，老虎不会伤他，狮子不会吃他，老鹰不会抓他，因为他不处于死地。《道德经》所讲的道理一下子就把我镇住了，原来生死是看你处不处于死地，一下子我就找到答案了。

当年，我一个人干三百多人，毫发无伤的原因就是我不处于死地，并不是因为我的功夫高！当时，我一直没想清楚为什么那个时候功夫出来了。几百人一层一层地把我围得水泄不通，刀和棍棒非常密集地漫天飞舞。万分危急关头，我的凌波微步竟自然出现了，一闪一闪地就从密密麻麻的人缝中顺利穿行到一块很宽的梯田边上，然后一步就腾空飞过去了，两条腿落在梯田埂上稳如泰山！按常理来讲，在这样大幅度的飞跃之后，身体要么就往前扑一下，要么会往后仰一下，可是为什么就这么稳呢？当时我来不及思考。

他们看我一步跃过了梯田，就分别从两边包抄过来。我没办法，只好从山顶的梯田一梯一梯地踏着凌波微步飞奔下去，一直飞到山底下，然后飞得无影无踪。这件事情过去以后，我再回去飞，就只能飞在田中央，凌波微步已经再也飞不出来了。

这些事情我当时都想不明白，后来我又在一张老报纸上看到一篇报道：一个女人开了一辆车子，卡在铁路轨道上了，怎么都开不动。但是这时候，很可怕的事情出现了，一辆火车正好开过来！如果火车撞在汽车上，可能一火车的人都完了。

眼看着火车越来越近，情急之下，这个女人竟然迸发出了洪荒之力，从后面一下子就把整辆车抬起往后拉，就这样从铁轨中硬给拉了出来。拉出来的一瞬间，火车一下子呼啸而过，这时候她才回过神来，一屁股坐在地上，吓出一身冷汗！"刚才发生了什么事情?我的力气怎么这么大?"她大惑不解,再去抬车子时,车子已然纹丝不动。

　　人在苦难面前,在危机面前,在不好的待遇面前,在受到打击面前,往往会激发出非凡的潜能。这个时候,我才理解为什么我的运气这么好,遇到这么好的父母从而让我激发潜能。

自卑一旦被战胜会转化成什么力量?

　　事实上要激发潜能,你要很自卑!一个跟我一样自卑的人,往往比一个外向的人好。为什么?我自己研究的时候发现,作为一个自卑的人,他很多时候是跟自己在一起,他的能量是内收的。能量内收的人一旦战胜他的自卑,那么自卑的能量就会转化成一种很强的思维审查能力。就是他的分析能力非常好,思考问题非常细致、深入和周全,那么这种人就非常慎重、缜密、严谨和细心,是有着极强的警觉性之人。所以关键就是能否把这种自卑能量转变过来。

　　一个自卑的人绝对不会像那种外向的人,可以没有任何障碍地跟人家随便说,不管傻话、疯话、痴话随便乱讲。实际上,我们自卑的人有时候会很羡慕这种人,见到一个人就呱呱呱什么话都说。我就曾经以这样的人为崇拜标准,我很羡慕他一点都不害羞,胆子好大,对什么样的人都敢说话。尤其更令我崇拜的是居然敢跟女孩滔滔不绝地说话的男人。天呐!好伟大!为什么?因为当年的我,不仅不敢跟女孩说话,而且是一看到女生从远处走过来,我就赶快看地上有没有洞,好赶紧钻进去!

那时候的我，最怕女人。在世界上所有的动物中，我就只怕这一样。只要遇到女生从对面过来，隔好远我就开始想办法躲开。实在躲不开的时候，我的脸就会憋得通红，头也低得不能再低。我那时候就是这样过来的。

今天，我的审查思维能力都得益于自卑。我的思考能力，不仅没有任何老师教，反过来我能够去教老师，甚至我的学生里面都有教授、专家、研究生、博士。

战胜自卑的关键及与外界是何关系？

战胜自卑的关键就在于这个自卑会让你不甘心，为此你就会去想很多问题，然后很多事情没有答案，你就会自己去找答案，最后你就会比外向的人成长速度更快。但是你没有战胜自卑之前，那是很糟糕的。所以你一定要想办法转化自卑这个能量。

自卑一定不是父母的原因，一定不是长相的原因，一定跟钱一点关系都没有……我那时候很自卑，一度觉得是自己长得不怎么样的原因。直到有一天，我看见有个人长得比我还丑，他居然还可以给一个女生递纸条说"我爱你"。

当时，我就发现，原来自卑跟外在条件一点关系都没有。那个人长得比我丑，可是他为什么有这么大的胆子？为什么那么自信？后来我发现，自不自卑、自不自信、被不被动、主不主动跟外界环境一点关系都没有，而是完全取决于自己。我就一直苦苦地思索这个问题，后来我终于想明白了。

本节要点：

1、为何说自卑不自卑取决于自己？

2、如何启迪孩子从非此即彼中跳出？

3、为何要启发孩子掌握自主定义权？

4、启迪孩子向圣人学习有什么好处？

为何说自卑不自卑取决于自己？

我过去为何会把自己搞到自闭自卑的状态呢？就是因为老是想到自己不如人家的那些方面。我用了这样一个错误的思维策略：我一看到别人比我高，我就想到我比较矮；一看到别人长得比我帅，我就想到我比较丑；一看到别人的父母比较关心孩子，我就想到我的父母不关心我；一看到别人有钱，我就想到我没钱……我所用的策略都是把别人的优点拿来专门攻击我自己的缺点，最后我就终于把自己攻击成一个极度自卑的人。

那个时候，我记得有一次和朋友一起看中央电视台新闻联播，他说："那是杨尚昆，那是赵紫阳……"我睁大眼睛说："国家领导人这么高，居然你都认识！"因为我之前从来没看过电视，我对他们都不认识，我当时是连这个也感到自卑。

后来，我坐在草地上专门想这个问题，"从明天开始，我一定要换一种活法。"我想，别人认识国家主席，是从电视上认识的，我家没有电视，所以我不认识，这很正常。他认识的人我不认识，我认识的人他也不认识，凭什么自卑？想明白之后，我就知道了，这个世界上的任何事情永远都是自己说了算。

于是我突然就有勇气了，开始主动去约会。当对方突然跟我提到一个名人而我又不知道的时候，我差点又要启动我的自卑策略了。不对！我立马反应过来。凭什么？她知道的这个名人我虽然不知道，但是我知道的人她也不知道！

她说："居里夫人是谁，你知道吗？"我说："牟大坤是谁，你知道吗？"她说不知道。我马上得意洋洋地说："我们老家邋邋遢遢的一个老大叔，他就是牟大坤。原来你们城市里面长大的人，父母条件再好，你也照样不知道牟大坤。"这时候，我一下子就很有自信了，心想："你也有不知道的事情，凭什么我就要自卑呢？"后来，我就开始跟她谈恋爱了。那时候我就发现，自卑不自卑是我自己的事情。当我开始把自卑的能量转变过来以后，这个能量就给我带来了很多好处。

从此，我就发现我一点都不羡慕外向的能量了。那些外向的人思考问题往往比较肤浅，因为整个人说话都不过脑。你看他巴拉巴拉说了半天，仔细分析下来以后，没有几句是重要的话。如此看来，自卑就是优点，外向反而是缺点。这是由自己发现和定义的。

如何启迪孩子从非此即彼中跳出？

透过自卑，我又进一步发现，原来有权力的人、有尊严的人、有力量的人，都是掌握了自主定义权的人。从那时候开始，我就主动建立和养成了这样一种意识和思维习惯，并且每天训练自己，对这个世界重新做定义，做解释。凡是别人认为是对的事情，我就去找若干证据将其定义成错；相反，凡是别人认为是错的事情，我就去找若干证据将其定义成对。

没想到这个策略把我的智慧开发出来了，我一下子看问题就一点都不僵化了。我没有站在非此即彼的是非对错里面，而是看问题有多个角度和面向了。慢慢的，有一天我突然就知道该如何看问题了。任何一件事情都有其优点，也都有其缺点，关键在于你选择的策略是什么。这就是自卑和磨难给我带来的好处。

为何要启发孩子掌握自主定义权？

我有一个学生，他考上了美国的工商管理博士，对我好得不得了，到今天依然如此，他对我可以说是一种崇拜。因为我开始改变自己，我对这个世界的所有事情都重新作出定义。你说这是玫瑰花，我不认同，我要定义成别的花；你说这是薰衣草，我不认同，我要定义成别的草……在天地万物没有创建名号之前，一切都未被定义，一切名号也都是被定义而来的。

后来，有一天我莫名其妙就到大学里面去给大学生上课。当时有个字我认错了，然后一个学生说："老师，那个字不是读那个音。"我说："我是故意的，你知道吗？我在启发你的智慧。那个马桶当初不定义成马桶，我定义成脸盆可不可以？那个洗脚盆当初不定义成洗脚盆，我定义成水杯可不可以？你们读大学为什么读得这么死？今天导师就给你们开这一课，这是万两黄金不换的课。你们若是听懂了，下课以后请我吃饭。"当即掌声如雷！读错字没问题，自己解释一下就行了。

还有一次，一群人来请我讲经，我把经里面的字也读错了。一位学员不好意思现场和我讲，课下就找到我说："老师，那个字不读那个音。"我说："不读那个音无所谓，关键是你认为我讲错没有？"他说："是没讲错。"我说："没讲错就行了，那个字在当初发明它的读音的时候没经过我同意。"

这不过是一件很简单的事情，但是其背后却隐藏着非常微妙的道理，值得我们去思考和探索。再比如，有人说："你迟到了！"我说："你是以北京时间为标准确定的时间，但是我自己也确定了标准，我的时间现在还没到。"你想，世界上有时间吗？没时间，哪有时间？不就是给它画了刻度，到多少刻度是一点，到多少刻度是两点，我难道不能自己画吗？

再换一种思维，比如他们说："那是大海。"我说："什么大海，那明明就是一碗水。你把自己放大到比大海还要大N多倍，那不就是一碗水了吗？"然后面前的这个小水塘，也可以是个大海。你把自己变成小蚂蚁，它不就是大海了吗？怎么搞得这么僵化呢？智慧就是这样来的。最后，你会发现世界上一切事物都是相对的。

从这个地方，我就要提到我最崇拜的第二个人老子了。他的《道德经》里面就讲相对论，美丑是相对的，善恶是相对的，好坏是相对的，正反是相对的，高低是相对的，大小是相对的……"原来你早就懂了，也不早跟我说一下，我绕了这么多弯弯，才搞明白这一点。"我当时一看到《道德经》的时候，就在心里面暗暗敬叹老子，并借此自嘲了一番。

你想一下，地球上有这样的人，两千多年前就能把这个道理搞明白，多厉害！所以一定要让小孩了解耶稣，了解老子，还要了解另外一个我最崇拜的人，就是玩辩证法玩到极致的一个人——释迦牟尼佛。这个人一定要给我们小孩推荐。源于对哲学领域的浓厚兴趣，有一天我把唯物辩证法找来看，然后再去看释迦牟尼讲的辩证法，对比下来根本不是一个量级，差得太远，玩辩证法没有谁能玩得过释迦牟尼的。

启迪孩子向圣人学习有什么好处？

世界上，两千多年前出现过这样三个奇人。我们父母只要能够有机会把这三个人推荐给小孩，只要他跟这三个人去做朋友，去了解这三个人所留下的言论，那么你放心，这个小孩就永远不会吃亏，永远有出息。就这三个人就够了。

他们三个人当中，一个建立了东方两千年文明的大智慧，一个开创了辩证法里的佛法生命学，一个奠定了整个西方的信仰。这三个人干了如此伟大的事情，所以跟这三个人学习是完全没问题的。真的没必要去向今天的某些一知半解的所谓专家或教授学习，他们的言论还没有经过实践检验，那是不靠谱的。但是，这三个人的言论已经流传两千多年了，科学家、哲学家、艺术家、教育家、政治家、军事家、社会学家等所有这些人都对这三个人作出了充分的认定，因此他们留下的言论是没有错误的。

既然全球几十亿人都对这三个人提出的言论如此认可，我们为何不把他们当成自己的良师益友来相处呢？讲故事，我们可以向耶稣学习；讲相对论，我们可以向老子学习；讲辩证法这种思维扩展分析能力，我们可以向释迦牟尼学习。

释迦牟尼的厉害程度，我是根本没办法形容，他太让我佩服了！为什么？我看他的《华严经》根本就看不下去，才看了前面几章就把我压得喘不过气来。他就讲一个生命，居然就用了一整部浩浩荡荡的《华严经》来讲。他的这种表达能力实在太震撼了，花了整整上百万字的古文来把一个人讲清楚。

他流传下来的那些经典当中，我讲解了《心经》、《圆觉经》,《金刚经》还没讲到，如果将来有机会我把他的《楞严经》也讲了，但是他的《华严经》我没敢接招，太浩荡、太震撼，一辈子都讲不完，就留一点念想吧。

这就是地球上曾经出现的人，你要用他们留下的智慧去看人生，一切都是非常美好的事情！

本节要点：

1、教育要清晰人所追求的到底是什么？

2、幸福在当下就能自主实现吗？

3、如何启迪孩子调节自身心灵感受？

4、如何启迪孩子提升心灵掌控力？

教育要清晰人所追求的到底是什么？

在很多年前，我陪孩子看过《龙猫》这一部电影。它是以动画的形式来演绎生命向内在的一种探索、一种寻找。影片中，小孩找到了她自己的龙猫，其实我们每一个人一生的使命就是找这只龙猫。

两千多年前，释迦牟尼从皇宫里面出生以后，也一直在找这只大龙猫。他老爸虽然是国王，但是他一直没找到过大龙猫，所以他贵为一国之君的老爸也还是有烦恼。而释迦牟尼生下来就是太子的身份，他老爸哪一天退位以后，自然就会由他来继承王位。他生而有之的一切无不是我们天下众生所梦寐以求的。

我们每天在拼命地攀求名利地位，我们攀求的原因是什么呢？就是我们认为我们所攀求的这些东西可能会给我们带来幸福。只能说是可能，而非绝对。但是最后怎么样呢？两千多年前，释迦牟尼就已经替我们做了证明。

我们不是要追求名利地位吗？他生而有之；我们不是要追求和占有更多的财富吗？他也生而有之；世间所有人都渴望和向往的名利情权，他都生而有之。但是，在他没有找到这只大龙猫之前，他是很痛苦的，所以他坚决要找到它。

他在整个皇宫里面到处问，问老爸，老爸也不知道。问那些有学问的人，也只是告诉他说："听说有人见到过这只大龙猫，但是不确定。不过，有一件事情可以确定，就是我们皇宫里面没有一个人见到过。"这让释迦牟尼生起了强烈的好奇心，他想，"既然有人见到过，我就一定要去找。"所以他为了见到这只大龙猫，连太子都不做了，然后悄悄地溜出皇宫，到处找大龙猫去了。

释迦牟尼一找就找了好多年，找遍了整个国家。他就不知道这个龙猫是要从一棵大树的一个洞里面进去找，而他因为一直在洞外找，所以就一直没找到。龙猫不在外面，而是在洞里面。

他跋山涉水、翻山越岭到处去找大龙猫，找得非常辛苦，可是无论怎么找都找不到。最后，他实在是太累了，就来到一棵大树前坐了下来。心想，如果这一次找不到大龙猫，就不起来了。结果一坐下去以后，就在那天晚上，他终于找到了大龙猫！

找到大龙猫有什么意义呢？你看电影里面的那只大龙猫毛茸茸的，是不是给人特别温暖的感觉？是不是给人特别安全的感觉？特别有爱的感觉？也给人特别可爱的感觉？尤其是它在跟孩子们一起等公交的时候，在头上顶片叶子做雨伞，超级可爱。我们所向往的所有关于爱的元素，在大龙猫身上都能找到。

你要去找到这么一个神奇的存在：特别可爱，又特别可亲，又特别安全，又特别温馨，而且还很智慧。你一定要去找到这么一个存在，因为我们所有人透过一切所追求的就是这些元素！

幸福在当下就能自主实现吗？

我们在事业上打拼，在家庭上建设，在关系上经营与维护……所有的努力都是为了找到这样一种综合了安全、温馨、有爱、温暖、可爱这些元素的所谓的幸福。每个人都是如此，可是没有几个人找到，而小朋友就很容易找到，《龙猫》里面的那两个小朋友都找到了。

我们成年人很难找到，是因为我们成年人没有像小朋友那么纯真。要想找到大龙猫，你要像小孩一样很纯真，再者，你要进到树洞里面去才能找得到。

这个洞是什么？这个洞就是玄妙之门。必须要透过玄妙之门，才能见到内在的大龙猫，因为大龙猫就躺在大树的里面。那么，这棵树代表什么？代表我们的肉身。我们整个肉身就是一棵生命大树。

人的肉身里面有一个洞，叫玄妙之门。所谓的玄妙之门就是今天的科学所讲的黑洞。它没有时间概念，你穿越到那里去，然后再回来的时候就已经多少年过去了。玄妙之门，每一个生命都在寻找，只要把这扇门一打开，就会带来一个神奇的功能：就是不依靠于任何外在的东西，当下就能自主实现人人向往的幸福。

我们想通过家庭建立一个爱的港湾，建立一种温馨的、浪漫的、可爱的、充满趣味和安全感的环境和氛围，你只要从洞里面钻进去，找到那只大龙猫，你要的这些幸福元素就统统都有了。

《龙猫》这部影片主要是讲如何透过进到树洞里面，从而见到人人本然具足的大龙猫。宫崎骏用"大龙猫"给这个本然的存在做了一个非常形象的描述。老子给它取了另外一个名字叫"道"，穆罕默德给它取了一个名字叫"真主"，然后耶稣给它取了一个名字叫"上帝"，而释迦牟尼则特别好玩，给它取了N多个名字。取名字最多的就是释迦牟尼，因为他发现这个存在很神奇，世人想追求的所有元素在它身上都能找到。

你一旦找到大龙猫以后，无需借助于任何外在的东西，你就能实现生命的安全，实现生命的幸福，实现生命的满足感。而且你找到了它，它还有神奇的功能。你看影片中，小朋友找到大龙猫以后，她想见妈妈，大龙猫就带她一起见了妈妈。但她是怎么样见到的呢？是用艺术的方式来表达，在一个意象里面见到的。关于这种意象的境界，我们把它描述得很神奇，在经典里面关于这种意象的描述非常多。

在这部电影里面，为了给妈妈治病，而家里面经济上又出了问题，所以他们就搬到乡下去住，这样要节省一些。去了以后，虽然小孩由于天性使然，很快就适应了，但是事实上小孩的内心世界里面还是有某种孤独、寂寞和失落。电影里面用了一个小小的情节，就把小孩内心世界的阴影表达出来了：她们到了一个陌生的地方，里面有黑煤球，黑煤球就代表小孩内心世界的阴影。

虽然小孩很童真，但是因为妈妈在住院，所以内心多多少少会有些阴影，于是小孩就看见房子里面有黑色的阴影飘动。这黑色的阴影就是我们平时讲的内心中抑郁、忧虑、压抑、伤心、难过等等这些能量。那么，我们怎么样治理这些能量呢？电影里面讲得很清楚，哈哈大笑就完了！能量治理很简单，哈哈一笑，这些阴影就不存在了。这些东西我们都要教育给小孩，遇到不高兴的事情，哈哈一笑，就没事了！这是我们能够掌握到的一种快乐的能力。

如何启迪孩子调节自身心灵感受？

我们要教育小孩通过运作自己的内心，来改变对外界的看法。这是亲子教育里面我认为至关重要的功课。就是要让孩子们知道：我不断地调整内心，我对外界事物的看法就改变了。

这个功课我们是可以当游戏一样去玩的，既有意思又增长智慧。还是拿吃东西来举例，我们可以和小孩一起来研究这样一个课题：在什么情况下吃东西没有味道？在什么情况下又特别有味道？这是一个非常值得我们去探索和研究的课题。

你不要以为这是简简单单的一个吃饭问题，吃饭可是一辈子的大学问。我们很多人都忽略了这一门学问，我们没有研究过在什么样的情况下，在什么样的元素和条件的共同配合下，我们吃普通的饭菜会很香；又在什么情况下，我们吃所谓很香的饭菜却感到并不好吃。这是非常值得去实验、去研究的真正对生活乃至于对人生、对生命都大有裨益的智慧教育。一点都不夸张地讲，就吃饭这件事情弄好了，这一辈子很多问题就解决了，因为智慧是相通的，而且这种实验很容易就做出结果来。

我们在同一种心情里面，同一种状态里面，同一个时间里面，我们吃不同的菜，会品出不同的味道。然后我们做进一步更深入的研究，同样一种菜，同样是妈妈做的，而且是同样的调料，同样的食材做的菜，按道理无论怎么吃，都应不会有什么不同。那么现在，我们通过调整自己的内心存在状态，却可以把这同一盘菜吃出不同的味道来。你可以自己去做这个游戏，做这种研究，而做这种研究的伟大程度，绝对不低于牛顿看到苹果从树上掉下来而发现万有引力。

我们把生活里平常的事物理解得很简单，是因为我们司空见惯以后，就不拿它当回事了。我们不认为那是了不起的事情，但是实际上我们每天见到的都是最了不起的事情。比如我们自己设不同的场景来吃同样的一道菜，我们在吃的时候仔细鉴别一下菜的味道，看看有何不同？就光吃饭这一件事情，你就可以教会小孩，原来世间的一切事情通过调整心灵就可以解决。怎么样让小孩对未来的生活拥有巨大的掌控能力，实际上从研究如何吃饭这个课题上就可以解决。

如何启迪孩子提升心灵掌控力？

我们很多大人都有一个误区，就是认为自己的心情高兴或不高兴，统统来自于外在，然后我们还把这个误区传递给了下一代。我们压根儿就没考虑过，其实我们的心情，与我们对外在的认知有关系。对于同一件事情，你不用改变内在的心理状况，你只是改变定义，你的心情就会随之发生相应的变化。比如说，你把它定义成是坏事情，马上你就发现，你的整个心情状态变了；然后你再把它定义成是好事情，你的心理状态马上又变了；最后你根本不管外面的事情，也不去改变外界的定义，你只是调整自己的心情，它也变了。

你会发现在这个世界上，我们所谓的人生痛苦、喜怒哀乐统统是来自于心灵的一种作用，来自于对事物的一种认知。实际上，亲子教育真正最应该教育给小孩的就是这个最为关键的核心，叫作"心灵的掌控力"。

如果我们父母能够把这个学问教给孩子，孩子便能掌控这样一种能力：我可以主动高兴，我也可以主动忧伤；我可以主动痛苦，我也可以主动快乐；我可以主动难受，我也可以主动喜悦；我可以主动孤独，我也可以主动幸福……我们要把这样一种能力攥在自己的手里，这样的人生才有味道。反过来，如果我们连主动高兴的权利都没有，那么我们的人生就很糟糕了。我们的高兴是被动的，我们的痛苦也是被动的，整个人生一直就没有主动过。

实际上很多人一直活到死都是被动的，莫名其妙的难受是被动的难受，莫名其妙的高兴也是被动的高兴。哪一天别人送一样他喜欢的东西，他就高兴了。很多人连自己高兴与否自己都左右不了，就是说他没有主动高兴的能力，必须要借助于别人送给他一样东西或是为他做了些什么，他才高兴。

喜怒哀乐各种情绪不能自主，说明人活得有多么无能。所以两千多年前，释迦牟尼连国王都不当，他要去找到关于生命能够自主的奥秘。因为他听皇宫里面有智慧的人说，有一种生命的存在状态是不寄托于任何外在的东西，自身就能离苦得乐。释迦牟尼特别智慧，他认为如果真有这样的东西，那就是无价之宝。

平日里，我们拼命地去追逐名车豪宅，不遗余力地去满足自己豪华奢侈的欲求，靠锦衣玉食的生活来获得快乐，但是我们费尽心思获取的这些快乐却都无法永恒。相反，就在这个世界上，存在这样一种智慧，不需要对任何外在东西的刻意追求和执意改变，就能实现我们人人向往的幸福。

这样的智慧比在世间取得的任何成就都要伟大。因为任何一个领域，无论取得多大的成就，都要依赖于外在的元素。而我们深入生命内在所找到的智慧，的的确确能够不需要任何外在东西的改变，就能让心灵的痛苦消失，也就是于内在找到我们人人本具的这只大龙猫！

第 柒 章

做 自 己 生 命 的 主 人

若要实现对当下生活的掌控能力, 对人生幸福的驾驭能力和经营能力, 那么就统统都要在心上下功夫。若是把方向搞错了, 在车子上下功夫, 在房子上下功夫, 所有的努力最终都将无法实现真正的幸福和自由。众人迷失于外在的现象从古至今从来没有终止过, 过去的人想方设法获得一匹好马, 跟我们今天苦心钻营获取一辆宝马车是一个道理, 一辈子的努力都耗在外面了。

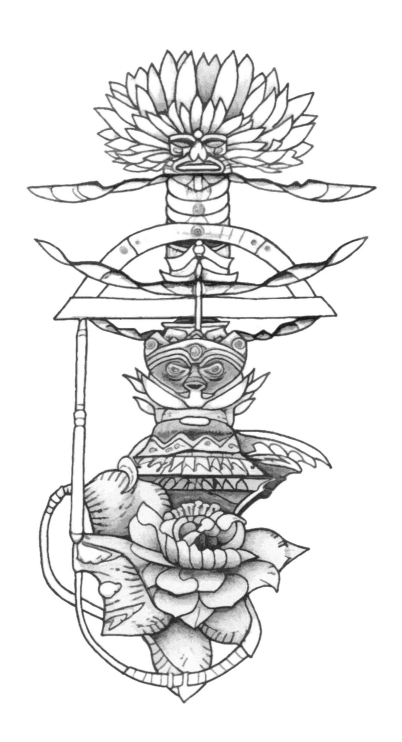

第壹节

通过调节内在来改变外界

本节要点：

1、亲子教育中的伦常关系如何升华？

2、如何启迪孩子在生活中扎下幸福的根？

3、合于道的教育如何体现？

4、亲子教育要清晰人生应于何处下功夫？

5、为什么首先要处理好伦常关系？

亲子教育中的伦常关系如何升华？

历史上，很多找到大龙猫的人叫他当皇帝他都不干，因为当皇帝好操心，一会儿军事战争要操心，一会儿三宫六院要操心，一会儿中央财政有危机也要操心。我现在找到大龙猫了多好，想去哪里，大龙猫就开着它的龙猫车把我送过去了。而且龙猫车很奇妙，想怎么走就怎么走，从电线上也可以走，多自在啊！经典里面讲大菩萨们玩儿的神通妙用就这么自在。

这种境界，如果只是在文字上描写，你不会有任何实际的感觉，但是你只要看《龙猫》这部电影你就会知道，那简直太有感觉了！小女孩只要找到她内在的这种力量以后，她就会感到特别安全、特别舒服、特别美妙。电影中，用风来表达我们的心情。当风起来的

229

时候，我们就会没有归宿感。小女孩当天晚上出去搬柴火的时候就起风了，表示她的内心世界有一种不安定感。起风代表小女孩内在的一种焦虑、漂泊、动荡不安的状态。当她找到大龙猫以后场景就变了，整个天空祥云袅袅，很舒暖、很惬意、很和美的一番景象。任何一个人只要找到大龙猫以后，其内心世界的天空就瞬间变得非常祥和、非常宁静、非常美妙！

那么，为何小女孩在没有找到大龙猫之前，她的内心会出现焦虑呢？因为她刚来到一个陌生的地方，根还没有扎下去。这就是为什么后来她要去种一棵树，就是要给自己的生命扎根。

人生中，我们是透过家庭、透过事业、透过各种朋友关系在扎根。根扎得越深，树长得越大。有的人，五伦关系统统都搞得很好，其生命之树的根就会扎得非常深。这样的人无论走到哪里都有大树为他遮风挡雨，一辈子都在享福。

《龙猫》这部电影告诉我们，真正要把根扎得最深、扎得最牢固要靠谁？要靠大龙猫，也就是经典里面所讲的我们本然具足的自性。找到大龙猫以后，这棵树的根就会很深，树也会因此而长得高大粗壮。

依据经典里面的描述，当人的生命处在一种非常美好的状态所对应的境界里，就会有好多很大的树，以此来象征我们的生命之根扎得很粗、很深，生命长得很茁壮、很茂盛。

生命的根要扎得很深，就在伦常关系上扎。只要把五种关系都处理好了，生命的根就会扎得非常牢。如果某一种关系没有经营好，就会有一种空虚感，有一种缺失感，有一种风雨飘摇的感觉。因为我们人在世间，就是行走在各种关系中，任何一种关系如果没有处理好，那么在里面待着就会感到不自在，于是我们的内在就会像起风一样不安定。所以这部影片中也描述了同样的情节：小朋友刚刚来到一个新的地方后，她和那里的人关系还没有建立好，跟新的环境还没有磨合好的时候，她的心情就像风一样飘摇不定。

如何启迪孩子在生活中扎下幸福的根？

我们怎么样扎好生命之根，怎么样把生命之树滋养起来，《龙猫》这部电影已经给了我们很好的启示。首先，最重要的是怎样找到大龙猫。电影告诉我们，想要找到大龙猫，就要从生命树的洞里面进去才能找得到。

我们看小孩是在什么样的一种状态上找到大龙猫的？影片中，姐姐每天很早就起来做早点，做好以后，给爸爸和妹妹分好。然后姐姐去上学，老爸就在那里办公，根本就没有精力管孩子怎么样。所以，妹妹就一个人带着便当玩，没有玩伴，自己一个人就很孤独。玩得很无聊了，就问她老爸："可不可以吃便当？"老爸说："还不到时间，等一会儿再吃。"

小孩一个人很无聊，带个便当，就随时都想吃它。但是老爸说："不能吃，今天就只有这个便当，你吃完肚子又饿了怎么办？"由此可见，他们这个家庭是很穷的，妈妈又在住院，情况很糟糕，老爸也很忙，妹妹由姐姐来照顾。但是你会发现，就是在这样一种情况下，妹妹第一个见到了大龙猫。所以，一定要训练小孩懂得享受孤独，因为只有在独处的情况下，才能发现生命的玄妙之门，才能找到生命树里面的洞。

为什么过去参禅悟道的人都要闭关？就是要有独处的空间。所以要培养小孩一种享受独处的能力。只有在这种纯粹不依赖于电视、游戏等外在任何东西陪伴的独处下，她的能量才会自动返回往肉体里面走。这个肉体就是生命树。能量自动往里面一走，就会打开生命树的玄妙之门。进去后，就会找到里面沉睡的大龙猫，就会把大龙猫唤醒。

我们几乎每一个人的大龙猫都在睡觉，这个世界上只有极少数把大龙猫唤醒的人。哪些人呢？开悟的人！但是影片中的这个小孩莫名其妙因为孤独，因为无聊，一个人玩着玩着就在地上睡着了。睡着以后，能量就往她的潜意识里面移，往潜意识里面不断地移移移……突然很巧合就钻到一个洞里面去了，钻到洞里面就找到了大龙猫，然后就把大龙猫给弄醒了，于是她就跟大龙猫有了第一次亲密接触。我们跟大龙猫接触以后，就会感觉到一点都不孤独，感觉到非常美好、非常有安全感。这就是离苦得乐的最终极之法！

合于道的教育如何体现？

向生命内在去寻找，是开发我们生命自身的潜力。让小孩掌握到通过调节自己的内心来改变对世界的看法这样一种能耐，是生命的一场大游戏。

232

一个人不管年龄大小，不管在家庭或事业中扮演着什么样的角色，也不管在社会上拥有着怎样的地位和成就，我们最好都要能有一定的时间，向内来探寻自己存在的奥秘。我们人这样一种生命存在形态，不只是单一的肉体这样一个看得见的部分，实质上我们的生命还有很多看不见的部分。

经典里面讲，我们整个肉身至少有七层结构，但是我们只能看见一层，就是肉体。肉体只是构成我们生命看得见的这一部分，而看不见的部分有时候比看得见的要重要得多。比如说，我们玩电脑、玩手机，我们看得见的是电脑显示屏、摄像头、鼠标、键盘等一些有形物质这一部分。但是，真正能给我们显示数据、资料、影像等功能的是看不见的那个部分，叫驱动程序。

电脑的构成，一部分是硬件，一部分是软件。软件是看不见的，但是它存在，而且至关重要。假如只有摄像头这部分硬件，没有软件驱动程序这部分，它就不能摄影。我们发现，生命当中看不见的形而上这一部分，远远大于形而下的有形这一部分。我们怎么样去找到形而上这一部分，这就是合于道的教育，是一种探索自己内在智慧、开发自己内在潜能的教育。

如果能够把大龙猫找到，这个人的学习能力、觉悟能力、创新能力没有一样不超强。所以，我们要去玩如何找到大龙猫的游戏。要想找到大龙猫，就要去探索自己的内心世界。

亲子教育要清晰人生应于何处下功夫？

如何透过改变我们内在对事物的认知和看法，来改变心情，来改变我们对外在的感受？我觉得小朋友最容易操作的方式就是吃饭。

我们先给他一种他吃起来最美味的东西，让他记住有多美味，然后我们再跟他一起研究这种原本非常美味的东西在什么样的情况下，吃起来会变得非常难吃，甚至吃得想吐。也就是不改变吃的东西本身，而是通过改变其他一些无形的元素，就能够让原本非常美味的东西变得非常难吃。

我小时候在农村吃不起饭的时候，就特别执着于吃胡萝卜。就像朱元璋当年吃珍珠翡翠白玉汤一样，我当时觉得胡萝卜是天底下最美味的东西。但是我们老家不种胡萝卜只种白萝卜，所以偶尔吃到一个胡萝卜的时候就觉得真是太美味了，当时这个印象特别深。

我离家出走以后，终于有条件能买得起胡萝卜的时候，我曾经连续一个星期专门吃胡萝卜。结果把我曾经认为是天下最美味的胡萝卜一直吃到想吐。后来一闻到胡萝卜我就反胃，以至于我到菜市场一看到胡萝卜就赶快走开。你认为胡萝卜有问题吗？胡萝卜有改变吗？没有，那么谁在变？我在变，我的心在变。

若要实现对当下生活的掌控能力，对人生幸福的驾驭能力和经营能力，那么就统统都要在心上下功夫。若是把方向搞错了，在车子上下功夫，在房子上下功夫，所有的努力最终都将无法实现真正的幸福和自由。众人迷失于外在的现象，从古至今从来没有终止过。过去的人想方设法获得一匹好马，跟我们今天苦心钻营获取一辆宝马车是一个道理，一辈子的努力都耗在外面了。

我曾见过一个老板，他买了好多辆宝马、奔驰等高级车，但是他几乎从来不开，因为舍不得！平时出去上班就开十几万的车，然后下班回来他就在车库里面擦那些上百万的车。他闲来就干这个事儿，几乎达到忘我的程度，有时候甚至差点搞忘吃饭。

有一次，我到黔灵公园去玩，碰见了一个非常优雅的女人。她披着一条围巾，手里拿本书坐在长椅上，旁边放有一个茶壶，午后的阳光透过树荫洒落下来，构成了一幅很美的画卷。这时候我也走累了，就找了张椅子坐下来，继续欣赏周围的风景。

这时候我注意到，那个女人旁边有个老头，应该是她的老公吧。只见他一直在那里忙着擦拭一辆非常漂亮的车，足足有一两个小时，里里外外不知擦了多少遍。整个过程中，他都没有欣赏过风景，也没有跟他老婆坐在一起讨论一下人生，就一直在那儿擦他的车。我那一瞬间太感叹了：周围如此美丽的风景没有闲情逸致去欣赏，却一直沉迷在那里擦他的车，可见活得有多么肤浅，对外在的东西执着到这种程度。

为什么首先要处理好伦常关系？

我们执着于靠外在的东西给生命带来美好，殊不知外在的这种幸福感，通过调整心情就会获得，从中你会发现生命最关键的智慧，就是调心。若是没有调心的功夫，生命之树便扎不了根，人生也就无从立足，那么生命就处在风雨飘摇的状态。其实我们很多人一生都在风雨飘摇，因为他的生命树在五种伦常关系里面没有扎好根。

为什么老祖宗教我们首先要处理好伦常关系？因为生命的根一旦扎好，你走在哪里都受欢迎。跟老人在一起，老人喜欢你；跟上级在一起，上级喜欢你；跟同事在一起，同事喜欢你；在每一种伦常关系里面，大家都喜欢你。这样的人生，又怎能不幸福呢？

我们要如何才能扎好生命的根？就是要找到我们的本性，也就是要找到大龙猫。如果找不到大龙猫，我们就会功利性地去经营关系。那个时候，就不叫伦常关系，而是叫人际关系。

如果把伦常关系降格到人际关系的层面，讲的全是套路的周旋，人与人之间没有真情实感，内心就会充满不安全感和不信任感，这样的人生也就会飘摇不定。因为凡是带有目的性的关系建立、经营与维护，都会让人有一种虚幻飘渺的感觉。你自己都知道你对他人的恭敬并非出自真心，而是为了达到某种目的而去讨好他。在这种虚假的关系里面，自己都是飘的，没有根的。所以必须是找到大龙猫以后，你才是很踏实的，因为你对外在没有任何祈求，这个时候你去建设和经营的五伦关系的根才是实实在在扎牢的。所以我们真正要把人世间的五种关系处理好，就一定要找到大龙猫。

我们要找的大龙猫，并非一只有着具体形象的猫，因为根本就没有这么一只具象的大龙猫。它是空的，是无相的，它是一种感觉。电影是用大龙猫的形象把我们要的感觉表达出来而已，是一种艺术的手法。你以为真有这么一只大龙猫吗？大龙猫只是一种象征，象征我们生命一切幸福美好的感觉。比如：一种自在感，一种安全感，一种宁静感，一种喜悦感，一种幸福感……你要去找这种感觉，然后安住在这种感觉里。所以，当你心情一烦躁以后，你就要赶快意识到自己的心灵不是一种宁静感，然后你就要慢慢地开始脱离这种烦躁感，回归到宁静感。

一个为生命负责任的人，绝不会让自己活在像被龙卷风吹袭一样的躁动状态里面。实际上，我们内在的能量是可以自己通过训练来自主把握的。你可以花几秒钟，闭上眼睛感受一下自己的内心世界，是否处在平安的状态。如果这颗心不是一种平安的状态，就对着镜子调整一下，做点搞笑的表情，做个心理暗示调节一下，然后慢慢就没有那么急躁了。那么相应的，你于外在所遇到的人事物就都是风和日丽的景象了。相反，如果你的内心急躁、慌张，甚至于焦虑、痛苦，那么外在就很容易遇到麻烦。

第贰节

教会孩子探索自己的内心

本节要点:

1、人生真正的智慧在哪里?

2、奠定人一辈子幸福最为重要的是什么?

3、导致孩子普遍压力大的原因是什么?

4、关系互动中普遍存在的一种心理是什么?

人生真正的智慧在哪里?

关于亲子教育,家庭要解决的就是关于孩子的心灵掌控能力这一部分,而知识教育这部分则是学校负责的事情。所以要分工明确,各干各的事儿,父母千万不要关心知识教育。父母抓住了根本就行,无需监督孩子的作业有没有做完,也没必要在他学知识上劳心费力,因为知识学得再多,也不代表他有对生活的掌控能力。

有一个教授,在学术上很有成就,但是后来因为一点小事,就把他的整个人生给毁灭了。你了解了他的故事,就会知道知识的多少和幸福的能力完全是两回事。有一天,某机构邀请他去做一个非常重要的学术报告。为此,他提前一天就把闹钟设好,时间规划得非常精准:几点几分起床,几点几分洗漱,几点几分吃饭,几点几分出门……他把每个时间点都精确到分，所有事情也全都计划妥当。

可是到了第二天早晨，他刚一起床就出现了一个小意外。闹钟一响，他就赶紧起床，却发现少了一只拖鞋。他在床底和周围反复到处找都没找到，就有些着急了。因为他的时间观念很强，每件事情花多长时间都是计算好的，他怕时间不够用，就索性只穿着一只拖鞋去洗漱。这时候他的心情已经受到影响了，也就是他的内在已经开始起风了。一股焦躁的风一吹，人的动作就开始失控，漱口也没有了往日优雅的品质。于是在这种状态下，一不小心就把牙龈给伤到了，伴随而来的痛感，让他的心情越发不舒服。紧接着，他又去拿衣服穿，平日里穿衣服都很优雅，但是由于此刻心情不爽，穿衣服的动作就明显变大了。结果一甩胳膊，就把旁边的一个价值几十万的古董碰到地上打碎了。一看到把这么贵重的古董打碎，教授的心情就更糟糕了！

然而不凑巧的是，这时候一只不懂事的小猫咪来找他。小猫咪是他的宠物，他每次出门之前，都要抱着猫咪亲一亲。今天，小猫咪也和平常的状态一样，主人要走了，就跑过来找他。可是刚好这时候教授的心情非常不好，就一脚把猫咪踹到窗外去了。只见一个黑影化作一条弧线快速飞出窗外，同时伴随猫咪的一声惨叫，一种强烈的愧疚感从他内心随之爆发。

"我这么喜欢这只猫，我怎么这样对它？！"教授愧疚难当再加上焦灼不安，这时候他的内心世界就不是一般的风了，而是狂风暴雨伴随电闪雷鸣。一种愧疚难过的能量和一种焦虑暴躁的能量碰撞在一起。接下来，他又带着这种糟糕到极点的心情到车库去开车。哪知道往外倒车时又搞忘了挂倒档，结果一脚油门下去，车就撞到了墙上。然后把车开上路行驶的时候，心情沮丧透顶之下，他的精神一恍惚，车祸就这样不可避免地发生了！

你看，仅仅是因为一只拖鞋没找到，就影响了心情，随之就发生了这么一大串的连锁反应。可见，心灵的管理有多么重要！

一个人的心情一变，他的世界就变。这是多么朴实的人生智慧，可是又有多少人重视呢？所谓的诺贝尔奖统统是对物理、化学、医学、文学、和平等领域的重视和认可，却没有一个奖项是关于怎么样掌握自己的心情。其实这方面才最应该获得诺贝尔奖，因为这是人生最关键、最重要的东西。

这个教授出了车祸以后，便到医院去治疗。因为他是一个很有名气的人，医院里面一个年轻漂亮的小护士曾经在媒体上见过他，对他非常崇拜，也因此把他照顾得非常好。小姑娘对他的爱慕之情和悉心照顾，也让他产生了莫名的好感，于是两个人索性就谈起了恋爱。随着越陷越深，他就觉得这小姑娘怎么哪方面都比自己老婆好，因此他出院以后，就开始跟老婆闹离婚。

满肚子委屈和气愤的老婆根本就不同意离婚，可是任凭老婆怎么反对，他都执意要离婚。伤心又绝望的老婆万般无奈，只好回到娘家跟兄弟姐妹诉苦和求援。在双方都不肯退让的情况下，双方竟打起官司来。最后闹得满城风雨，他的名声和成就也因此受到很大的影响。这样一场人生闹剧的上演，起端竟仅仅是因为一只小小的拖鞋！

透过此事，你发现人生的智慧在哪里呢？人生的智慧就在生活中，就在我们的心里。我们的圣贤文化从各种角度启发我们，一定要在我们的内心世界来找到安宁，但是很多人就是听不懂。

奠定人一辈子幸福最为重要的是什么？

很多父母在金钱上努力，在物质上努力，在一切外相上努力，并为此不惜去攀缘、去求人、去搞各种关系。宁可在外面耗费大量的时间、精力和金钱，也不愿意花一小部分时间来陪自己的孩子，来做这样一种通过改变自心进而改变自己对外界看法的智慧游戏，并最终收获人生的幸福。这个游戏非常值得我们每一个人去做，因为这是人生真正的大学问，这也是我觉得真正最值钱的东西。但是有多少人真正听懂了？又有多少人真正当回事儿？那就很难说了。

很多人已经养成了一种习惯，就是他们所谓的学习，实际上就是想学点知见，听点技巧，搞些莫名其妙、标新立异或者自己没听说过的东西。恰恰对于那些最本质的东西，很多人不重视。

其实，你只要花一点时间，通过一些游戏互动，就可以让孩子掌握到原来自己的喜怒哀乐等任何一种心情跟外在没有任何关系，而是跟自己的内心变化有直接的关系。你只要把这个道理跟小孩讲明白，你对小孩今后就一点都不用操心了。你绝对可以非常轻松，而小孩这一辈子也绝对不会吃亏，他也绝对不会让你对他劳神费力、提心吊胆。只要你真正重视起来，这绝对是一本万利的事情。

这个世界上，很多人都不务正业，整天东想西想，今天干这样明天干那样。你知道什么原因吗？真正的原因就是他的内心不平和，他的内心世界里面起风了。内心世界一起风，他就会坐立不安，就会想去打游戏，就会去找刺激，就会到外面去惹事。就像我小时候一样，每天不打一架，就睡不着觉。那时候，每天都要被打一顿，我才能睡得着觉。就是因为内心世界始终是动荡不安、飘摇不定的，真的是这样！

实质上，我们的人生以及社会所有问题的根本都在这一点上：就是我们没有教会孩子如何来认知自己的内心，我们也从来没有重视更没有引导孩子去做内心和外在世界之间的关系互动。几乎没有一个家长是愿意在这上面花时间的。家长宁愿花时间、花心思甚至花更多的钱送孩子去贵族学校、特长班以及各种课外补习班，都不愿意花一点时间来陪伴孩子做这样的生命游戏，而且这种游戏还用不着花钱。

其实，教会孩子认知和了解自己的内心与外在世界之间的关系，是奠定一个人一辈子的幸福最为重要的事情。我们父母不去抓最根本的东西，整天就只是去抓那些空的、自以为很重要却往往是脱离实际的东西。

导致孩子普遍压力大的原因是什么？

有一位女士，她也是望女成凤，有钱以后就给她女儿报各种各样的特长班。有一天，她像往常一样送女儿去学画画。就在等孩子开课的时候，她看到另外一个家庭的小姑娘也在那里。出于母亲这样一种角色，她主动地跟这个小姑娘交流了起来："小朋友，你多大了？你对学习画画喜不喜欢呢？"没想到对方接下来说了一句话，让她吓出一身冷汗。她说："阿姨，我一点都不开心，我觉得活着没意思，我都不想活了。""天呐，宝贝，你为什么这样想？"她着急地追问。"阿姨，我不喜欢，可是我妈妈非要逼着我学。"

听小女孩这么一说，她一下子就很紧张了，因为她从来没有跟自己的孩子对过话，从来都没有问过孩子喜欢不喜欢，就把每个星期六、星期天从早到晚都安排得满满的。早上把孩子带到这个班，下课后就急急忙忙打车到下一个班，中午也赶不及回家，在外面吃完饭又赶到下一个班。整天忙得不可开交，她认为这就是在培养孩子的未来，这就是对孩子好。

本来那天下课后，她是要带女儿去游泳的，结果因为听到小女孩这么一句话，她就决定不去游泳了，而是带女儿去公园玩，跟小孩交一下心。到公园陪孩子玩了一会儿之后，她们坐下来休息时，她就问女儿："你告诉妈妈，妈妈给你安排这么多的特长班，你到底想不想学？"女儿默不作声，因为她早就不想学了。妈妈接着问道："怎么啦？我一直都认为这样对你好，因为多掌握一样技能，将来就多一个前途。"听到妈妈这么说，女儿感到有点儿害怕，不知道该不该和妈妈讲心里话。

这时候妈妈话锋一转，继续说了："但是，今天爸爸不在，只有我和你两个人，你跟妈妈说真心话，妈妈一定站在你的立场。"因为爸爸也从来不问她想不想学，而只是告诉她"小孩从小就要多学东西"，所以她也不敢跟爸爸讲心里话。

今天，她看到妈妈这般诚恳和认真的态度，并再三确认妈妈真的是想让她说真心话之后，于是才鼓起勇气跟妈妈说："妈妈，生活真没意思，好累啊，学习压力太大了。"就这样，那一天，她才终于知道了女儿内心世界真实的想法。

很多希望孩子成才心切的父母根本就不管不问孩子自己是怎么想的，总是自作主张地把孩子的一切都规划得很好，认为这就是培养人才的方式。如果孩子不感兴趣，肯定就学不进去，但是顶着父母的压力又必须得学。在这种两难的情况下其实根本就学不好，逼到最后孩子连一点信心都没有了，甚至还会因此而出现一些身心问题。在这种不正确的教育理念下，孩子的性情会逐渐被毁灭，最后只要一提到学习就会感到恐惧和厌烦。

但凡你能够跳出角色之外，静下心来想一想，再去好好感受一下孩子的内心，你就会知道现在的孩子真的太不容易了，顶着太大的学习压力。真的无需把学习看得太重，你越把学习当回事，小孩就压力越大，反而你越不关心学习，可能小孩恰恰越想学习。你知道吗？人世间的事情就是这样反着来的。我们家长要在与孩子相处的过程中，去总结这些规律性的东西。千万不要以父母这样一种天然的角色优势操纵和控制孩子，来按照自己的意愿和想法去学习与生活。

曾有一位学员跟我讲起她两个小孩的状况：其中大女儿从小就很乖，学习也挺好，现在国外留学读研究生，一点都不用担心她。小儿子则二十刚出头，学习成绩一向不是很好，读到高中二年级的时候就辍学出来工作了。虽然人很聪明，做事也很理性，但是没什么志向和目标，跟父母关系也不好，家务也不爱做，就喜欢打游戏。她作为母亲，却不知道应该如何与儿子和谐相处，如何帮助他立志，如何帮助他规划好人生道路。

透过这一现象，你会发现很多家庭里面往往没出息的多数是儿子。为什么？因为太重视儿子了。我们重男轻女的思想是潜意识里面就有的，但现实情况是：你越重视的，其压力就越大；你越不重视的，反而越轻松。对于这一点，我们要反观内照，要懂得反省。

每一个小孩都是天资聪明的，可是为什么天资聪明的这么一个人来到我们家里面，我们却把他打造成了一个没有出息的人？为此我们确实应该好好反省。往往这些事情都是因为过于关心、太有期待所导致。相反，你越是不期待他，他恰恰越容易成才，你越期待他，他就越有压力。作为父母，如果你自身没有什么成就，他的压力还不是很大。相反，如果你很有成就，那么他的压力就会更大，他会觉得以后要想做到像你这样是很困难的。

关系互动中普遍存在的一种心理是什么？

当一个人从正面去努力没办法实现自我价值时，他就会转而从反面去获得。不管是小孩还是成年人，只要是人，都存在一个共同的心理，就是想要被关注，想要有存在感。这跟年纪大小没关系，每个人都一样。

一个家庭里面没有地位的那个人，比如说妈妈或者爸爸，当到了一定年纪以后就特别唠叨，而有地位的那个人却话很少。没地位的那个人一点鸡毛蒜皮的小事儿反复说，唠叨个没完，为什么？就生怕儿女对他不重视，所以他就反复地强调他关心你，反复地强调他爱你。但是他又不能直接说，所以他就只好通过照顾你，通过关心你这样或那样的事情来表达他爱你。因为他有失落感，所以他想要被关注，想要存在感。

在我们过去的伦常关系设计里面，为什么一定要把老人供得高高的，就是要给他们存在感。因为他们把儿孙全都抚养大了，现在老了，走路都不行，吃饭也不行，什么都干不了了，在他们的心里面就会觉得自己是多余的。一旦他们觉得自己是多余的，他们的内心世界就越没有安全感，越没有存在感。当越没有安全感和存在感的时候，他就越要用唠叨来获得你对他的关注。所以，过去我们在伦常关系里面，往往都对越是上了年纪的老人就越是重视。当你越恭敬他的时候，你发现他越不想跟你说话。因为他的存在感已经得到了，他跟你说那么多干嘛，对吧？你该干啥就干啥去。

过去的时候，我们子女无论在外面工作也好，出差也好，办事也好，回来后的第一件事情就是去跟家里面最老的长辈请安。我们就是透过这种方式来给他存在感，来表达我们对他的恭敬，来强调他在家庭当中的地位是最高的。由此可见，我们过去的这种伦常关系设计非常合理。

本节要点：

1、亲子关系出问题应如何从根上解决？

2、孩子叛逆到底是怎么回事？

3、叛逆期为何在十四岁左右这个年龄阶段？

4、所谓三十而立到底立什么？

亲子关系出问题应如何从根上解决？

家庭里面倘若出现亲子关系问题，首先是我们做父母的要反省。不管孩子怎么样，肯定跟自己脱不了关系。但是，我们不主张要去跟孩子道歉，因为仅仅是道歉根本不起什么作用。这会让孩子觉得，做错事情，道个歉就完了。而且还很容易让孩子觉得他没什么问题，是你错了，你才会跟他道歉。还有最可怕的一点就是，如果你只是道歉了，但是没做出任何改变，那么孩子以后根本就不会接受你的道歉，他认为你只不过是用道歉的方式来给自己开脱而已。所以父母用不着跟子女道歉，但是你必须要在内心世界做反省。反省好了，找到自己的问题所在了，那么在态度和行为上你自然就会有所改变，这比什么都管用。

当孩子看到父母真的改变了，和以前不一样了，他也自然会跟着改变。所以但凡孩子出问题,都要从自己身上找原因,才能从根本上解决。

孩子叛逆到底是怎么回事?

一个小孩为什么喜欢捣蛋?你不妨回忆一下,你对他的教育方式一定是有问题的。如果小孩在家里面没有得到平等的待遇和尊重,他就想要用调皮捣蛋的方式来引起你对他的重视。

我小时候就是调皮捣蛋过来的,现在不一样了,因为我得到了别人的尊重。以前没人瞧得起我,我就天天调皮捣蛋,就是为了引起重视。而且我还要去干你干不了的事情,就是让你知道我很牛。小孩虽然肉身还小,但他是一个独立的生命,他的灵魂跟我们是平等的。所以我们要懂得尊重小孩,要充分地用启发式教育来跟他进行平等的交流和互动。这种方式教育出来的小孩,就不会有叛逆期。

所谓的叛逆期是什么?当小孩在第一个七年过后,要从第二个七年开始,拥有一个属于他亲自在人世间这个地方吃饭而成长起来的身体的同时,开始建立并逐步形成自己独立的自我意识。在他的成长过程中,如果得不到平等的尊重和正常的关爱,那么生命就会在心理、情绪和行为等层面出现一些不同程度的问题。这个时期就是所谓的叛逆期。

小孩在第二个七年的时候,要把从妈妈身体里面带出来的所有细胞全部更新。在这个七年里,完全是由他自己吃这个世界的食物来形成自己的身体。换身体的同时,他的人格也要开始独立了。

七岁之前，小孩的人格是不独立的，他是寄生在父母身上。因为他自己很脆弱，所以需要寄生在爸爸或者妈妈的磁场上面，他才会有安全感。当他进入第二个七年，大自然的力量就要用这七年的时间，把小孩的生理功能完善起来。所以小孩到了十四岁，生理功能就健全了。因此我国法律规定，十四岁是追究刑事责任的起步年龄。

这个时候，他的心理、精神和人格也要随着身体的成长开始独立出来。所以只要到第二个七年的时候，父母就要充分地给予孩子独立自主意识的建立与培养的机会，从而让他开始真正担当起来，开始自己为生命负起责任来。很多事情都要让他自己做决策、做选择，父母不要替他去做决定。

从第二个七年开始，什么事情都要慢慢地交待给他，让他自己做选择。在这个阶段，他的独立性如果得到了培养，也就是和肉身同步成长的，那么孩子就符合于自然状态。符合于自然状态的孩子，就不可能有叛逆期。

叛逆期为何在十四岁左右这个年龄阶段？

为什么心理学上讲叛逆期统统处在十四五岁这个年龄阶段？因为花了整整七年时间，人格独立还没有完成，他能不叛逆吗？七年时间全部都用完了，已经没时间了，所以十四岁左右彻底叛逆。为什么？透过彻底叛逆来快速形成他的独立人格。

很多人说叛逆是一种周期，是一种成长规律，这是没根据乱讲的。叛逆恰恰是因为不懂生命自然成长规律所导致的。小孩在这七年时间没有得到应有的尊重和人格独立的训练，从而使他的精神远远滞后于肉体的成长。所以他的灵魂就着急了，"完了完了，我要在人间训练一个人格，这样我才可以在这个世界上经历我的人生，现在肉体是长成了，可是精神还没长成！"于是灵魂就不干了。灵魂一不干，马上就会令他跟父母翻脸。

好像心理学从来没有研究过为什么叛逆都发生在十四五岁这个时候。因为这个时候，灵魂发现给孩子人格独立的最后期限已经到了，可是他还没有完成，那么他就必须叛逆。所谓的叛逆其实是被父母逼出来的，哪里是什么周期，更不是一种规律。恰恰是父母没给孩子机会让他独立，孩子才叛逆，因此父母要反省。

所谓三十而立到底立什么？

在小孩教育上，第一个七年就是让他懂得：在这个世界上，一切感受都是随着心情而变化的。你让他真正明白这一点以后，这一辈子就够用了。

进入第二个七年，他要解决的就是读书的问题。他要认知、融入这个世界，他要到学校里面学习、了解和掌握人类在这个星球上基本的游戏规则。因为他要来玩这个人生的游戏，就首先要熟悉这个地方的游戏规则，要认知和了解这个地方的一切物质存在形态，也就是所谓的基础知识的培训。这个过程基本上从七岁到十五岁，也就是初中毕业以后，小孩就完成了对这个物质世界的基本了解。

掌握这个空间里面的基本特质、游戏规则之后就进入了下一个七年。从十五岁一直到二十一岁这七年，就要建立他将来行走江湖必备的能力。所以在这个阶段，他要走专业训练的道路，要真正找到和确认自己的特长、爱好是什么。

在二十一岁之前一定要把自己的特长和爱好找到，在前面两个七年都不必着急找到，但是在第三个七年就一定要找到了。如果第三个七年能找到，他就按照自己的兴趣去填报志愿。考什么大学、学什么专业都根据自己的兴趣来选择。千万不要引导孩子去考虑哪个专业赚钱就选哪个，这是最不靠谱的选择标准。真正智慧的父母一定要避开最赚钱的专业。为什么？最赚钱的专业就是当下最紧缺的专业，但是当下最紧缺的专业很快就会饱和，最后就会泛滥。

我们今天在社会上可以找到一大批会计人员，多得不得了。有很多人所学的专业和毕业后所从事的工作根本就不对口，这种现象在今天非常普遍。因为父母包括孩子本人在内，选择专业的标准就是要么好找工作，要么好赚钱，可是这两个标准都不靠谱。所以，好找工作的专业不要去填，最赚钱的专业也不要去填，只要把握这两个原则，然后根据兴趣爱好来填。

第三个七年就是让孩子掌握将来行走江湖要用的专业知识，然后就进入到第四个七年。第四个七年要如何度过呢？首先，在第四个七年，也就是二十八岁之前,千万不要创业。尤其是大学一毕业就创业,太早了。

我们教育界有数据统计,由于父母的干预,普遍的大学生毕业后平均要耗费五年的时间才能找到自己真正想干的事情。因为很多子女都是为父母读书,考大学时也是按照父母的标准填报志愿。如今书读完了,开始工作了,终于由自己说了算了,那么他要通过五年时间去探索自己到底想干什么。

有统计数据显示:70%的大学生毕业后,没有干本专业对口工作。很多教育专家为此而感慨,这是多么大的教育资源浪费。孩子花一二十年拿回自主权以后,还要花五年时间去找自己的出路。很多父母的妄加干预,不仅影响孩子的前途和命运,还造成了教育资源的极大浪费。这就是天下一些不明就里的父母干出来的事情。

第四个七年不创业,那干什么呢?有一句话叫"读万卷书不如行万里路"。在这个阶段,孩子可以不断地去尝试不同的职业,去摸索和积累最宝贵的创业经验。

这七年时间不要有任何赚钱的指标,不要有任何创业的指标,而要纯粹去融入这个社会,从而对各行各业、形形色色的人都能够有所了解。因为在学校里面,我们教科书的设置是理想化的,在这种理想化的教育模式里面,我们的孩子认为的世界也是理想化的,跟真实的客观世界一点都不连接。这样就导致他走向社会之后,要花很多精力来对接这种理想化与现实世界之间的差距。所以在第四个七年,他想到哪打工就去哪打工，想干什么就干什么，把这个世界了解清楚，把整个社会意识的标准了解清楚。前提是小孩从小就要有训练，让他知道是非对错、好坏美丑的标准完全是取决于我们自己的认知。根本没有一个绝对的标准存在，而是统统取决于我们自己的定义。

关于美丑，在唐朝时期流行的就是女人以胖为美，像QQ一样的有肉感，很圆润、很可爱、很丰满。我们最鼎盛时期的社会审美标准是以女人微胖为美，但是后来变了，要杨柳细腰才美，现在又变了，要骨感才美。你想一下，这个审美标准靠谱吗？包括我们的服装也一样，一段时间流行喇叭裤，一段时间又流行铅笔裤，再一段时间又流行哈伦裤，哪里有一个统一的审美标准？

你要清楚整个集体意识根本就是个无聊的东西，它是极少数人操纵的意识标准，是极少数人定义的各种标准，是极少数商业精英人士干的事情。他们定义好标准之后，就写宣传、写文案告诉你怎么样才叫美，写得很有说服力，人们就接纳和认同了，然后就形成了一种社会审美标准。比如说：今年的服装流行什么颜色？什么风格？什么款式？各种元素代表什么？给人传递一种什么样的感觉才叫美？然后写成美文、做成广告进行传播。这些标准经广为宣传而进入大众视野之后，芸芸大众就开始接受这种审美，开始形成所谓的潮流。

社会永远都是极少数人在定义标准，在运作这种被塑造出来的集体现象。早在两千多年前，庄子就已经把这个秘密揭穿了。庄子说，这个世界上大多数的人是傻瓜，只有极少数是真正看懂这个社会的人。很多社会集体意识的标准都是傻瓜跟风形成的。所以你透过生活来从小教育小孩，菜美不美味并不是菜决定的，而是自己决定的。我说这个菜好吃就好吃，不好吃就不好吃，哪里跟菜有关系？一切是由自己决定的。推而广之，孩子就会知道，这个世界上一切万物的名字都是人给取的，所以自己要永远掌握定义权。

什么叫美，我定义；什么叫对，我定义；什么叫好，我定义。你要能够真正理解、掌握和行使自主定义权，但是你不能成为那种自以为是的孤家寡人。你要了解社会上70％的人，他们在跟随什么标准，因为你要在这70％的人里面去做文章，你当然就要了解这些人。他们是怎么样看是非的，他们是怎么样看对错的，你要去了解这些。这样一来，你的人生就很好玩了。所以，我们第四个七年就是去了解各种各样的人对社会定义的标准。

不同专业的人怎么定义社会？不同心态的人、不同性格的人又是怎么定义社会？我们要花七年时间专门研究人。研究一个人的性格是怎么形成的？他为什么这样走路？他的表情为什么是那样的？举手投足之间，他为什么给人这样一种感觉？二十八岁之前，就专门研究如何了解这个社会上形形色色的人。

一看这个人走路，你就知道这个人是什么样的气场，将来靠不靠谱，干工作行不行，一眼就看得出来。你把形形色色的人都掌握了，把每个行业都了解了，你就知道哪一个行业是你最喜欢的，是你最有机会、最有发展的。

第四个七年，你已经培养了自己真正的辨别与鉴赏能力，同时你也要找到自己心仪的另外一半。一个人，要在经历了很多风雨之后，才读得懂一个男人，读得懂一个女人。人的一生中，很多事情都不是你想象的，所以你一定要去经历形形色色的事情，去见识各种各样的人。在二十八岁之前，你慢慢去了解人性，去察言观色，去让自己的心智成熟起来，然后找到适合自己的另一半。有了另一半之后，两个人齐心协力共同进入第五个七年，花七年时间就可以把事业创建起来。

无论从事世界上任何一种事业，老天都是每七年给我们一次机会。每隔七年，我们的人生也会发生一次变化。在《易经》里面，七是变数，是一个周期性转折点，逢七必变。我们人体细胞也是按七年一个周期在变化。今天医学发现，每隔七年，人体所有细胞就彻底更换一次。从毛发到骨头到肌肉再到整个身体，每隔七年就会来一次全面的细胞更新。

自古以来，七都是一个很神奇的数字。在古希腊，七是完美的象征；在古印度的佛教故事里，佛祖释迦牟尼刚一出生就可以走路，分别向东南西北各走了七步，而且是步步生莲花；还有音乐由七个音阶构成；彩虹显出红、橙、黄、绿、蓝、靛、紫七种颜色；还有人体有七个脉轮；一周是七天；化学ＰＨ＝7，代表中性；还有中国圣贤文化里的"北斗七星"；中国古诗的七言绝句等等。

自然界以及人类社会的很多现象都和七有关

联，所以你要确保在第五个七年选准自己最擅长的领域，然后两夫妻一条心去创业就可以了。在此之前，你花了七年时间已经对这个社会非常了解了，这样你就避免了80%的因为对社会不了解而凭空想象所犯的错误几率。这个时候你的创业准确率非常高，只要找到自己的定位，七年时间就可以把事业创立起来。三十而立，就是这个意思。三十而立是立什么？就是立你的人生发展方向。

　　经过七年的努力，到了第六个七年，基本上事业已经发展壮大了。因为在第六个七年你追求的是事业发展壮大，所以你不一定要那么追求完美。在第七个七年，你就要把已经发展起来的事业日臻完善起来。因为在事业快速发展时期，就如同一个人处于成长阶段的夏天一样，为了让事业在正确的基础上快速发展，这样就难免会有很多漏洞。所以进入第七个七年之后，你就要开始对它进行修缮。你不能一味求大，而不去完善它。你要用这七年来修复漏洞和完善不尽完美的地方，把所有的漏洞都给它修复好。在这个阶段你一定不要求快，不要让任何外在的因素把它搞垮了。不管是法律的因素、财务的因素，还是人事的因素等等，在这七年你要把所有的漏洞统统堵完，从而让事业稳步向前发展。

　　进入第八个七年，就开始去发现和培养接班人，开始规划退休了。什么样的人最适合接班？那个时候你的标准就变了，你肯定不会去选那种很疯狂的、野心很大的人，可能你会选一个很保守的、相对小心谨慎的人来作为你的接班人。为什么呢？因为你追求的不是那种疯狂式的成长，所以你可能会挑选一个平平庸庸、稳稳当当、踏踏实实的人来慢慢培养。

进入第九个七年的时候，就可以把事业顺利移交给接班人了。这个时候，你就可以开始行走世间、布道天下，为儿孙后代去积福了。退休后，就干这种事情。

你会发现，人生实质上要遵循自然规律来规划才有意思，也才圆满。可惜的是，我们现代人都没有这样来规划，但是问题也恰恰就出现在这里。我们的教育只要是违背规律，孩子就会出问题。出问题以后，能不能解决？能解决，这点不必担心。

其实，有时候改变起来也是挺快的，但是你不能想要立竿见影，马上改变。你花了十多年才把他培养成这样，然后一夜之间就想扭转过来，这就太违背自然法则了。但是肯定能改变，关键就是父母要从自己身上找原因。

第肆节

解决任何麻烦的正确途径

本节要点:

1、是什么在背后决定着你对孩子的态度?

2、如何从自身出发来经营和修复亲子关系?

3、如何从根本上消解"问题"背后之成因?

4、意识信息是以何种方式存在的?

5、所谓"依报随正报转"是怎么回事?

6、为何要在吃喝玩乐中感悟圣贤教育?

是什么在背后决定着你对孩子的态度?

凡事必有因,一个孩子不会莫名其妙地对任何东西失去信心,一定是跟我们的家庭有关系。你对他的管理和态度让他在家里没有存在感,一旦没有存在感,就算再聪明的孩子,在父母双方紧密配合的打击、摧残之下,也一定会很成功地让你从此操心一辈子。

你可能不认为你是在摧残他,但是你只要弄明白我讲的这些教育理念,然后你去对照和反省的时候,就会发现你虽然在表相上没有摧残,但是实质上你一直都在摧残。

你为什么会焦虑?为什么会暴躁?为什么动不动就会发脾气?这就说明你处于摧残的状态。如果你是很轻松的,你对孩子也就很轻松,也就基本上不会有问题。即便是出了问题，你也不会焦虑，而是会轻松面对和解决问题。

　　你自己的状态决定了你对孩子的态度，所以我们要在自己身上下功夫，我们要自己做扭转，我们要改变自己对他的看法，我们要改变自己对他的期待。你无需跟他赔礼道歉，你就只管改变你对他的态度就行了。

如何从自身出发来经营和修复亲子关系？

　　父母和孩子之间是共业关系，一旦父母一方开始改变态度，共业体的潜意识里面就会收到信号，孩子的压力就会莫名其妙地减少。压力一减少，他就慢慢归于正常，归于自然。当他一归于自然的时候，他就不会选择以负向的方式来声明他的存在。什么叫负向的方式？就是当他正向走不通的时候，他就会反过来以破坏性的方式，引起你对他的重视和关注。比如：我想努力学习，这是正向的路；我想干一份正当的事业，这是正向的路；我想跟人搞好关系，这是正向的路。但是这些路统统被堵死了，因为我无论干哪一样都没有得到认可，我无论怎么做都是被否定，我就只好给你走反向的路，你讨厌什么我就干什么，这样总可以了吧？他就以这种负向的方式来吸引你的关注，来获得存在感。当你意识到这一点之后，你就知道该如何从自身出发把关系修复过来。

　　亲人关系是最好处理的，但是你自己的态度要改变。你要真心爱他，要给予他尊重，要学习成长，要了解孩子的兴趣、特长和爱好，要用心地与他交流和对话，而不是一味地站在自我的立场上要求孩子来满足自己的期待和欲望。

有时候,你可能会着急,"我都按照老师讲的去做了,我自己不断地反省,不去期待他,给他解压,我都这么努力了,可是他怎么还没有改变?"你要知道,凡事都有一个从量变到质变的过程,没有达到一定量的时候,你会认为所干的事情全部是白干。但是实际上,一点都没白干。

你不断反省自己的过程就像烧开水一样,虽然水还没有烧开,但是温度一直在升高。这里面有一个从量变到质变的关键点,如果这个关键点没到,哪怕你已经烧到了99℃,就只差1℃,水也没有烧开,因为它还没有发生一个从液体到水蒸气的蜕变。但是随着温度的不断升高,持续被加热的水一旦来到那个转化点,也就是100℃的沸点,液体就变成水蒸气,水就烧开了。所以你要有耐心,只管从自身去找原因,只管去修为自己,经由过程中量的不断累积,就一定会最终迎来质的改变。

很多时候,我们都一直在烧开水,可是还没等到把水烧开,就没信心了。"完了!他怎么还没有改变?"于是就不想干了,非常可惜。

你一定要相信,圣贤文化始终告诉我们世间的一切显相都来自于内心世界,所以我们要从内在去纠正,要在因地上去解决问题,要在心里面跟孩子做沟通,在心里面要跟他道歉。表面上不需要,但是在心里面一定要有。

你可以闭上眼睛,在脑海中想象孩子来到你的面前,你看着他,跟他真诚地道歉说:"我虽然身为父母，但也不是完美的，我跟你一样，也有很多不懂的东西，我们都在学习，我做得不对的地方，跟你道歉。"所有的麻烦都可以在心里面解决，这就是圣贤文化讲的奥秘。

如何从根本上消解"问题"背后之成因？

在北京，有一家公司的董事长，人长得帅，很能赚钱，事业做得非常成功，但是却一点都不幸福，和老婆、子女的关系都搞得很紧张。更糟糕的是，他的身体得了一种莫名其妙的病，在任何医院都治不好。他很不甘心，就整天想各种办法治病。

他首先想到的就是西方美国最先进的技术，可是并没有治好他的病。然后他又看中医能不能治好，但是中医也没治好。于是他又看民间方术能不能治好，只要听说民间有什么偏方，再远他都要去尝试一下，可还是治不好。最后突然有一天，不知道是什么因缘，他听了一堂圣贤文化的讲座。他听到老师说"病者，过也"，就是说生病是因为我们对事物认知的过错所导致的。那么，从根本上来讲，只有通过在内心纠正认知，才能真正把病治好。

对此他半信半疑，但是人类到目前为止在技术层面上都还未能解决他的问题，因此他就继续向老师请教。老师说："我告诉你，任何事情都跟信息有关系，包括我们用的电脑都跟信息有关系。电脑如果只有硬件，而没有里面的信息指挥，它是没办法工作的。你想一下，连电脑都要有信息来指挥它，更何况我们作为人这样一种生命,难道不需要信息指挥吗?"

我们平时看到的不同的"病"所表现出来的不同的状态简称为"病状"。对于各种病状,我们分别取了不同的名称。比如:糖尿病、高血压、冠心病、抑郁症……这是从现象上来取的名称。但是这个病状背后有个病体,这个病体是个能量。科学家通过实验发现,只要是能量就会振动,每一种能量都有它的振动频率。不同的能量在身体里面振动,就会产生不同的身体感受,然而能量的背后是思想,是意识,是信息。信息在能量背后指挥其以何种方式振动。

如果一个人很焦虑,这种信息就会指挥能量以焦虑的形式振动,然后身体里面感受到的就是焦虑的症状。如果是长期很执着,就会形成非常大的心灵压力,这种信息驱动能量在身体里面浮动,就会让人感到心力交瘁、疲惫不堪。

我们老祖宗讲:"病者,过也。"什么叫"过"?就是不符合自然的想法,不符合天道的认知。这些想法和认知导致了能量以让人感觉不舒服的方式振动,就成为各种各样的病的状态,简称病状。

当一个人心中有爱,这种信息便会慢慢地改善身体的能量以爱的方式来振动。这时候身体就一定会感觉到充满温馨、充满喜悦、充满幸福,就是找到大龙猫的那种感觉。找到大龙猫的感觉非常美好,但是要有爱这种信息不断地去影响能量振动,这需要有一个过程。所以,生病要在能量信息沟通上去解决问题。

明白了病的原理之后,他进一步和老师敞开心扉说:"我现在不想离婚,但是我老婆已经跟我僵持

263

起来了，非分不可。我该怎么办？"老师说："你有钱了就在外面花天酒地，女人最接受不了也最恨男人这一点，所以你只能去给你老婆磕头赔礼道歉。""给我老婆磕头？那是磕不下的！"男人若死要面子，怎么能磕得下去呢？他死活都不磕。

这时候老师进一步启发他说："如果一个人对你太恨了，你不磕头是不足以消恨的。""为什么？""因为当一个能量恨到一定地步，我们只有用与之相应的表达程序才能消除恨意了。而相应的表达程序，在人世间最恰当、最有效的方式就是磕头。你要用这种形式表达你真心忏悔了，你要用这种姿态表达你真心爱她。这样你就给了对方一个信息：你真的知道你错了！然后对方的能量才相信你，不是这个人相信你，而是这个人背后的能量相信你。

意识信息是以何种方式存在的？

能量是无所不在的，当能量上了我们的身体，我们才知道我们身上有这种能量。能量没上身体的时候，是在空气当中。透过玩微信，我们就能想明白这一点。我们发出来的微信信号在哪里？是不是在空中？微信的信息存在是弥漫一切的方式。微信的信息发出来，它不是定位的方式，它也不是摆在哪个角落。否则，我们就没办法用微信了。实际上无论接收人在任何地方，我们都无需对准其所在地来发送信息。同样，收微信也不用朝向发送人所在地的方向。

因为信息是以弥漫一切的方式存在的，所以我

264

们不需要调方位，不需要对准东经多少度、北纬多少度，我们就可以很自在地发微信、收微信。微信的信息在没有进入手机里面之前，就在空气当中。同样，当给我们带来各种感受的能量信息没有进入身体之前，它们也一样在虚空当中。当虚空中的能量信息进入身体时，你才会知道你有一个信息很痛苦。这个信息在没有进入身体之前，就跟微信在没有进入手机之前一样，你是不知道有一个表达痛苦的信息的。实际上这个痛苦的信息早已经存在，因为信息进入到虚空当中，就永远不灭。

我们人就好比一部手机，大脑里面想好事的时候就会发一个好事的信息在虚空，想坏事的时候就会发一个坏事的信息在虚空，这些想法在虚空当中是永远存在的。早在几千年前，《易经》就讲宇宙全息。什么叫全息？就是宇宙的任何信息，都是以弥漫一切的形式存在的。

几千年前，我们的老祖宗就告诉我们：每个人起心动念的一切信息在潜意识里面万古长存，永远不灭。我们人发出的想法就相当于发微信信息，在虚空当中永远不灭，无处不在。因此，如果我在此地做了一件坏事而让别人产生了怨气，那么我可以在此地接受这个报应，也可以在任何其他地方接受这个报应。因为那个恨你的信息是弥漫整个虚空的，所以你只要在任何时空点干了坏事，哪怕你搬到原始森林里面住，也照样要承受。这就是因果不虚。只要知道了这个原理，也就知道如何解决问题了。

那个差点和老婆离婚的董事长，在明白了这个原理后说："现在我不用跟我老婆当面磕头了，我可以在想象中给她磕头。"于是连续磕了几个月后，他老婆好像没那么恨了，也不提离婚的事了。更神奇的是，半年后，他的病不治而愈。同样的道理，孩子出问题，往往跟我们有直接的关系。所以我们要诚心诚意去找自己的问题，自己一变好，孩子自动变好。

所谓"依报随正报转"是怎么回事？

孩子出问题是我们违背自然的教育理念从而将其推上一种错误的反应，当我们从内心纠正自己错误的想法即错误的因之后，就会在无形当中把孩子拉回到自然形态上来。所以，教育孩子只需要在因地上下足功夫，而表面不必多干任何事情。

我花了一年时间把我的孩子从特别讨厌学习变成特别喜欢学习，而且从全班最差变成全班第一名。在整个过程中，我没有要求他要好好学习，也没有问他要怎么学习，我只是早晨七点钟就起来给他做早餐。每天他上学后，就要一直到下午六点钟才放学，而我一整天就只干一件事情：纠正自己的问题。我根本没关心他的学习，什么都没有和他讲，但是一年过后，这小孩就自动变自然了，自动变得对学习有兴趣，自动变得有信心，结果莫名其妙拿了第一名回来。

在那之后，我就跟他妈妈说，"孩子的学习不要管了，他已经上当了，他已经被学习的兴趣套上了"，然后他妈妈也就从此真的不管了。后来到了孩子高考前夕，学校开家长会，让家长配合孩子备考，然而我们家压根儿就没当回事。临近高考那段时间，整个学校充满恐怖的战斗氛围，而我们家还在那里轻轻松松、嘻哈取乐，该怎么玩就怎么玩。一家人搞得紧张兮兮，有必要吗？完全没必要！你只需调整自己的心态，回归于自然即可。

在没有接触圣贤文化之前，我是一个十恶不赦、干尽坏事的人。我这么坏的人都能变好，天下还有哪一个人会变不好呢？我对这个社会的贡献就是通过我垫底来给所有人信心！

不管天底下有多少问题，你都要永远在自己的能量上做优化。整个宇宙是一个巨大的程序系统，当你的运作机制符合某一样东西的时候，宇宙的巨大系统就会对应你的机制来改变你的环境。当你的心态有所改变的时候，你的家人就会莫名其妙地跟着改变，你周边的一切也都会随之发生相应的变化。

中国圣贤文化讲依报随着正报转，我们的身体叫正报，身体展开活动的一切生命待遇之环境叫依报。当你走出去，别人对你如何，是因为你的内心世界触动了宇宙程序，从而投射出来人家对你的反应。假如你要想让人家对你好，你不能跟他提要求说你要对我好，你只能修正你自己引起对方投射对你不好的这种反应所对应的想法。当你把不好的想法一修正，在外面的投射也就改变了。

为何要在吃喝玩乐中感悟圣贤教育？

学习圣贤文化，千万不要张嘴闭嘴就是圣贤文化如何如何，不要把圣贤文化搞得高高在上，好像不食人间烟火一样。圣贤文化不过是揭露了我们本然具足的智慧在生活当中所反应出来的各种现象。这是生命本来就具备的天地智慧，我们也不过是给有关这种智慧的教育取个名字叫圣贤文化。没把我们本然就具足的天地智慧搞明白的人已经把圣贤文化这张牌搞得风雨飘摇了，导致很多人因他们而接触圣贤文化以后都不太理解，感觉学圣贤文化的人好像有点不正常，于是人家就会认为这圣贤文化有点问题。

不要把圣贤文化搞得那么奇怪，很多人学圣贤文化，本质的东西什么都没学到，就学会表演了。一看到你，一个躬就给你鞠过来。平平常常的遇见还用鞠躬吗？万一彼此距离过近，两个人一下子碰到怎么办？没必要。关键是你这个鞠躬在表达什么？表达你的恭敬？表达你的友谊？表达你的爱？还是在表达什么？

很多人把圣贤文化这门学问搞得很僵化，只是学了些形式上的东西在那里表演，搞得好做作、好不自然，由此就会让人感觉哪里不对劲儿，感到不舒服。有些课堂里教的动作是表达大礼，在祭祖的时候，感敬父母的时候可以用。如果彼此是朋友关系，就根本没必要搞得那么隆重。我们难道不能自由一点？比如一抱拳、一握手、一击掌，一个动作下来多潇洒、多舒服。所以还是弄雅观一点，合时宜一些，不要搞得看到人家怎么弄我们就怎么学。

学圣贤文化，无非就是生活里面衣食住行、吃喝玩乐这些平平常常的事情，怎么样不借助人事物就能莫名其妙开心的事情，怎么样看待周遭一切，使自己快乐、幸福、美满的事情。

第 捌 章

成 为 心 智 游 戏 里 的 王

　　合于道的亲子教育，就是要搞清楚生命存在的意义是什么。在孩子们所生活的智能时代，不仅仅家务不是任务，工作不是任务，任何事情都不是任务。当我们以任务来对待它的时候，它就是一件很麻烦的事情，它就是一件让我们很讨厌的事情。所谓任务就是你必须扛的担子、必须干的事情。可是人的天性很奇怪，凡是自己主动要干的事情，再苦再累都是一种娱乐。

第壹节

至少要同时从两面看事物

本节要点：

1、如何全面认知和理解生命成长教育？

2、如何看待生活中的压力及所谓的苦？

3、为何古圣先贤主张人要从小多吃苦？

4、如何激发生命无穷巨大的潜力？

如何全面认知和理解生命成长教育？

家庭作为构成社会的基本细胞，其最主要的一个元素，就是家庭里面应该有和谐、充满爱的亲子关系。

我们人在这个世界上，透过一个家庭，透过一个孩子去经历自己，本身就是生命最实质的成长。我们平时把生命的成长可能单一地理解成是一种教科书上的理论学习，而事实上真正的学习就在生活当中。

对于我们人类来讲，生命与生命之间的互动具体就展现在人的五伦关系处理当中。我们要把象征生命大树的根深深地扎下去，也就是在五种关系上把根扎稳，从而让我们的生命能够茁壮地成长。

假如没有孩子的话，就缺乏一种亲子关系，那么生命在关系中也就缺少一种体验，人生也就多多少少是一种残缺。因为没有带过孩子的人，无法想象带孩子是一种什么样的状态。如果一个人把带孩子搞成一种辛酸的苦活儿，那么没带过孩子的人就根本体会不了有多么辛酸、多么辛苦。

相反，如果你把孩子带成一个非常有趣、充满爱、其乐融融的状态，那么没带过孩子的人，也没办法理解你心里到底美到什么程度。只有你自己亲自去经历了，你的生命才会在这一个层面真正得到滋养，得到历练，得到升华，得到丰富。

如何看待生活中的压力及所谓的苦？

我们现在尤其是很多独生子女们好像都不想要孩子。有一次我跟一个年轻人聊天，我说你干嘛结婚了都不要孩子呢？他说没钱，每个月要付房贷和车贷，哪里还养得起孩子？他说的这种情况，当时我并不了解。在物质生活呈现一派美好景象的今天，我以为所有的人都过着幸福的生活，后来我才进一步透过他对人们当下的生活真正有所了解。他说"哪里幸福？我们这一代人是最苦最累的！上面有好几个老人，又要供车供房。我的一个女同事，为了付每个月的房贷，每天要做三份工作，非常忙。"

通过与他的一番交流，我才知道八零后可能真的是最苦的一代。虽然他们是生在改革开放这样一个时期，但是他们所面临的环境远远比我们六七十年代的人复杂得多，确实很不容易，所以他们很多人真的不想要孩子。有的家庭条件好一点，父母能够给予支持的还好一些。而父母支持不了的，完全靠小夫妻两个人打拼的，是真的非常辛苦。

从另一个角度来讲，苦一点实际上也是好事。我们回头看历史，很多真正有所作为的人，都是从小就经历了诸多磨砺。在现实生活中，我们怎么样去对待压力？怎么样去对待所谓的苦？这是我们自身必须要去面对和理解的问题。

亲子教育中，关于家庭关系这种爱的表达来讲，实质上跟我们所拥有的金钱多少以及社会的物质发展水平如何并没有必然的关系。因为关于爱的表达，过穷苦的日子，有穷苦日子的表达方式。反之，假如没有爱，即便我们过着很富足的日子，其实这种富足本身也都没有意思。所以，任何事情至少要从两面去看，不能只是单一地认为没钱就很糟糕，或者说有钱就很好，我们要从多方面去看问题。

为何古圣先贤主张人要从小多吃苦？

分享一个笑话：有一个人去买足球票，100块钱一张，但是他只掏了50块钱递给售票员。售票员说："先生，您还差50块。"他说："今天是不是苏格兰队和某某队踢足球？"售票员说："对呀！""那我只看苏格兰队，另外一队我不看。难道我不看也要交钱吗？"

从笑话的角度来讲，我们都知道这是不可能的事情。但是从生命的结构而言，道家思想里面讲一阴一阳之谓道。实际上一阴一阳就是两队，你只看其中一队是不行的。就如对和错，你只看正确的一面，不

273

看错误的一面也是不行的。是非、善恶、好坏、美丑统统是两队，如果你只看一队，就是脱离实际，人生也就一定会烦恼。

人生的烦恼就在于没把这两队都看明白。所以我们对待贫穷也好，富贵也罢，不能只是单一地看到没钱不好这一面，我们还要能看到没钱亦有其好的一面。比如，贫穷从另外一面来讲，对于考验我们的人生品德非常有好处。同样的，一个人富有好不好？好！但是你也要看到富有不好的一面。富有了以后，人很容易不上进，不作为，不担当，甚至很可能会堕落。相反，过贫穷一点的日子，反而容易立志。俗话讲"穷人家的孩子早当家"就是这个道理。

我们老祖宗主张年轻人从小多吃苦，把福放到后半生去享。民间也有讲：年轻时吃苦不算苦，老了有福才叫福。为什么呢？因为前半生通过吃苦，一个人的意志力、心量、气度等方方面面的品质都借此而塑造起来了。生命具备了这些优良品质以后，在后半生不管享什么福都不会影响到你。你不会身在福中不知福，你不会挥霍人生苦尽甘来、得之不易的成果，你会懂得珍惜你所拥有的。

如果一个人从小就开始享福，生命那种吃苦耐劳、奋发上进的品质，那种不服输、不放弃的品质，那种勇敢担当、坚强不屈的品质就统统培养不出来。因为如果一个人从小就只有享福的经历和体验，那么这些品质就根本没机会萌发、培养和历练。所以生命中任何境况都要看两方面，不能只是单一地看一方面。过去有一句话叫"英雄不怕出身低"，讲的就是一个内心真正很强大的人，恰恰艰苦的环境更有利于他成长。

当然，我们从来不反对追求金钱，也不反对过好日子，我们老祖宗从来就不反对我们有钱。对于人生的规划，老祖宗非常精准、非常量化地概括为五个方面，叫"五福临门"。人生要活出真正的丰满，活出真正的价值，活出真正的幸福与美好，必须是"康宁、富贵、好德、长寿、善终"五福临门。五福临门是一个非常美满的人生追求目标，富贵就是其中一个指标，告诉我们不仅要有钱还要受人尊重。

当你越是深入圣贤文化，你越会发现我们老祖宗留下来的智慧有多么周全，既给我们提供了人生追求的指标，又为我们提供了从另外一个角度看人生的智慧。

如何激发生命无穷巨大的潜力？

我们人是很奇怪的一个生命，哪个地方受到压力，他就会往哪个地方形成和聚集一种强大的抗压性力量。实质上，生命具有无穷的潜力。好像我们以前身体上出现头痛、流鼻涕、咳嗽等一些类似于感冒的症状时，就说衣服穿少了，冻着了，从小我也接受了这种理念。突然有一天，我流浪到贵州的时候，突然看见一个大概30多岁的男人，大冬天赤膊在贵阳火车站潇潇洒洒地走着，其时大雪正漫天飞舞！当时我都看呆了，心想他难道不冷吗？衣服都没穿，他不会感冒吗？后来我一问旁边的工作人员，才知道他一年四季都不穿衣服。旅客扔掉的东西里面，有吃的他就捡一点来吃。哪怕夏天太阳暴晒，他也从不去找阴凉的地方躲一下。对他来说，好像冷和热都没什么问题。

当时，这个人就开始引发了我的思考。我发现人的确有着巨大的潜力，但是这个潜力如果你不去刺激它，可能就真不会出来。后来我接触到了圣贤文化关于修行悟道这方面的学问，就很受这个人的启发。从某种程度来说，他就是我的一个老师。虽然我跟他没有任何对话，但是只要一想到那个画面，我就很受鼓舞。后来有一段时间，我为了在修行上战胜睡魔，就效仿于他。

当人的身体能量很舒服的时候，就会睡觉。当你正坐在那里参禅悟道，一会儿功夫就睡着了！尤其是你真正走禅修路线，走到一定程度，这一关就上不去。平常还无所谓，但是当你真正越深入，你就越发觉这睡魔很可怕。当你不做功课，整天在那里跟人玩儿的时候，一点瞌睡都没有；如果你现在要做功课了，很多时候不到五分钟就睡着了，非常灵验。

后来，我就分析肉身的结构：一个人要能睡着，就必须身体里面充满能量，很温暖。那么，为了不让自己睡着，就不要让身体温暖。刚好那时候正值冬天零下多少度，我就把衣服脱到感觉浑身发冷的程度，就用这种状态来对治睡魔。当时瞌睡真的是太厉害了！对治到最后，身上也基本没穿什么衣服了，就跟那个人一样，结果没感冒也没出现任何别的问题。那时候，我就真正体会到，苦本身并不是坏事，主要是看什么样的人去对待苦。一个内心强大的人，一个有巨大潜力的人，苦对他没有任何损失，反而使他快速地成长。

276

第贰节 做人做事不能偏废

本节要点:

1、生命于三十五岁之前的主要任务是什么?

2、如何培养孩子珍惜爱物命?

3、何谓真正爱孩子的方式与智慧?

4、为何要强调做人做事皆不能偏废?

生命于三十五岁之前的主要任务是什么?

所有的小孩,都禀赋着无穷巨大的潜力。小孩在七岁之前,在十四岁之前,在二十一岁乃至于三十五岁之前,主要的任务就是历练吃苦。一直历练到三十五岁以后,就可以像皇帝一样享福了,因为到了三十五岁以后,精神品质各方面都已经打造到位了。如果提前没有历练过,其内心世界就会非常脆弱,那么在生活当中稍微遇到一点点挫折就起不来了。

人在江湖上行走,哪里可能遇到所有的人都像父母一样对我们。江湖上的人毕竟不是我们的父母,所以我们不能只习惯于跟父母之间的互动方式,我们还有其他的关系要去互动。

我们从家庭走入社会以后,就有朋友关

277

系，有同事关系，有领导和下级的关系等等。无论是在家还是在外，人本就置身于各种关系中，也就不可能不去互动。在与各种关系进行互动的过程中，你就会发现，除了父母这种关系是无私的，是一切为你着想之外，其他人则未必会这样对待你。所以孩子从小要吃苦，要有意识地培养孩子面对压力和逆境时的忍耐力、承受力、调节力与应变力。

如何培养孩子珍惜爱物命？

据我观察了解，现在绝大多数的人有钱以后都在惯孩子，溺爱孩子。只有极少数的父母有钱以后，非但一点都没有溺爱孩子，反而专门把小孩送到最艰苦的地方去磨练。

有一对父母，一到了小孩放假的时候，就带他到贵州最穷的一个少数民族家庭里面去住。他们去了以后就跟那个家庭讲："你们平时怎么生活，我们就跟着怎么生活；你们平时吃什么，我们就跟着吃什么。千万不能因为我们来了，你们就专门弄好吃的给我们。你们不能把我们当客人来对待，我们就是带着孩子到你们这儿来体验的。我们会在这儿生活一个假期，然后会给你们钱，可是要等最后走的时候才给你们。我们要看这个过程当中是不是跟你们平常的生活一样，如果你们哪一天专门给孩子弄了好吃的，我们到时是不会付钱的。"

他们提前把招呼打好，完完全全跟那里最穷的家庭一样吃，一样住，就是要让小孩去经历这些事情。这样，他才会懂得珍惜爱物命，不随便糟蹋父母辛辛苦苦挣来的一切。

何谓真正爱孩子的方式与智慧？

有一个父亲，他在改革开放以后白手起家，经营了一家公司，车子、房子什么都有了，儿子也很聪明。有一天，父亲突然发现，儿子从初中开始就变了，整个心思都不在学习上，全部用在与人攀比上了。因为他们家有钱了以后，自然就生活在有钱人这个圈层里面了。有钱的父母在一起，那么他们的孩子也会在一起。这时候父亲发现，儿子跟其他有钱人家的孩子整天在攀比谁穿得好，谁用的东西是名牌，整个心思都不在学习上面了。

这时候父亲才突然反应过来，自己天天都在外面为事业奔波，却把儿子给忽略了。可是，这时候儿子已经上初三，马上就要考高中了。于是父亲当机立断给儿子下了一道指令：你现在学习成绩这么差，之前怎么样我不管，接下来你得给我提到前十名去。不然的话，老爸会把你送到最艰苦的地方去。

儿子以为父亲是开玩笑，就没把他的话当回事，所以还是照样玩，结果考试也就根本没进前十名。成绩下来之后，父亲就跟母亲说："这样下去不得了，必须要送出去了！"母亲说什么也舍不得把孩子送出去，整天哭哭啼啼的。然而不管母亲怎么舍不得，父亲都坚定地说："不行！现在我们说的话他都不当回事了，你知道吗？如果真正爱他，我们就应该让他出去历练。"

最后，在父亲的坚持下，母亲还是配合他把孩子送到了一个非常偏僻的小县城去读书，然后专门请了一个人照顾他的生活。离开之际，父亲告诉儿子说："你在这个地方读书，如果考不上一本大学，老爸这辈子不会认你。你要什么学习用品我给你买，你哪门课程不好，我可以请最好的老师来辅导你，但是你整个高中三年就只能住在这个最落后的县城。"

没想到即使如此，儿子依旧是老样子，还是没有把学习当回事。他心想，"我老爸老妈这么有钱，我还需要奋斗吗？"结果整个高中三年过后，他就只考上了二本。而父亲也说到做到，果真就没有认他，两个人连面都没有见。

儿子上大学后，无论需要什么都是母亲给他。整个大学期间，父亲都没露过面，他没想到父亲真的不认他。于是他就开始恨他父亲，恨了以后斗志就上来了，还没毕业就开始思考自己该怎么挣钱。他暗暗下定决心，"我不靠你！开几个公司有什么了不起！到时候我要超过你！"就这样他从心里面发起狠来。发狠之后，他不仅在学校里面开始省吃俭用，还通过勤工俭学来解决自己的学费。当母亲要给他钱的时候，他说："这是父亲赚的钱我不要，学费我自己赚，我这辈子就做给他看！"

大学毕业以后，他就带着几个大学同学一起创业，从销售开始干起。很奇怪的是，他做销售，无论走在哪里都遇到贵人。他看好一家公司的产品之后，就和对方老板说："我是大学刚毕业就开始创业，所以我没有那么多钱来压货，您看能不能先少给我点货，我们卖完了再回来补，然后您看能否给我一个优惠的价格?老板说:"没问题,我给你出厂价,你先拿少量的货,然后卖完了你再来拿。"

他就这样从销售开始一点一点做起,卖完一种产品觉得市场不行,就换另外一种产品,就这样一路往前发展。后来有一天,他终于选准了一个最有市场前景的产品,找到对方老板后,他开门见山就说:"我想做你的省代,可是我没钱,但是我带出来一帮很能吃苦的年轻人,如果你把这个产品交给我们,以我们目前的精神状态干下去,一定会干出你所有的代理当中最好的业绩。我们大学刚刚毕业就开始创业,您看能否给我们一点支持?"老板说:"没问题,我支持你们年轻人创业。"于是他就这样拿货,卖货,再拿货,再卖货......没多久公司就开始良性运转起来了,而且越做越好,越做越大,还陆陆续续在全国各地开起了分公司,生意很快就做得风生水起。

有一天,他母亲打电话给他说:"你父亲生病住院了,他很想见你。"他说:"我死活都不见这个人。"他母亲记得每次跟儿子见面时,儿子都说非常感恩一直以来大力支持他的厂家老总。于是他母亲就给这个老总打电话说:"你能不能陪我去看看儿子?"那个人二话没说,就跟她一起来到了儿子的公司。儿子一看母亲来了,背后还站着自己的大恩人,就又高兴又激动,赶快用最高的礼遇来接待。

他们坐下来寒暄了一会儿之后,老总意味深长地说:"我不是你的恩人,你父亲才是。小伙子,天下没有免费的午餐,我凭什么会无缘无故地对你好?你知道吗?你大学毕业后出来创业,你走在哪里,你父亲的身影就在哪里。他只要看到你进了哪家公司，你前脚才走，他后脚就进去了，直接就把钱砸在那里。在你创业的整个过程中，他都形影不离地跟着你。你以为是我对你好，我都不认识你，也不了解你，我凭什么对你好？"那一瞬间，儿子才知道，父母的爱原来无私到这种程度！

为何要强调做人做事皆不能偏废？

一个人，倘若不去吃苦，不去历练，就只是躺在父母搭好的安乐窝里面，那么这一辈子都不可能有出息。我们讲任何事情都是两面的，哪怕你学习成绩再好，是一个出类拔萃的学霸，甚至一直读到了博士，但是学习成绩好只是一方面。

实际上，人生涵盖了做人和做事两个方面。学习成绩好，只是证明一个人懂得了做事的学问，却未必懂得做人的智慧。做人做事这两条腿，哪一条都不能短，否则人生的道路走起来就不平坦，所以我们老祖宗始终强调做人做事不能偏废。

我们今天的很多父母都有一个误区，就是一味地强调要多读书，然后能够把事情做好就行，却很少想过做事情是要跟人打交道的，最后终究还是要归根到做人上来。

这时候，你会发现不管知识学多学少，真的并非那么重要，但是你一定要学知识，因为一点知识都没有也不行。对于知识，你不一定要学到顶尖，学习成绩达到中上水平就已经足够了，但是做人可不是一桩简单的事情，而是关乎一辈子的前途问题。

第叁节 真正的宝藏是人的心智系统

本节要点：

1、父母与子女间出现代沟是何原因？

2、何谓人真正的力量之源？

3、未来将是哪些人主导着这个社会？

4、如何升级学习和运用知识的能力？

5、要认清工作于未来的价值体现与需要？

父母与子女间出现代沟是何原因？

现在的人，包括很多父母和孩子之间好像出现了一个词汇叫"代沟"，就是说两代人之间沟通出现了障碍，很不顺畅。我看到这个词以后，打心眼里深感认同，因为我跟我老爸之间就没办法畅通。怎么可能畅通呢？我想的事情和他想的事情完全是两回事情。

今天，已经普遍出现了这种上一代和下一代之间很难相融的沟通问题。问题的关键就在于：父母始终用他们那个时代所总结出来的东西，来要求新时代的孩子，所以就出现了代沟。按道理是不会有代沟的，父母有没有文化也不重要，他们哪怕就是教授专家，只要是用自己所学的那一套，去强制性地要求孩子，代沟就一定会有。相反，哪怕你就是农民，一点文化都没有，但是你不去强加给孩子

283

什么东西，那么都不会有代沟。

代沟不是亲子之间必然会出现的问题，代沟问题是因为我们做父母的很执着，很坚持于自己所总结的那点东西，而我们总结的却又和圣人总结的不一样。

孩子生活在新时代，他们借助于网络了解到了比父母更多的信息。有时候，孩子一听父母说什么就觉得好笑，因为很多事情父母都不了解。今天的世界变化这么大，孩子就觉得父母没知识、没文化，所以就慢慢地出现了代沟。事实上，代沟是心灵之间的沟通出现阻碍时开始产生的，跟两代人之间掌握知识和信息量的多少一点关系都没有，而是两代人之间心灵的交流通道没打通，才出现了所谓的代沟这样一种情况。

今天的很多父母都干了一件事情，就是特别关注孩子的学习成绩。在工业时代，父母这样做一点问题都没有，但是现在不能这样了。在工业时代，我们的生存与发展、生产与生活主要是依赖于我们大脑所掌握的知识量。大脑掌握的知识越多，我们在大自然里面获取资源和财富的能力就越高。

在农耕时代，科技还没有发展到一定的程度，我们只能以农耕的方式从土地里面获取很有限的东西。随着科技的发展，我们有了机器以后，就用机器在自然里面获取更多的东西。这时候，我们发现知识就是力量，因为有知识的人，可以发明各种各样的工具去征服自然。这样一来，天下父母就都很重视孩子读书，这没什么错，因为那是工业时代。

何谓人真正的力量之源?

现在的孩子将来所生活的时代不是工业时代,而是未来的智能时代。智能时代就是会有智能机器人代替你学知识。今天,我们已经初见端倪,美国谷歌公司研发出的第一代机器人,与人类的围棋世界冠军比赛,结果人类输掉了。机器人根本就不用学习,只要把最高级的一套程序装在它里面,就直接击败了人类最强的大脑。我们人类所获取的知识,在工业时代是要一点一点地背诵记忆才能装进大脑,而且人类的大脑又不可能把所有知识全都记住,所以人类在这方面根本就搞不过机器人。现在我们已经不用去记各类知识了,搜索引擎里面一搜什么都有。

你会发现,在今天这个时代,我们要在知识上跟电脑去比拼,跟智能机器人去竞争的话,永远都没有尊严。为什么呢?我们花几十年才能学到那么点知识,智能机器人只要分分钟,就把我们一辈子要学的知识全部搞定,根本就没法比。

美国谷歌公司发现他们用智能机器人把人类打败以后很孤独,然后就想独孤求败,于是他们很快就发明了第二代智能机器人来把第一代打败。第二代智能机器人更高级,没给它输入任何现成的知识,只是给它一个自学能力。把它的自学能力进行程序编码以后,只是给它下达了一个指令,第二代智能机器人就以最快的速度学习了相关的围棋知识,然后就把第一代干掉了。这是什么概念?你想一下,就是知识将会被取代!

我们在农耕时代靠的是四肢，到了工业时代，机器就取代了我们的四肢。我们驾驭机器的东西就是我们的知识，但是到了智能时代，人工智能很快就会取代我们的知识。家政、清洁工、服务员、司机、统计师等很多职业都将不存在，会被机器人全部取代。在不久的将来，人类60—80％的工作可以由机器人来干。很多人到现在都还没有看到这种趋势，还活在工业时代的思维意识和行为习惯中，还是以过去的老套路，在要求孩子每一天该干些什么。你可能从没想过，你的孩子是活在未来的智能时代，你用工业时代的思维和认知去要求孩子所学的一切，在智能时代都将派不上用场。不要说现在的孩子学的东西在未来没用，我们这一代人过去在大学所学的很多东西在现在都没用。

在这样一个过渡的信息时代，我们学的东西都没用，那还为什么一定要按照集体意识所定义的东西去设计和规划未来呢？集体意识认为要学习好，要分数高，知识就是力量，学历就是饭碗等等，几乎我们所有人都跟着这些观念走，从来没人怀疑知识是否真的就是力量。其实，我们发现很多书呆子一点都没有力量。真正的力量是在于人的心智系统，跟肉身是否高大强壮也没关系。

我们在农耕时代，在冷兵器时代，肉身体力大的人就是英雄。我十多岁刚进入社会的时候，突然有一天遇到一个北方大汉，个子将近一米九，长得很粗犷。因个性使然，两个人一言不合，竟干了起来，然后他非要在晚上和我决斗。我说："我们今天晚上决斗，

286

你要丢脸呢？还是长脸？"他问："怎么说？"

我说："你要丢脸呢，你就今天晚上把我打死，因为你这么大一个人打赢我这么小一个人，你不就很成功地输了嘛！你看，我们体育界的很多比赛都是按重量级的。你选择我这么一个重量级来比赛，那不是大象跟蚂蚁打架吗？大象跟蚂蚁打架，蚂蚁打输了，但实质上还是蚂蚁赢了。因为蚂蚁虽然弱小，但最起码它的勇气可嘉，敢跟你大象斗，最后无论怎样你都输得很惨。"

他听完觉得我言之有理，就问我要怎么办。我说："我们比一样东西非常公平，就是把身上的衣服全部脱光，只穿一条短裤，一分钱不带，看谁先跑到北京城而且不会饿死，那么谁就赢！我们就比这个，干不干？你只要同意，我现在就当着大家的面，马上脱掉衣服就开始跑。你可以跟着我屁股跑，你也可以比我跑得快，但目标是去北京。我们在北京天安门见面，看谁先到，我们比这个比较公平。"结果他死活都不比。

都什么时代了，你还跟我比体力，多么幼稚的事情。现在又都什么时代了，还在比知识多少。在今天这个无论科技、物质、资讯等都如此发达的时代，我们应该比的是发现美、创造美的能力，比的是发现爱、经营爱的能力。

未来将是哪些人主导着这个社会？

我们人体有三大中心，在原始文明和农耕文明时期靠的是本能中心，那个时候体质强壮的人就厉害。然后进入工业文明的时候，我们也随之从本能中心过渡到了我们的理智中心，理智中心是用来掌握知识的。那时候掌握知识多的人就是精英，但是当知识被智能取代以后，理智中心就没有优势了。在未来的智能时代，情感中心发达的人就是社会的精英。情感中心主管艺术，主管生活的趣味，主管创造性，主管生命有关美与爱的体验。

智能机器人可以全面取代我们的理智中心，但是永远取代不了情感中心。机器人可以模拟人类情感，但实际上它并不是真情实感。人类的情感不是一种程序，也不是一种思想，而是一种能力。比如说：我喜欢某个美女，从思想上能讲得清楚吗？有理由吗？没理由！有句话是这样说的：爱不需要理由！理由是大脑找的。爱是一种能量的显化，是一种能力，所以我们讲将来真正的社会精英就是情感中心最发达的人，这些人将主导着这个社会。

那个时候，智能机器人只需要帮我们干一件事情，就是在大自然里面去获取财富。这样我们就不用操心怎么样去挣钱了，我们也就会闲下来。闲下来以后，我们要让人生很充实、很美好，那么这个时候，我们追求的是生命以及生活的品质。工业时代以前的人，对待任何东西的概念就是它有用，但是智能时代里面的概念不是有用，而是它要美。

在这一点上，现在的年轻人和我们就已经有代沟了。我们这一代人买东西只是考虑实用，而年轻人却要好看，时代就这样在变化。在过去，沙发是拿来坐的，床是拿来睡的，穿衣服是为了取暖……我们想到的只是其实用价值，所以那个时候我们的房子装修统统都是考虑实用性，基本上没有考虑美的设计元素。

现在，年轻人的思想已经开始不接纳过去这一套了，他觉得你太落伍了。怎么可能沙发就只是拿来坐的呢？怎么可能床就只是用来睡的呢？年轻人不仅认为这些东西的功能可以没那么刻板和单一，而且他们反倒觉得没有床也可以睡，没有沙发也可以坐，都是可有可无的东西。他们已经不像我们这样理解事物了。年轻人认为摆放沙发并不是只考虑放在哪里才方便坐，而是还要考虑沙发的材质、颜色、款式、造型等都要跟整个装修风格和整体感觉完全融合起来，这样才好看、时尚。时代不同了，未来是讲究美、艺术、情调、氛围、感觉等所有这些感性的东西。

如何升级学习和运用知识的能力？

我们过去吃饭是为了吃饱，以后我们吃饭可能是一种爱、一种艺术、一种心情的表达。为什么？因为你没活干了，智能机器人整天帮你挣钱，你会拥有大量的空闲时间。人空闲下来之后，就会在生活品质上不断地要求自己提升。所以未来穿衣服都不会像今天一样，随便在网上买一件。那个时候，穿衣服一定是根据一个人的肤色、身材、性格、气韵等特质，用智能机器人来进行量身定制。衣服将成为每个人穿在身上的标志物，将是每个生命个性化的彰显和体现，包括首饰、箱包、鞋帽等也都将由科技智能手段为人们提供个性化设计与服务。

那个时候的人，哪怕生下来很丑，但是借助于智能的高科技装饰手段，都可以把自己装扮成天使一样。因为艺术装饰是无限制的，只要有一个框架，就可以用艺术把这个框架装饰得非常漂亮。到了那个时候，真正最受欢迎的是最有情趣、最有审美、最有格调的人，也就是情感中心发达的人。真正有智慧的父母，不是盯着孩子考多少分，因为很多学科所定义的东西，在未来有可能不成立了，所以你学的东西也不一定靠谱，即使靠谱，未来也有智能机器人帮你干活了。在知识方面我们不是要去掌握多少，而是我们要知道怎么用知识。当我需要解决什么问题的时候，我要知道可以通过什么途径获得知识。这才是最关键的！

在我孩子小的时候，我就跟他说："你学习考多少分，老爸一点不关心。老爸只关心一件事情，就是遇到问题的时候，你是自己攻克的，还是去请教了谁？是让别人给你答案，还是你自己去探索答案？"我只关心这个，我不要那么多答案，我只要一个人怎么样找到答案的能力，这才是学习知识的方向。我只要有找知识的能力，我只要有运用知识的能力，这就是力量。因为知识本身并不是力量，知识能够被运用才是力量。

要认清工作于未来的价值体现与需要？

今天，我们要有这样一种意识，就是我们的生活一定要越来越有情调，越来越美。未来，人类获得尊严就在生活领域。那个时候，人类跟智能机器人的尊严较量就在情感中心，因为你在理智中心比不过它，所以你只能在情感中心跟它比。

今天已经有这样的现象了。我在成都遇到一个非常漂亮的美女，她听了我的课以后，突然有一天跟我讲：她在成都一家外资企业工作，是一个高级白领。她男朋友是美国留学回来的一个博士，也在成都工作，人长得帅，工资也比她高。亲戚朋友还有父母，没有一个说他配不上她，都生怕这个帅哥哪一天被别的美女拐走了。所以她妈妈这段时间老是逼着他们早点儿把婚事订了，但是她心里面不想。

我问她："为啥不想订呢？你对他哪方面不满意？"她说："我就是找不到答案，老妈跟我说，'你要讲相貌，他是够帅的。你要讲收入，人家收入也比你高。你要讲学历，人家是博士生。你要讲家庭，对方也不差于我们家，可以说是门当户对。再说了，你都这么大年纪了，还挑啥？'我也不知道我挑啥，反正晚上睡觉的时候说明天要去订这个事，我心里面就不情愿。"

你知道吗？当一个人有能力解决自己的生存问题的时候，她和我们过去的女人选男朋友的标准就不一样了。过去选男朋友是以他是否有钱为主要标准，但是当现在的女人自己就能解决生活问题的时候，她的标准就变了，她就有更多的要求了。所以，当时我就说："我懂了，你男朋友一定是一个没有情调的人。"她说："你说对了！确实没情调，满脑子的知识，满脑子的哲学，我们在一起一点儿都没什么诗意，没什么浪漫。难道以后我就要跟这么一个死脑筋的人过一辈子？我又不求他养我。"当时我就感叹，根本不用等到智能时代，现在就已经出现这种情况了。如果一个男人没有情调，一个女人跟他待在一起是真无趣。

以前，为什么女人没有地位？因为男人体力比较强壮，挣钱能力比女人强，所以那个时候家里面谁挣钱多谁就有地位，但是那个时代已经过去了。未来智能机器人平等地对待男人和女人，智能机器人挣了钱分给男人多少，也分给女人多少，男人就没有优势了。

在这个时代，我们也不可能再把女人弄回到封建主义社会，然后男人是高高在上的天。今天，你只有懂得尊重，男女之间的感情和婚姻才有前途。你不要试图像过去一样，谁钱多谁不做家务。在未来时代，做家务已经成为找回尊严的机会了。过去，在工业时代，家务是一项工作，是一项任务。因为那个时候我们要在外面挣钱，下班以后，家里面还有很多事情要做，家务就变成了一项不得不做的工作任务。

到了智能时代，大多数的人都不用工作八个小时了，因为那个时候工作机会非常少，可能60％以上的人都没有工作可做。我们现在很多人对工作还挑三捡四，到那个时候拥有工作就是拥有生命的价值。现在很多人是为钱而工作，以后是为了生命的价值而工作。因为没有工作，就没有一个展现你能力、展现你魅力、展现你风采的机会。假如你进入某一家公司工作，你不仅仅是赚了多少钱，更重要的是公司为你提供了一个展现生命风采的平台。因为在干工作的过程中，你的魅力展现出来了，你各方面的特质都发挥出来了，你的能力对比他人也体现出优势来了。你莫名其妙地工作一段时间后，就会有人围着你转了，因为他们发现你是一个人才，你的生命闪耀着某种在别人身上找不到的光芒。

假如没有这份工作，人家凭什么发现你有这样的能力，又从什么地方发现你有这样的魅力呢？所以在未来，工作不是从金钱方面衡量生命价值的标准，而是展现生命风采的需要。那个时候真正的精英们都把工作抢走了，基本上会有70%的人都抢不到工作。

除了工作这个平台之外，最后还有一个平台就是家。未来很多人会在家里面表现自己的魅力，在家这个平台上展现自己的风采。如果你更有能力把家布置得漂亮，你的另一半就莫名其妙会欣赏你。两个人在一起就这么奇怪，他发现你哪方面都弄得更好，他就莫名其妙地佩服你。

那个时候，做家务就不是任务了，而是给你表达爱的机会，或者说得现实一点，也是你征服对方的舞台。所以你要怎么培养现在的小孩呢？除了培养他的生存能力、生活能力之外，还要培养他发现美、创造美的能力。千万不要小看这一点，美将永远主导这个社会的风向。

本节要点：

1、如何理解"玩"的要义与智慧？

2、如何升级亲子教育中的娱乐体验？

3、怎样理解"理智创造，情感分享"之奥义？

4、要提升"学习和考试"的游戏能力？

如何理解"玩"的要义与智慧？

在新时代，我们倡导美好生活。在工业时代，我们的审美那么丑，如何去追求美好生活呢？如果我们现在不注重启发和培养，到时候就会闹出很多笑话，因为不懂审美、不懂设计、不懂情调、不懂怎么玩。

我告诉你一个秘密：宇宙里面只讲玩，没有任何别的项目可干。你看我们中国字"玩"是怎么写的？"王"旁一个"元"。你好好去研究一下《说文解字》中"玩"是什么意思？王者在乾坤里面游戏，就叫"玩"。"元"是代表乾坤本源的意思。何谓王者？通达天地智慧的人就叫王者。这样的王者在宇宙里面游戏，就叫"玩"。

玩是一种天性，哪个人不愿意玩？你看看经典里面讲佛菩萨们整天游戏神通，不就是玩嘛！有时候，我们瞧不起小孩玩，是因为我们在工业时代里面，要用每天的时间去交换价值来养家糊口。由于自身所处的时代背景和环境所带来的体验，致使我们看不惯孩子花时间玩而已。但是，当这些问题已经由机器人帮我们解决的时候，玩就不只是在那里消耗时间，而是一种品位了。

同样是喝茶，你怎么玩出不一样的茶的艺术出来？同样是布置家庭，你怎么玩出不一样的家庭风格出来？同样是花艺，你怎么玩出不一样的内涵出来？那时候，穿衣服也是玩，生活里的一切都是玩，所以你一定要懂得玩。

如何升级亲子教育中的娱乐体验？

有一位农村老太太，她就不懂玩。她在过去物质匮乏的时代饭都吃不起，连一小节线头掉在地上，都要捡起来再用的人，哪里懂什么叫玩的艺术。

有一天，正在上大学的孙子写信给她，说他参加了学校的橄榄球队。老太太根本就没听说过橄榄球，不知道橄榄球是啥，但她觉得肯定是很神奇的东西。孙子在信里面告诉她说，橄榄球实际上是一项有益身心的运动。于是老太太很高兴，"我孙子有出息了，还参加了橄榄球队。"

终于有一天，她想孙子了，就想进城去看看孙子。她到了学校时，正赶上校内举行橄榄球比赛。校方听说学生的奶奶来了，就把她请到观众席去看她的孙子比赛。然后比赛还不到十分钟，老奶奶就哭起来了，"天哪，我以为你这个橄榄球队是多么高尚的事情，原来是很多人拼命抢一个球。你早点跟我说嘛，我带钱给你多买几个，不行吗？"她想到的是：这个球居然这么紧缺，那么多人抢一个。

这是个笑话，但是它反映了我们工业时代的人对事物的看法。这个老太太搞不清楚那么一大群人怎么会无聊到去抢一个球，每一个人发一个不就行了嘛！但是她不知道，这个世界上很多人也都不知道，人世间最有趣的恰恰就是这些没办法用价值来衡量的事物。

什么叫合于道的亲子教育？合于道的亲子教育，就是要搞清楚生命存在的意义是什么。在孩子们所生活的智能时代，不仅仅家务不是任务，工作不是任务，任何事情都不是任务。当我们以任务来对待它的时候，它就是一件很麻烦的事情，它就是一件让我们很讨厌的事情。所谓任务就是你必须扛的担子、必须干的事情。可是人的天性很奇怪，凡是自己主动要干的事情，再苦再累都是一种娱乐。

比如打麻将，是我主动干的，我就不累，但是如果你规定我每天必须打麻将，我就累得要死！工作也是这样，如果你把它当任务干，你就累得要死。但是如果你没把它当作任务，你是把它当作表达你生命价值的舞台，那么你就不会觉得它是让你感到累的事情，你反而还会很感恩这份工作。

同样的道理，家务事也一样，你不要把它当成任务，你要把它当成是一种体验生命的乐趣。那个时候，有创造力的人，连拖地都会拖出一种舞蹈来，拖出一种健身运动来。那个时候，真正有才的人，做饭做菜都将是一种非常高级的享受，连切菜都能发明出无数的音乐，连煮茶都给你煮出各种音乐来，这些事情一定会发生。所以真正的创造力就在生活当中，生活就是我们创造一切美好体验的舞台。

怎样理解"理智创造，情感分享"之奥义？

我们用大脑去干活挣钱，用情感来交互分享。你再会挣钱，但是你不懂生活，你的人生是幸福的吗？哪怕是一个很会挣钱的人，挣了很多很多的钱，都要有人给他鼓掌。就像你在单位里面得了奖，如果下面一个观众都没有，那个奖颁给你，你觉得有趣吗？所以你拿到了奖，首先想到的就是要跟大家一起分享。这就是理智创造，情感分享。

情感分享的时候，你会发现它压根儿就不是为了某种价值的表达。早在两千多年前，耶稣就在传播"爱是通往天堂的桥梁"这个理念。你只要按照耶稣的方式去爱，你身边的朋友会很多，你的人生会很幸福，很多人都应验了。在那个时候的社会里，女人没有地位，男人不尊重女人。但是耶稣却和别的男人不一样，他对女人非常恭敬，非常尊重。他会得到什么待遇呢？天下女人都爱他爱得要死。

有一天，好几个美得不得了的女人把他请到家里面，她们分别以不同的方式来表达对他的爱。就好比是这样的场景：有的女人做菜，有的女人跳舞，有的女人泡茶，有的女人抚琴......那么多女人里面，有一个女人什么都不干，而是拿了一整瓶香露全都倒在了他的脚上,然后给他擦脚,别的什么都不干,就光擦脚。另外一个忙前忙后的女人,看到这个场景后就批评她说:"你这也太浪费了吧!倒一点点擦上去,就已经够香了,干嘛一整瓶都倒下去呢?"但是没想到这个时候,耶稣非常严肃地站起来保护这个女人,"你们永远给我记住,她是对的。"这个故事非常庄严神圣地记录在了圣经里面。

两千多年前,耶稣就在传递这样一个理念:不要从价值的角度去衡量有爱的生活,那是大脑的算计。在爱的面前,一切都是值得的,一切都是无法用价值衡量的。你挣的钱是用来表达爱的,"理智创造,情感分享"永远是生命的主题。

你看经典里面,那些大菩萨们统统都是按照这个主题在活。祂们从没有说"我布施给你多少钱,布施给你多少东西,你要记住,你要感恩我。"祂们反而是"你接受我的布施,我感恩你,因为你给了我表达我富足的机会。"我们人类这里是倒过来了:我给你,你感恩我。

要提升"学习和考试"的游戏能力?

智能时代即将到来,我们不能再用老古董的心态去面对孩子们的未来。这并不是说知识不重要,知识太重要了!只是父母一定要引导孩子们把学习知识当成游戏,让学习知识成为生命娱乐的一个途径。倘若你能够通过学习和掌握运用知识的方法,让机器人更好地运用知识来为人类服务,这也是知识。

学习本身不是一种任务，要让学习成为一种享受，也不要用分数来衡量一个人的知识。我的知识可以掌握到非常丰富的程度，但是我考试可能考不及格，我们要允许这种事情发生。因为我学的东西都没有考到，但事实上我已经学到很多知识了，那能怪我吗？能说我没有知识吗？反过来，你考了好成绩，就说明你有知识吗？因为你学到的刚好就是考的那部分，所以你哪怕考了满分也不代表你有知识。你要这样去看问题就对了。

我们为什么一定要有一个考试系统？实质上那是我们在工业时代建立起来的一个人才筛选系统，然后通过这种模式来分配掌握社会资源的机会。所以那个时候你必须要考了多少分，进了哪个大学，拿了一个毕业证，再给你安排了一份工作，然后借助工作才给了你一个参与资源分配的机会。

一个国家一定要有一个财富的分配机制，为了这么一个机制，就发明了一个相应的考试系统出来。其实很多教育专家都知道这个系统早就落伍了，但是他们没办法。因为目前他们还没有能力去发明另外一个新的分配系统，所以只能将就用这个，哪怕不科学都无所谓。因此，通过考试获得资源分配的机会就成为整个社会既成的事实。你可以通过读书去获取参与资源分配的机会，但是现在基本上也已经没有了。以前大学毕业生到处都有单位抢，只要考上大学就意味着得到了分配资源的机会，现在研究生毕业都不一定有机会了。

实际上，今天整个社会靠大学文凭来获取一个资源分配的机会已经消失了，过去那个时代永远不会再来了，所以你尽管放心大胆地考零分。当然，你也可以努力考一百分，都没问题。学习也好，考试也罢，其实就是个游戏。我今天想考一百分，下一次我想考零分，一切由我说了算嘛！我为什么一定要听你的？你叫我考一百分我就一定要考吗？你叫我考一百分的时候，我可以用零分回答你，但是你不对我期待的时候，我可以考一百分回答你。为啥不能？有啥不能？不就是个玩嘛！

你只要把学习当做跟打橄榄球一样，只是一个娱乐你身心的途径，一个滋养你生命的法门，那么你可以好好修炼这个法门，这就叫游戏。

第玖章

运用智慧的生发之源

我们不能够在我们人这样一个纯真的生命、神圣的生命之上加很多的定义，加很多的概念。不然的话，我们加上去的概念和定义就成为一根根的绳子，反过来把我们自己捆起来，从此我们就活在定义和概念里面。在这个世界上，很多人活在自己的名字里面，很多人活在自己的志愿里面，很多人活在自己扮演的一个角色里面……

本节要点：

1、何谓亲子教育中的幸福能力培养？

2、怎样认知和理解生命在不同时期的美？

3、如何从生命的神奇体验中丰满智慧？

4、怎样对待与生俱来的动物性？

5、面对情色应建立一种什么样的态度？

何谓亲子教育中的幸福能力培养？

幸福是一种能力。它绝不是我们像个乞丐一样从外在祈求谁赐予我们什么样的物质或者赐予我们什么样的地位，然后我们得到以后就幸福了。这是不可能的事情。

幸福是我们本然具足的能力，我们只是需要去把它找回来，这就是我们亲子教育最应该使力的地方。生命在每个阶段都有每个阶段的活法，我们不能够用固化的观点去看很多事情。

我们这个乾坤包括五个阶段的循环发展，从原始文明到农耕文明到工业文明再到信息文明以后，就达到了智能文明。这五个阶段就是整个乾坤从幼稚走到壮大，然后走向成熟的过程。人也是这样一个循环，也是包括了五个阶段，从幼儿时期、少年时期、青年时期到中年时期，最后到晚年时期。

非常遗憾的是，在我们的现实状况里面，每一个人的肉体都按照这几个阶段走，但是我们却很少发现，哪一个人的精神和肉体能够同步地从婴幼儿时期慢慢走到成熟期。以前我觉得老年人比较成熟，后来慢慢地研究发现，有些七八十岁的老人就是个小孩，懂的道理非常少，甚至依然停留在不懂事的抢东西的状态上。一大把年纪了，看见什么东西还在抢，整个人处在一种非常幼稚的状态。因此我就发现，他的肉体虽然完整地走完了五个阶段，但是他的灵魂并没有真正在这五个阶段里面成熟起来。问题在哪里？问题是综合因素产生的，但是跟家庭有直接关系，因为我们的家庭老是在干预孩子成长的每个阶段。

孩子在婴儿时期是天人合一的状态，是最完美的状态。你去看婴儿时期的小孩，没有一个不完美，个个都是人见人爱的状态。不管是哪家的孩子，都美得会让你不由自主地想去亲一下，想去抱在怀里。婴儿时期的小孩，个个都是印堂饱满，看起来是跟宇宙合一的王者那种圆满、丰盛、具足的状态。然而随着他的不断成长，当你看见他眼睛里面充满那种如狼似虎的饥渴感时，他就开始慢慢变成乞丐了。这就是父母妄加干预的结果。

怎样认知和理解生命在不同时期的美？

生命在每个阶段都有每个阶段的美，没有婴儿时期不如少年时期，也没有老年时期不如中年时期，也就是没有某个时期不如其他时期的这种说法。造化在生命的每个阶段都赐予了不一样的礼物。

对于婴儿时期的孩子，上天赐予他肉体最饱满的一个状态，叫圆满态。婴儿身上都有这种天人合一的圆满态，但他只是肉体上有这种圆满态，灵魂精神却是空白。

进入老年时期以后，按照正常角度来讲，灵魂精神应该进入了圆满态，因为他经历过一辈子的风风雨雨之后，经由总结悟道，在精神品质上又慢慢地回归到了宇宙的圆满态。这个时候，哪怕他的肉体已经衰老，但是他的精神魅力是最高的。你会发现，精神圆满态的老人和肉体圆满态的婴儿是同等的美，他们美在不同的地方。

今天，我们只看见身体是圆满态的婴儿很美，却很少看到精神圆满态的老人。我们倒是看到了有碰瓷儿很精神的老人，但他是因为心里面不圆满才去碰瓷儿的。透过这些现象，你会发现虽然上天给了我们机会，可是我们并没有成长。

一个人在家庭当然也包括社会某些因素的干预下，虽然风风火火地经历了一生，但是他并没有去悟道，他的整个精力都在争名夺利，整个精力都在算计权衡，因此他就把生命从婴儿期一直到老年期这五个阶段里面，每个阶段要活的状态全部错过了。他只有一个主题，就是挣钱、挣钱、再挣钱，他一生只干这个主题去了，这就是生命比较遗憾的地方。

如何从生命的神奇体验中丰满智慧？

上天给了我们在不同阶段的生命主题，少年期又和婴儿期不一样，因为少年期已经开始慢慢地融入家庭、融入社会、融入这个世界了。处于少年期的小孩特别好动，对什么都感兴趣，这是上天赐给他的活力和好奇心，让他在生命活力和好奇心的驱动下快速地成长，快速地了解社会的方方面面。可是这方面的优点没有被父母认识到，父母认为他是不听话，是多动症，是捣蛋鬼，处在少年期的人就这样被错误地贴上了标签。

有的教育专家说，小孩就是天生的破坏家，但他并不理解小孩为什么破坏？实际上是某种无形的能量驱动着他搞破坏。因为他对什么东西都不了解，所以他对未知的一切充满了好奇，然后他就对什么东西都要去弄一下。经由这个探索的过程，他才慢慢地知道和了解周遭的事物。很多人不太理解，小孩为什么在少年期如此多动，如此有破坏能力，就是因为他在探索，只是他这种探索模式是反向的，是以破坏的模式在探索。但是你要知道，生命的成长是全维度的，只有在这种反作用力，走弯路，甚至是屡屡碰壁、遭遇挫折的吃苦模式下，小孩的成长才是最快的。你看那些捣蛋小孩受到父母的镇压最多，被打也最多，不就是让他在这个地方开始反省和成长吗？所以你要理解小孩这个阶段独有的美，在这个阶段生命赐给他的这种动力跟欲望没有关系，他就是单纯地要想去表达这个生命活力。

有一个故事，就讲一群处在少年时期的小孩，每天跑到山顶上的一个草坪去玩儿。草坪那儿原来是一个公司的农场，早前来到这里务工的人全部都走光了。如今这个空荡荡的农场里，就剩下一个老头在守着。农场里面有一个破了的大铁桶，在那里闲置了好久。这些小孩每天早上起来，第一件事情就是冲到草坪上去踢那个桶，嘣嘣嘣不停地踢，踢得可带劲儿了！

那个整天没啥事儿干的老头一大早都还在睡觉，孩子们就来了，嘣嘣嘣一踢，就把他给吵醒了。所以他就特别讨厌这帮小孩，心想："你们这些捣蛋鬼又跑来踢桶，害得我休息不好。"但是这老头实在是太有智慧了，他看这些小孩踢得满身大汗的，就对他们说："今天你们踢桶踢得太卖力了，我太享受了，我要奖励你们每个人五毛钱。"这些小朋友身体里面有能量想动，不动就不快乐，动了就快乐，这种情况下竟然还有钱！于是小朋友就格外开心，第二天就召集了更多的小朋友来踢。

那一天，他们比平时要踢得卖力得多，一直踢到中午快吃饭的时候，就直接跑到老头那儿排起队等着发钱。这回老头给每个人只发了一毛钱，昨天五毛，今天只有一毛，这帮小孩子的心里面就不高兴了。"这个老头抠门儿！昨天给我们五毛，今天我们比昨天还卖力，他居然才给我们一毛钱！"然后越想越气，最后大家一致决定从此不给他踢了。这就是老年人的智慧，这也是上天在生命的这个阶段赐给他的美。所以你看孩子们有活力，但却没有老年人智慧，这就是生命在不同的阶段，上天所赐予的不同的财富。

生命到了青年阶段，上天要赐给他对异性好奇的能量。这时候很多父母又开始担心孩子谈恋爱了怎么办？孩子到了这个阶段，他就是要谈，但是他根本就不知道什么叫恋爱，直到现在可能也没有几个人知道恋爱是什么。你知道恋爱是什么吗？你能说得清楚吗？还有恋不恋爱你能说了算吗？我们每一个人都经历过这个阶段，莫名其妙你就喜欢了，莫名其妙哪天你又不喜欢了，你能说了算吗？你能在逻辑上找到你为什么爱上了吗？但你就是爱得要死！就算旁边的人会给你做各种听着好像很有道理的分析判断，说你没有理由爱谁，你不该爱谁，但你就是爱上了！

从古至今，很多人莫名其妙就爱上了，有的连王子都不当了，就跟着心爱的人走了，搞得整个家族都反对。"你怎么会为了一个穷女人，王子也不当了？""难道我跟着穷女人走了，就没有理智了吗？"为什么到青年阶段会有一个对异性好奇的能量？很多人从来没有分析过，上天为什么在这个阶段给他了。

怎样对待与生俱来的动物性？

一个笑话里面讲，有一个哲学家透过研究，自己总结说："当我二十多岁时，我想到的只是爱，可是现在我老了，我爱的只能想了。"可见，人到了没有这个能量的时候，就只能想了。生命在每个阶段，上天不可能都赐给你那么多的能量。你去看大自然，也是这样的：对于每一种动物，上天就赐给它一种能力。虽然大自然是很丰富的，但是如果哪一种动物把所有能力都全部掌握完了，那么就没有那么繁多的品种了。所以大自然就要把能力进行拆分，一种动物给一种能力，这个世界才丰富。假如上天把所有能力都给了一种动物，那么世界上就只有这一种动物了。

你要知道上天创造这一切是极为合理、完美和丰盛的。在婴儿时期，上天给了一个圆满态的天人合一的能量；到少年时期，上天又提供了一个多动的能量；再到青年时期，上天又赐予了两性相吸的能量。但是现在两性相吸的能量已经提前了，在少年时期就已经开始了。按道理来讲，在少年时期不应该有两性相吸的能量。实际上是因为我们现在有些电影电视、网络媒体关于两性的话题与内容把原本要等到青年时期才具备的两性相吸的这种状态，提早就给小孩渲染了，于是导致现在有些小孩从小学就开始谈恋爱了，就连幼儿园的小朋友都开始对异性表达喜欢和好感了。

后来，我也研究了一下，发现他们根本不懂什么叫恋爱，他们只不过是在模仿所谓的动画片或电视剧里出现的镜头和场景而已。当小朋友说"这个是我老婆。"，他并不知道老婆是什么。他对老婆跟西瓜是同等概念，对于他来说电视里面哪些东西是最受重视的，他就觉得自己就要那个东西！比如电视里面拍广告说"得到一个西瓜，就像得到爱人一样。"，然后所有的小孩都不会去抢那个女人而只去抢西瓜了，就是这样一个道理，所以他并不是真的有两性相吸的能量。你看有些小孩之间的对话："今天我跟我老婆怎么样了！""哪个是你老婆？""就是我们班某某。"有些女孩主动说:"以后你做我的王子。"这些都是小孩从动画片里学来的。动画片把某样东西强调出来了,他们就觉得这个东西好像很重要,但究竟是什么意思却不知道。反正电视里面是强调这个东西很重要的,所以他就要这个东西。他根本就不知道,只有在青年阶段,上天才给他一个使命,去探索两性的神奇和奥秘。

我在成都和一位母亲交流过这么一桩事情,她发现儿子好长一段时间都没有好好学习,成绩也直线下降。有一天,她看见孩子把门关上了,她以为孩子是在里面学习,于是悄悄地把门打开个缝往里一看,才发现原来儿子在电脑前并不是在学习,而是在看一种动物,身上没有穿衣服,也没长毛,跟我们长得一模一样,正在做快乐运动。这个时候,她什么话都没有说,就把门关上了。她也是一个有文化的人,懂得遇到这种事情要有正确的引导。如果这时候妈妈质问他为什么看这个东西,或者对他强行进行控制,就会让他的好奇心更强,这样恰恰适得其反。

这个母亲很有智慧,她没有这么做,而是悄悄地退出来,然后坐在沙发上冥思苦想,但是一时也没想出什么办法来。后来,有一次我们大家一起喝茶,她就聊起了这件事情,并问大家有没有遇到这种情况。大家都说还真没遇到,也没观察过孩子是不是偷偷摸摸在搞这些事。她就请教大家对于青春期的小孩遇到这种事情应该怎么办。大家讨论后,得出的结论是千万不能打压,但是一定要把这种神秘感给他破掉。孩子现在对这方面很好奇,觉得很神秘,这种好奇心就会一直驱使他宁愿不学习都要去探索这个神秘。

　　一番探讨过后，这个母亲就想了一个很大胆的做法。当她又一次发现儿子把门关上了，便知道他要干什么了。于是，母亲去浴室洗了个澡，出来就只披了一件睡衣。她轻轻地推开门进到儿子的房间，都没有被察觉。当母亲已经站在了他身旁的时候，他才猛然发现，瞬间感到好尴尬，马上就下意识地要关电脑屏幕。母亲见状，就直接跟他说不用关，然后当着儿子的面，一下子就把自己的睡衣脱了。

　　母亲说："儿子，那个是假的，这个是真的。你从小就在妈妈怀里面吃妈妈的奶长大，你是从妈妈肚子里面出来的，妈妈有一个责任，没有告诉你女人是怎么样一个结构，这个功课妈妈给你补一下。"然后两眼通红。儿子马上说："妈妈，不用补了，我知道了，不用补了，我知道了。""儿子，我不反对你这个，但是妈妈看到你现在心思都不在学习上，就很担心你。你是妈妈最爱的人，妈妈希望你能明白。"然后他儿子说："妈妈，对不起，我糊涂了，我从此不看这些东西了，我会好好学习的。"果不其然，孩子从此以后就开始好好学习了。他就是一种好奇，他觉得很神秘，后来妈妈让他看到了就这么回事。

　　你看，自然界的所有动物都没穿衣服，只有人类穿，是因为人类要体现得跟动物不一样而已，所以第一件事情就是要让他赤裸裸地知道人和动物没有什么不一样。人类一定要认知到这一点，你要把人的动物性这一面公开地承认，不能刻意地掩盖和回避，因为人永远有动物性。你可能会说我们为了跟动物区

311

别开来，我们要有人的高雅、人的文明，然后我们就把兽性压掉，用这种方式去回避问题，但人的动物性这一客观事实是根本回避不了的。你只能首先承认宇宙万物都有这种阴阳相吸的本能，大自然里面一切万物的繁衍与生长都是靠这种能力。

你看植物，它们没有脚走路，就没办法跑到一起谈恋爱。那怎么办呢？植物就用开花来表达爱这个东西。开花以后呢，它又没有能力跑过去和另一株植物开的花爱在一起，这时候就要由蜜蜂在中间来帮助它们。小蜜蜂飞到这朵花上打个滚，又飞到那朵花上打个滚，就完成了授粉，然后就阴阳相生。大自然里的一切植物、动物，还有人类，都是有这种特性的，所以那有啥可怕的呢？那是可以直接去面对的事情。你不去面对它，人反而会好奇；当你面对它，它就那么回事。

我们人类要高雅的前提是先要面对真实，只有你先认知到赤裸裸的真实，你才能客观、理性而中立地站在人类的角度思考自己和动物要怎么区别开来。这个时候，你主动变高雅，主动变文明，因为你觉得自己不能跟动物一样。但是首先一点，你要能知道你拥有动物性，这一点你要接受。接受以后，你开始思考：动物是爬着走路，而我们是直立行走；动物不能主动思考，但我们可以。

我们虽然有动物性，但我们和动物是有区别的，因此我们就不能像动物那样表达能量，我们要跟动物的交配方式有区别。只有你能赤裸裸地面对这种兽性，你才会就此而进一步思考，如何让兽性升华成为高雅的人类行为。

面对情色应建立一种什么样的态度？

　　我有一个朋友的小儿子英文学得非常好，自己就能用英文在一些网站上找到这些东西来看。看完他就跟我讲，还一边模仿一些动作给我看。有一天，我就跟他老妈讲："你儿子现在已经知道如何登陆到网站上，去看好多那些动作了。"他妈妈一听，当时就气得浑身发抖说："这才八九岁！我今天非要逮到他狠狠地惩罚不可！"我说："你惩罚他干嘛？这个东西你是惩罚不了的，你越惩罚人家就越感兴趣。你只能对他进行潜力开发，对他进行灵性优化提升的教育，而不能用打压的模式来控制他，那样会适得其反。"她说："那怎么办？"我说："很简单，你要相信，从原始文明走到今天的人类，各式各样的错误，我们的老祖宗早都犯过了。为什么老祖宗给我们开创了这样丰富的文明？是因为他们已经思考过了，你要相信我们人性是共通的。就这个问题，我们来干这样一件事情：拿两台电脑，一台电脑就找他现在看的这些没穿衣服的女人的照片，另一台我们就去找那些穿着非常美的古典服装的优雅、端庄的女人照片。"

　　找好之后，我就把她儿子叫过来跟他说："我们现在玩个游戏，我们向你请教个问题，因为我们现在对美的欣赏出现了疑惑，我们不知道我们看到的两种女人哪一种美，你帮我们来判断一下。"他非常有兴趣，"好！好！好！我来给你鉴别。"接着我们一放出来，全都是那些他天天看的没穿衣服的女人照片。然后他那个眼神儿就不停地盯着我，心想：我跟你聊的事儿，怎么就跑到我妈那儿去了呢？

　　看完那些没穿衣服的女人之后，我们接下来放的全是穿着高雅服装的女人，看了之后他说这个美，对比下来他就知道了。从此以后，他就不看那种图片了，说太丑了。小孩就是这样，他只要知道什么叫美丑，他就不去看了，但是你如果打压他，他就一定看的。我把这招儿运用以后，就开始开他玩笑了。我说："你不听话，老子以后就给你讨一个不穿衣服的女人当媳妇。"他吓得要死，连忙说："丑死了，丑死了，我要穿衣服的！"

　　一个小孩对什么东西好奇，是因为我们的教育还没有涉及到这方面。你让他直接面对，然后给他对比，他一定知道哪个美。任何事情都不能打压，永远都是启发教育。越打压的东西，它疯长得越快，人的心理就是这样的。任何事情只要我们好好引导，不仅都没有问题，反而还可以转化为一种心智的成长和提升。

1、如何理解所谓的成功与失败？

2、如何善用"错误"促进成长？

3、所谓福报变现的背后真相是什么？

4、何谓真正实现美满人生的根本保障？

第贰节 激发孩子永不放弃的精神特质

如何理解所谓的成功与失败？

我们现在好多孩子在大学毕业之前很自信，因为在书本上学到了好多东西，就感觉自己懂的东西太多了。大学毕业以后，就准备进入社会大展前途，大干一番，所以很多孩子都是在大学要毕业的那个时候最自信。

毕业以后，他们带着这种自信去应聘，然而当一次次的应聘不是那么如意时，就被打击了。有一些孩子找到工作以后，发现很多事情并不像他想象的那样，就开始打退堂鼓了。为什么我们的亲子教育一定要在孩子心中种下一个永不放弃的意志力在里面？这方面是需要培养的，它关乎到我们对什么叫成功，什么叫失败的一个定义问题。一时失败了，那能叫失败吗？你只要不放弃，那就是在努力的过程当中。

你看人家爱迪生，发明一个灯泡，经历了一千多次的失败。有人说：你接受失败打击的能力太强了！失败上千次，居然还那么自信。他说：那怎么是打击？我是非常成功地找到了一千多种不成功的方法而已，哪里是失败？这就是一个理念问题。任何一种经历本身都没问题，你只要没放弃之前，那都不叫失败，所有我们定义的"失败"，只是成功之前的一个过程而已。

如何善用"错误"促进成长？

几千年来，我们老祖宗一直都给中国人灌输永不放弃的精神理念，所以中国人骨子里面永远都有一个特质，就是不服输，不公开认错。认错都是私底下悄悄认的，从来没有当着大家的面认错。如果你说他错了，他最直接的反应就是"我怎么错了？为什么说我错了？我并不觉得！我只是这个问题目前还没有探索到正确答案而已。怎么可能有错？你只要不给我点出来，我马上就找到正确答案了。"中国人就是这样的，你觉得中国人是阿Q精神也好，耍赖皮也好，但这是我们这个民族最优秀的特质。真的是这样！

我们这个民族，为什么屹立东方几千年一直不倒？我们真有这种特质在起作用，永远不服输，永远不认错。哪里错了？我还没找到正确答案，你就说我错了？就这么简单，中国人就是这样，永远都没错！你不要小看这些事情，为什么只有我们东方的理念能拍出所谓的《流浪地球》？只有我们能拍，是因为我们骨子里面就有这种不服输的精神。地球不行了我就换个地方，但他永远不认错。他从来不说："上帝啊，我把生态搞坏了，所以今天出现了各种问题，我跟你认错。"他不干！他说："这个地方生态搞坏了，我换个地方去。"他又继续到另外一个地方去探索、去尝试，他就是这样一边折腾，然后一边悄悄地总结。这就是我们东方式不认输的精神，让我们的民族虽历经考验与磨难却永远不倒。

你看地球上曾经出现过多少文明，现在就只有我们东方文明岿然独存。为什么？因为中国人不认输的精神不是缺点，而是优点。中国人有一个特质，就是他会在私下里面认错误。他一个人睡在床上的时候，就在那里纠结，"这个事情真的是太愚蠢了"，然后一个人悄悄地在私下里面改。他不会在表面上跟你说："我错了，我要改了。"我们东方的理念不会教导孩子在公众场合大声地说："爸爸妈妈，我错了！以后我爱你，我要好好学习！"东方理念永远都保持含蓄，但是心里面知道发狠，"我对不起父母！我现在应该下个狠心，给父母争口气。"他就把这个劲儿用来争气。为什么呢？有奥秘！因为你认错和不认错，力量是不一样的。

我们身上所有感觉的背后都是有一种能量让我们有这种感觉。当一个人在这个能量的驱使下犯了错误，你给他一个机会，使他把那种情绪发泄出来，这个能量就退出去了。因为他会认为，我现在犯了错误，但我已经给你道歉了，所以就没事了，那么这个人也就根本没有提升能量。如果他不认错，但是他又知道自己错了，然后下定决心把错误修正过来，那么这个能量就不会出去，它会自动转化为从此要做对、做好的能量。

　　只有不认错然后暗地里改错的人，能量才会增加。他只要去告诉爸爸妈妈"我错了"，他就知道，我一说完，我做的这个事儿就了了。然后这个能量就消失了，这个能量就永远没得到转化。这个能量一被原谅了，就保持原来的无知状态离开身体进入阿赖耶识了。如果我不给他当面认错的机会，他就会觉得自己对不起人，得把事情做对了才行，他就会一直想办法探索怎么把自身的能量转化过来，把事情做对、做好。这样一来，这个能量不仅不会离开你，反而你的能量还会不断增加。

　　现在的很多小孩说自己错了比说自己对了还容易。那些学成功学的人也是这样，在那大喊大叫，喊出去就完事了，他从来不会思考只是喊出去算什么。一个人要把教训真正吸取了，把错误真正改正了，把自己真正变好了才行啊，这就是东方的智慧。为什么东方人强调的是不怕你犯错误？就是只要你愿意改正就行，就是给犯了错误的能量一次提升的机会。

　　所以你不要动不动就培养孩子一做错事就说"我错了"的习惯！有啥用？搞得孩子都知道了每次一犯错误，只要说一个"错"字，老爸就不打了，老妈也不骂了，原来这么简单！你发现你帮他了吗？他犯了很大的错误，但只要说"我错了"，他就感觉到没事了，心安了，无所谓了，没什么大不了的。自己已经说错了嘛！至于怎么样去挽救和弥补这些损失，那都是父母的事情了。

　　反过来，如果你不给他认错的机会，他的心就不安了，总觉得很纠结，又一直没有机会认错，他甚至会想找个人把自己暴打一顿。他觉得自己今天犯的错误太低级了，对不起父母，但是父母又从来不让自己认错，所以也一直没有机会跟父母承认错误。于是他心里面就很自责、很难受，甚至就会找人惩罚自己，好让自己舒服一点，这样的人都是有的。

他带着这样一种纠结，带着这样一种悔悟，把所谓的犯错误所带来的难过化成一种动力去反省和纠正自己，那不是更好吗？为什么一定要说"我错了"？很多小孩嘴巴说"我错了"，实际上都没有过心。有的学校每年都要请老师来讲一些如何做人做事的圣贤文化课程，有些所谓的圣贤文化老师也没有真正领会圣贤文化的精髓，就很自以为是地带着学生在操场上或是在班级里面宣称"对不起！我错了！"我还发现有的老师竟然穿着这样的衣服给学生上课，就是后背上写着"我错了"这三个字。你想象一下，如果你的后背写着"我错了"，你是什么感觉？很没有力量嘛！难道一句"我错了"就完了吗？就啥事儿都没有了吗？啥事儿都过去了吗？一句"我错了"能代表什么呢？错了就改正呀，你干嘛说出来？有必要这么宣扬吗？这是一个真实案例。一个圣贤文化班里面，每个学员的衣服背后都印着"我错了"这三个大大的白字。当时我一看，就觉得很可笑，圣贤文化老师竟然在教这种事情。

这个错，是要你在心里面认，而不是在嘴巴上认。嘴巴上说错了什么用都没有，而且说完之后心里面就没那回事儿了，人一点儿改变和成长都没有，那么错误都白犯了！错了，就闷在心里去真正改变才是关键。你只要给他在心里面养成这种机制，就是轻而易举地在嘴巴上说一个"我错了"，然后就轻轻松松地把事情了结了，那样的话对他一点好处都没有。所以小孩要跟你认错，光是嘴巴说的永远不接受，我只要看到你的行动有所改变，那就行了，多简单。

这一点，在小孩七岁之前是关键时期，不能够在他七岁之前形成动不动就说"我错了"这种话的习惯，而要让小孩在心里面闷住一个劲儿，错了我就把它改过来，这才是对的。我们看不懂老祖宗的教育，老是认为中国人总演赖皮狗，明明错了都不认账。其实中国人最智慧了，几千年来老祖宗早就总结过了，你动不动就认错的这一套他早就玩过了。他早就发现，轻而易举就原谅别人或者轻而易举就承认错误的人，没有什么战斗力，而且勇于改错的能力也不强。你去看那些随时把"我错了"挂在嘴边的小孩，他们勇于改错的能力有多强？他每天都说"我错了"，屁股一打下去，马上就"我错了"！你可以自己去观察和研究，他没有多强的勇于改错的能力。

这个不认错挺好的，但是他心里面知道自己错了。我们要懂得察言观色，只要看到他心里面知道认错就行了。小孩在七岁之前，这方面的教育是很重要的，俗话说"三岁看大，七岁看老"，这个时候是父母最要用心帮助孩子建立和培养优良品质与习惯的关键时期。其实，我们不应该把小孩那么早就送到幼儿园，七岁之前是没必要的。但是大家都在上班，都在挣那点人民币，所以为了省事儿，就把孩子们全部送到幼儿园。这是父母两个人都在工作，没有一个人留在家里面教育孩子，才搞出来的现象。

所谓福报变现的背后真相是什么？

过去，父母两个人只要有一个人工作就行了，一个人管内一个人主外。哪怕只有一个人工作，家庭收入都是一样多的。因为一个家庭是共业，我们整个家庭该有多少福报，它借由一个通道也是来这么多福报，然后我们全家人都在工作，它还是来这么多福报。圣贤文化讲命里有时终须有，这是千真万确的。你命中有的一定会有，所以老祖宗就不着急。他一家人分工很明确，一个人工作，一个人持家。因为他很清楚，你该有的福报，自然会有它的通道。

我们上天分配财务的渠道很多，包括澳门赌博都是财务分配渠道。你不要有什么对错观念，不要认为赌就是错了，没有这个说法，只有赌影响了生产力发展才是错的。如果赌有利于生产力提高，那就没错。为什么在中国澳门可以赌，因为那里没有其他更多的发展生产力的方式，所以只能用赌博事业来发展生产力就没错。但是我们大陆有很多资源，你不去开发，却整天关起门在那里赌，那就错了。所以任何事情都是相对而言的，不能妄加评判。

凡事都有一个道理在其中，为什么我以前一直在调皮捣蛋，却有三样事情没有学会？第一样事情，喝酒没学会；第二样事情，抽烟没学会；第三件事情，赌博没学会。有两样是我曾经很努力去干的，就是喝酒和抽烟。当年努力学喝酒的时候，连续喝了N多次，每次都快醉死了，这个酒还是突破不了，最后我放弃了，因为我找的老师没找对。我看他喝半斤酒也不醉，就请他跟我讲一下怎么样喝。他说人只要狠狠地醉过几次，这个酒量就提高了。我就相信了，然后每次都喝得酩酊大醉。醉过几次以后，却越来越不敢喝酒了。后来才明白，不能一次性醉倒，只能一点点增加。一开始就出师不利，没找对老师，所以这喝酒就一直没学会。学抽烟呢，一开始觉得抽两口还比较香，后来拼命去抽，就感觉一点都不香了，甚至要吐，是一种很不舒服的体验，于是我也放弃了。

唯一赌博这个事情我没有努力过。我们全家人都赌博，我老爸就带起头赌，赌到把钱输光了，半夜三更跑回来跟我老妈要粮票去接着赌。我老妈说："这是用来吃饭的，你都要拿去赌吗？"我老爸才不管那么多，不给就打，我老妈就只好乖乖地起来把粮票拿给他。我的兄弟姐妹没有一个不赌，全家人都赌。我就在旁边观赏他们赌，边看我就边想，"你们四个人在这里赌，假如一个人身上有200块钱，加起来是800。你们赌了一天一夜下来，然后赢的那个人请客，这样赌了几天几夜以后，800就只剩600了，再赌几天几夜就只剩400了。你们的财富总量不增反减，越赌越少，那你们耗这么多时间在干嘛？没意思！我就不干这个事情。只有这一桩买卖是透过我自己的思考得出的结论。

澳门那里是因为没有资源，所以上天允许在那里开赌城，让过剩的资源透过赌博这个通道平衡出去。你要相信上天有Ｎ多财富分配渠道，所以不是两口子都要去工作才能挣到那么多钱。该你这么多的话，哪怕你家里面就只有一个人工作，也可以这么多。如果两个人都去抓钱，使得财富方面消耗了一个家庭过多的福报，就得不偿失了。圣贤文化讲，对于财富多出的那部分，上天要重新做分配，归五家共享。

第一个就是官家，莫名其妙地就找到理由，把你多余的钱收走了；第二个是灾家，突然发生一个什么灾难，把财就漏出去了；第三个是贼家，好端端就被人家抢了，不知不觉就被人家偷了。有的人很有防范意识，很会看管财物，盗贼没机会偷他，官家也找不到理由和把柄，而且他也从来不去冒险，所以灾家也找不到他。当老天没办法通过这三个渠道来平衡时，就会用第四个渠道——医家，会让他或家人生病，然后通过治病把钱给平衡出去。你看现在很多人拼命地挣钱，有多少钱是扔到医院的？为什么我们现在医院这么发达？就是在给多出来的财富做重新分配。第五家就是你自己生一个不孝子孙，天天给你大手大脚乱花钱，自家败自家。

透过对现象的分析，你就知道幼儿园最初的形态托儿所为什么存在了。就是因为我们认为多一个人工作，多一份收入，也就随之而衍生出请人照管孩子的需求。我们就只知道要多赚钱，却根本不了解天道变现财富的法则，是根据你们共业家庭应该共享多少福报，从而透过一个通道来进行财富的变现的。

何谓真正实现美满人生的根本保障？

你要相信，只要你命中有，上天会有N多渠道给你，你不去折腾都会来。因为宇宙是一个程序系统，你触动什么程序，这个程序就会给你匹配相应的条件和环境，这确实是千真万确的。

这是我们能否真正实现美满人生的根本保障。

宇宙很神奇，只有深入去研究，你才会发现天地自然的智慧是无穷的，可以为我们人生的方方面面提供根本性的指导，所以我们要修智慧。

我们圣贤文化就讲修智慧重于学知识，因为知识就是一些信息，但智慧是变化无穷的，是真正可以令我们实现美满人生的精神财富。

第叁节

灵活运用知识也是智慧

本节要点：

1、真正的智者会如何应对刁难？

2、玩弄知识和被知识玩弄有何不同？

3、头脑心智也只是游戏工具？

4、法则与规范的存在价值是什么？

真正的智者会如何应对刁难？

有一个叫大明的人，他想要当面告诉国王一个好消息，可他就是没办法得到国王的召见，后来他费了好多周折才终于获得国王的召见。

国王听了他带来的消息以后非常高兴，就问他："你给我带来这么好的消息，你打算要一个什么样的报酬奖赏？我都奖给你。"他想去想来说："这样吧，国王，我想要50个大巴掌。"国王百思不得其解，但他是国王，话既出口，人家要50个巴掌，那也只好赏他，于是就叫武士过来给他50巴掌。当打完第25个巴掌的时候，他就喊："停！剩下的25个巴掌，请赏给旁边站着的这个人。"

这个人是国王身边的卫士，于是国王更加不解。这时候他说："我前来拜见你的时候，你这个卫士拦着我不让进来。他说让我见

325

国王可以，但要我发誓把我得到的奖励分一半给他，现在我就要兑现承诺把我领受的奖励分给他一半。"

你看，一个有智慧的人，哪怕自己受点辱，他也要把你扯进来，教训你一顿。他用这种方式收拾你了，以后他进皇宫你还敢不敢阻拦？不敢了嘛！既然知道了双方不是一个智慧量级的，也就只好恭恭敬敬地让路了。所以你要知道老祖宗讲的东西，就是要你真正掌握这种变化万千的智慧，这比你掌握多少知识真的重要得多。很多知识都是死的，就算你能考了一百分又有什么了不起呢？

玩弄知识和被知识玩弄有何不同？

以前我学驾照的时候，教练一看我理论考了一百分，心里面便投射出一个结论：这个家伙肯定是最笨的。因为他们根据多年的经验总结，凡是驾照理论考一百分的人是最难教的。

突然有一天，教练一看，我这个考一百分的人来了，心里面就多了一根弦儿：这个家伙肯定是最笨的一个。没想到，我两个小时不到就学完了，就这么快！到时候通知我考试就行了，学那么多干嘛？考完试拿到驾照的第二天，我就开了600多公里的车回老家去了。

不是说考一百分就不行，我也考一百分，而且还是在我犯错误的情况下考了一百分。我从来不看规矩，所以当时啥都不了解就进去参加理论考试了。在电脑上一顿操作之后，突然电话响了，我就开始接电话。一接电话，考官就跑过来，直接把考试给我按暂停，然后告诉我说："考场不允许接电话，现在不允许考了。"我说："不允许考那就不考了，但是考过没有呢？"他一看，居然一百分。"过了，走吧！"我是第一个走出考场的，如果不犯错，我还可以在里面多待半个小时，检查看看有没有错的。

你看，不是说你把这些根本的智慧搞明白了，你就不能考试一百分了，照样可以考一百分。一切就是个游戏，没什么大不了的事情。我为什么不可以考一百分呢？这是很简单的事情！虽然知识不那么重要，但是不代表我不可以玩知识。以前我是被知识玩，现在懂了，我就要玩转知识。

你要了解有这么多人认同知识，如果不了解也是不行的。很多学圣贤文化的人走出去，好像外星人一样，因为说话、办事、走路的风格都跟我们人类不一样。人家只要一眼就看出这个人是学圣贤文化的，那就说明这个人并没有把圣贤文化学好。

很多人是能看得出来的，因为不是用智慧在学，他就一定会露痕迹，人家就会觉得这个人哪里不对劲。所以我们并非仅仅是要学知识，而是要主动去灵活运用知识。如果你不灵活，有些反应会很呆，你就会被一些莫名其妙的人把你整得要死，你都反应不过来。

头脑心智也只是游戏工具？

分享一个阿凡提的故事：有一天，从邻国来了三个商人。他们每人给国王提出了一个难题,可是国王和王宫里的所有人都答不上来。有人提议让阿凡提来回答,于是国王立刻召来了阿凡提。

阿凡提骑着驴来到了国王面前,抚胸施礼道:"尊敬的国王陛下,敝人前来拜见,有何贵干请吩咐。"国王说:"我们这儿来了三位贵客,他们提出了很多深奥的问题,我想请你来给他们回答一下。"阿凡提望了望这三位商人,说道:"三位贵客,鄙人洗耳恭听,请你们提问吧。"

于是第一个商人问道:"请问地球的中心在哪儿?"阿凡提听了以后,不慌不忙,拿起拐杖指着他那毛驴的右前腿说:"地球的中心就在我那毛驴的右前腿这个位置。"然后商人说:"你有什么证据呢?"阿凡提说:"你可以去量一下,如果量出来多一尺少一尺,由我来负责。"地球的中心怎么量?显然这是一个很无聊的问题,第一个商人就只好不说话了。

然后第二个商人接着问:"请问天上有多少颗星星?"阿凡提还是不慌不忙地回答说:"天上的星星我早就数过了,跟我的毛驴身上的毛一样多,如果你不信,你就数一数,多了或者少了,你再来找我。"商人一听,也只好默默无语了。这时候,第三个商人还在沉默,阿凡提就主动问他说:"请问你的问题是什么呢?"于是第三个商人问:"我的胡子有多少根?请你回答!"这时候,阿凡提不加思索,马上回答说:"你的胡子跟我那头驴的尾巴上的毛一样多,如果你不相信,我们两个可以拔下来数一数。"商人顿时瞠目结舌,无言以对。

328

头脑心智也只是游戏工具而已，所以你要知道，很多人搞知识搞的就是游戏而已，不要当真。知识不是标准答案，知识只是生命游戏的一个方面而已。你不要把物理、化学、生物等这些学科里面讲的东西当作认知万物的定律，因为可能过一段时间就被推翻了。

实质上，人世间永恒的智慧早在两千多年前就已经传完了。一切的智慧，一切的运用都是由心而生，所以你只要抓住我们的心怎么样变化，心怎么样认知事物的智慧，把心搞通，你就万物都能够通达。

你看当我们说，这个叫花，那个叫狗，我说不一定，那个是花，这个是小狗。你说这个是小猫，我说不是，它是一条鱼。你说那是一条鱼，我说不是，那是一条虫。你拿什么作为依据说它是小猫、小狗或小鱼呢？你的依据是什么？它有名字吗？名字可以任意取，就像给小孩取名一样。

很多人有误会，你喊他的名字，他就认为这名字是他。我就觉得奇怪了，难道这个名字就能代表他吗？他老妈老爸没给他取名字之前他就不存在吗？他取了名字以后，他这个人就化成了那个名字吗？这是好颠倒的事情啊！如果名字是他，他老爸给他取了一个名字，万一他后来又取了另外一个，那么他这个人岂不是变了吗？名字变了，难道他就不是原来的那个人了吗？

关于怎么样给世界万物命名，你说是这样的，但是我可能并不这样说。你说我这样的话考试的时候会得零分，但是我说考试的时候得零分没关系，我在生活中不得零分就行了。考试的时候，要怎么样答题才得零分，要怎么样答题才得满分，我也可以很了解，这也是游戏。

法则与规范的存在价值是什么？

我孩子在学校里和其他孩子一样，在学习书本上的东西，他听我这么说以后，从小就知道哪本书上的哪些东西是错的。他经常从学校回来就说，我们物理课哪里讲错了，我们历史课哪里讲错了……他很清楚。我说："错了你还记它干什么？"他说："记它，是为考试而用。"我说："你能搞懂这是为考试而用，老爸就放心了。"

你知道它错，你又要学它，你就知道这是个游戏，那就没问题了，因为你想玩这个游戏嘛！你说想到大学里面去混一下，看看大学里面的这些人是怎么样生活，怎么样思考问题的。你想去了解一下，你就要有一张入学的门票。要获得这张门票就要符合他们的游戏规则，所以要填好答案才会拥有这张门票。拿到这张门票之后，你才能跟那么多的生命在一起共处几年时间。

首先，你要清楚这就是个游戏。虽然你知道它有很多东西并不合理，但是你要玩这个游戏，你还是要照样填那个所谓的正确答案。就像我当年考驾照理论时，就发现交规里有若干东西不合理。我们知道，立法的前提是先有人后有法，不是先有法后有人，所以法律的存在要本着服务于人的原则。因此我们的交规、法规里某些不符合人性的东西，就应该围绕如何让人方便来进行修改。我们要在保证秩序、保证管理的同时，还要在保证满足人方便的基础上来设定规则。事实上我们往往只是为了规定而规定，而有些规定显然已经不符合人的需要了。我当时一看交规，就知道哪一条不符合人的需要，但是我考试的时候还是按照他们的标准答案来填的，不然我怎么考一百分？

你永远要清醒，你对这个世界要看明白，法律是为人服务的，而不是人为法律服务的。我们要搞明白法律规章的本质意义是什么，它是为了规范和维护群体生活的人能够享有一个美好的、安全的、有秩序的状态，才诞生了法律。当规划好了有序的状态以后，如果有人不遵守怎么办？就又产生了对违规者的惩罚性法律。所以我们的法律为什么分为实体法和程序法？它是因人的需要派生而来，而不是天生就有的。

我们有实体法，是因为我们有实际生活，有社会工作，所以我们要约定公平、公正、公开的良性公共秩序，因此我们诞生了实体法。实体法诞生以后，有人要违背实体法，那么就要诞生相应的程序法，即通过哪些程序，来惩罚这些违背实体法的人。这样一分析，你就发现法律是很简单的一桩事情。但很多人学法律专业，毕业证书都拿到了，他都还没搞懂法律的存在价值和意义是什么。这就叫死读书，读死书，读书死。很多事情都是相对的更是相通的，因此很多道理，你只要通过生活中的吃喝拉撒就能搞明白。

本节要点:

1、如何使用自主定义权开发孩子智慧?

2、为什么很多生命活得不自在?

3、如何理解"众生所见皆幻相"?

如何使用自主定义权开发孩子智慧?

有一个国王,一天外出打猎,毫无所获,正在饥肠辘辘之时,就叫仆人给他弄了一个菜。荒郊野外,食材有限,仆人就只是做了一锅红烧茄子。就跟当年朱元璋吃珍珠翡翠白玉汤是一个道理,国王一吃,觉得简直是人间难得的美味。即使作为国王,他都搞不清楚是因为饥饿的缘故,才感到这红烧茄子此时吃起来特别香。他就问仆人:"难道这个茄子是世界上最好吃的蔬菜吗?"仆人马上应和说:"国王陛下,红烧茄子确实是这个世界上最好吃的蔬菜。"国王说:"那太好了,谢谢你。"

回到皇宫后,国王就安排仆人这一个星期专门给他做红烧茄子,结果才刚刚三天的时间,国王就觉得茄子很难吃,难吃得想吐了。当时,他就问仆人:"这菜现在怎么这么难吃?"于是仆人马上又应和说:"茄子确实是天底下最难吃的蔬菜。"然后国王就很生气地说："不到一个礼拜前，你还说红烧茄子是最好吃的菜，现在你又改口说是最难吃的！"

你不要只是把这个故事当成笑话听，实际上这里面隐藏着很深的生命奥秘。很多父母在小孩不吃这样不吃那样面前，往往感到无能为力。我曾在一个小区看到一个老爷爷，为了喂孙子吃饭而满院子追着跑，边跑边说："小祖宗再来一口，小祖宗再来一口……"当时看到那一幕，我就掉泪了。我就感慨，我们人类不是没有爱心，而是缺乏智慧！明明是轻轻松松就可以搞定，就可以让孩子吃了还想吃的事情，却因缺乏智慧而搞得好费劲、好麻烦。事实上，生活里看似平常的这些事情，确实都需要我们增长智慧。

我家儿子以前曾经挑食挑到全家人都感到忧愁和焦虑，我分分钟就搞定了，然后让他吃任何东西都觉得好吃了。后来他们学校食堂里面无论啥饭菜，他吃得比谁都香。跟同学出去点菜，同学说太难吃了，不吃了！他却二话不说，全部收来自己吃。

假如不懂智慧，你能让孩子找到吃一切东西都那么香的方法吗？你要带着他去探索，原本没有什么东西是美味，也没有什么东西不是美味，所有东西都是天地造化之灵物，所有东西都是最美好的。可是为什么我们会分出这样东西好，那样东西不好呢？是因为我们人类的偏见。事实上，每一样东西都很好，一旦我们人类有偏见以后，我们就给一切的存在本身全部定义了对错、是非、好坏，然后我们就活在各种定义里面，而被定义所捆绑。如此，你还能说我们是有尊严的人吗？

我们人人都在学知识、学文化，而知识和文化都是一些研究人员定义的。其实，这个世界每一个人都拥有定义权，但是你不能以自我为中心，也就是你不能强迫性地让所有人都按照你的定义去生活，这是你要搞明白的。

为什么很多生命活得不自在？

我们不能够在我们人这样一个纯真的生命、神圣的生命之上加很多的定义，加很多的概念。不然的话，我们加上去的概念和定义就成为一根根的绳子，反过来把我们自己捆起来，从此我们就活在定义和概念里面不得自由。很多人活在自己的名字里面，很多人活在自己的志愿里面，很多人活在自己扮演的一个角色里面。很多人在社会上感到很荣耀，我是一个法官，我是一个检察官，我是一个警察，我是一个医生，我是一个工程师……实际上，这些人有可能很可怜，因为一辈子都活在这个被定义的角色里面，那么他哪里有解放？哪里有自由？没有解放，没有自由！

有一个很成功的人，他每个星期都会邀请社会上的精英人士到他的别墅里面参加聚会。因为这个人很有影响力，又很有地位，随着每周精英交流会的例行开办，逐渐就形成了一种氛围。一些工程师、律师、会计师等各个领域的社会精英都希望能够收到邀请，来参加一次沙龙聚会。对他们来说，这就是一种荣耀，从此就会进入一个非常高端的社会圈层。

这位成功人士每个星期都会邀请和结识新朋

友，但是慢慢他就发现：人类有一个共同的特点，就是人与人之间在做相互介绍时，都是说"我叫什么名字，我是学什么专业的，我是做什么工作的，我是总经理或者是董事长或者是会计师，我女儿叫什么名字，我儿子叫什么名字……"每个人无一例外都是用这样的方式介绍自己。

有一天，这个人就开始发现有点儿不对头了，他意识到人类似乎是专门用不等于自己本人的符号来介绍自己。他发现了这个问题，但是很多人都没发现。因为活在这个世界上的每一个人，都理所当然地这样介绍自己。每个人都认为这是正常的，并不觉得有何不妥。

后来一次，他在主持会议的时候，一开始就说：我们这一次的沙龙，要办得有特色一点。我们往期的沙龙，大家在相互做介绍的时候，都是一个套路，递完名片以后就说：我是某个单位的，我是做什么工作的，或者我是学什么专业的，我取得了什么成果，获得了什么荣誉，或者某某人是我的儿子，某某人是我的父亲，某某人是我的爱人……所有人都是用这种方式来介绍自己。

这种介绍方式，据我研究下来发现，是不对的！为什么呢？因为你是一个活生生的生命，是一个具备一切可能性的生命，而你的名字并不能代表你本人，只不过是给你取了名字以后，它作为你生命的一个代号而已。这个生命的代号不等于生命本身，你的代号可以随便换，但是你的生命是不能随便换的。你的生命是唯一性的，而你的名字不是唯一性的，所以你

335

不能够用一个并不能代表你生命本身的东西来介绍你。比如你是什么学校毕业的，学什么专业的，只是你这个生命在人世间成长的过程当中，一个阶段性学习的经历而已，你不能把你这样一个学习的经历拿来代表你本人。

我们是一个活生生的生命，我们每天可以做很多事情，吃饭、泡茶、跳舞、插花、扫地……我可以干一切事情，但是我干的一切事情都不能代表我。我泡很多杯茶在这里，每个人都可以喝我泡的茶，茶是我泡的，但是我泡的茶并不代表我。所以你学习什么专业，也只是代表你在生命成长过程中所经历的一个环节而已，它不能代表你。

同样的道理，你毕业以后在社会上工作，不管你是当工程师也好，当律师也好，当法官也好……那只是你人生当中的一份工作，你扮演的一个社会角色。就像一个演员扮演康熙皇帝这个角色一样，他只不过是在电影里面扮演了康熙皇帝，但是他本人并不是康熙皇帝。就是说生命在工作当中所扮演的社会角色不等同于你这个生命本身，所以你不能够把不等同于你生命本身的东西来介绍你自己。包括你的爱人是谁，那只是一个陪伴你的人，也不能代表你本人。然后你的儿子是谁，那也只是你建立家庭以后，你们生产出来的一个小孩，他也不能代表你本人。你的上司也不能代表你，你的爸爸妈妈也不能代表你……但是我们所有的人，都在用所有不代表我们的标签来介绍自己，这就是问题！

然后，这位成功人士宣布：所有这些标签都不能使用，不能说你叫什么名字，不能说你是男的还是女的，不能说你是什么学校毕业的，不能说你是什么社会角色，也不能说你的父母、伴侣、儿女是谁……除了这些与你不相关的元素之外，你们可以尽情介绍自己。

宣布完以后，你知道出现了什么样的尴尬场面吗？所有这些号称为社会精英的人，在各个领域取得傲人成绩的人，在那一瞬间竟然感到极为无助，因为他们从来没有思考过生命问题！

如何理解"众生所见皆幻相"？

我们所有人都活在一个个标签里，我们所有人都活在社会集体意识所定义的各种符号里，我们从来没有面对过真实的自己。所以在这次沙龙聚会上，很多自以为傲的精英们，都感到浑身不自在，有的几乎以惶恐的心态逃离这间别墅。

透过此案例，我们来对照和审视一下自身，难道我们不是这样活的吗？你看一个法官，他一辈子就活成一个法官。他上班的时候，坐在审判席上是法官，然后下班回家了还是法官的角色，晚上跟他老婆抱在床上依旧是法官的角色……一辈子只活出一种角色，这样的生命不可怜吗？一个演员如果一辈子只演一个角色，这样的演员有什么发展空间吗？这样的演员有多高的演技吗？但是你会发现，现实生活中的人，就是这样活的。

作为一个活生生的生命，我们要明白什么叫真相，什么叫人生。你要反观一下你真正了解你本人吗？你认知生命本身吗？如果你什么都不知道，又谈何生命的意义？你莫名其妙地就跟人家争强好胜去了，你莫名其妙地就跟人家打架斗殴去了，你莫名其妙地就干伤天害理的事情去了……你自己都不知道你为什么干！你完全活在无明里面。哪一个人不是活在无明里面？佛祖说"众生所见一切皆幻相"就是这个道理。

第拾章

亲子教育要变成一件好玩的事情

教育就是在有趣当中把生命内在的丰富宝藏挖掘出来，并活生生地体现在生活的各种场景中，这是"从里面往外面抽"的教育，而我们现在是"从外面往里面装"的教育，完全是两个方向。智慧是从里面往外面抽，知识是从外面往里面灌。这就是《道德经》里面讲的"为学日益，为道日损"。开发智慧是要把我们后天障碍天性智慧呈现的这些东西去掉，然后智慧就像抽水一样，源源不断地从生命里面抽出来。所以智慧是生命本然具足的，而知识是从外面往里面灌入的，是生命系统之外的东西。

本节要点:

1、亲子教育应如何因材施教?

2、为什么说每个孩子都是第一名?

3、应启迪孩子以何种心态对待学习?

4、返回"0"点果真美妙且看啥都有趣?

5、如何理解此心光明世界即光明?

亲子教育应如何因材施教?

我们人在吃饱、穿暖、睡好的情况下,要把学习当作一个游戏来进行快乐地探索、创造和体验。我们不能把学习搞得很僵化、刻板和教条,而是要把学习设计成一种娱乐的模式。对于任何事情,你只能在合于自然的状态下,使它变成一种兴趣,它才会持久。只要中间没有一种自然的状态,而是一种人为的强制性状态,那么都很难坚持到底。

每一个人的灵魂,都是带着自己的一个人生方向,亦是带着自己的修行功课在世间旅行,所以我们要放心,当一个人没有受到自信心的打击,是处在一种自然状态下的生命,那么他一定是想学点东西,这是他的天性。如果我们把本来是很好玩的一件事情,本来是滋养我们生命成长的学习,搞成是一项很艰苦的心灵劳役的话，人们对学习就会充满恐惧和抗拒。

我们学习不是一上来就要学多少，其实学多少根本就没有一个绝对值。作为家长，也不能看到别人家的孩子学到多少东西了，就想着要去赶超，压根儿就没必要去赶超别人。每一个人的因缘不一样，每一个人的特质也不一样，有的是这方面强，有的是那方面强，各自擅长的领域不同。因此，我们在亲子教育上，一定不能够拿自己的孩子跟别人的孩子去比成绩高低。

我们绝大部分人的心理都或多或少有这样一个"你瞧不起我，我瞧不起你"的倾向性，而这种倾向性往往跟我们的教育有直接关系。小孩基本上从幼儿园开始，我们就已经培养他滋生"瞧不起人"这种心态背后的心智与行为模式了。什么样的一个模式呢？就是对比和攀比！这种模式最容易培养出"你瞧不起我，我瞧不起你"的心态，甚至会把人培养成"你妒嫉我，我妒嫉你"。妒嫉心就是通过对比和攀比这种模式而形成的，很多小孩从幼儿园就已经开始这样干了。

我不是反对送小孩上幼儿园，任何事情我都不反对，只不过我觉得一个家庭里面如果两个人能分工的话，七岁之前的小孩自己带会比较好一点。当然，如果确实没那个条件，那也没办法，你只能送到幼儿园。

在整个教育系统里面，从幼儿园、小学到中学一直到博士、博士生导师，最不好做的就是幼师。一群调皮捣蛋的娃娃在一起，这些幼儿园老师又没有什么经验，怎么去教育？我们不能够把所有的人都搞成一种统一的模式来教育，而是要根据每一个人的特长来因材施教。

可是今天，对比式和攀比式教育是父母们最乐于干的事情！自家孩子数学考了80分，父母就说隔壁家小丽数学考了90分，然后自家孩子心里面就不舒服了。为啥不舒服呢？因为孩子就会想：你只看到小丽这门功课比我多几分，可是她另外一门比我少，你怎么看不见呢？确实是这样，父母统统看不见。父母永远都认为，你已经是优点的地方，就不用肯定了，我们要专门找缺点出来提升。不去强调优点，专门找缺点，小孩心里面就不服气！小丽这一科比我好，但其他科跟我比就不行，你为什么不说？长此以往，小朋友就开始瞧不起小丽了，无形当中小朋友之间就会形成一种攀比的心理，其他小孩就开始对得到表扬的那个小孩有意见了。

为什么说每个孩子都是第一名？

现在，整个社会的这种攀比式教育非常普遍。人们只是一味地想用这种方式来达到促进孩子努力学习的目的，却从没有考虑过这种模式给孩子的心理所带来的影响。我发现在幼儿园里面，就是穿个衣服都要比谁穿得最快。"小朋友们，我们马上到户外去做活动。现在呢，我们来比赛一下，看谁穿衣服穿得快。谁最先把外衣穿上，谁就获得第一名，老师就奖励谁大红花。"于是，你会发现班上几十个小孩，永远只有一个第一名。剩下的人都没得到，没得到的人心里面都不舒服。这种教育模式就这么一丁一点地开始摧毁孩子们的信心。

你想一下，小孩比谁穿衣快，这怎么公平呢？有的孩子脑袋好使，但是他的行动反应却相对慢一些。可是现在老师说的却是看谁穿衣服穿得快，而不是比谁的脑子转得快，他就觉得对他不公平了。因为他的优势是脑袋反应快，另外一个小孩的优势是动作反应快，然后两个孩子来比谁穿衣服快，那当然是动作反应快的赢了。其他的孩子，心里面就不舒服，所以你只要每一次都搞个排名，每一次都搞个第一，就必定会对孩子产生很不好的影响。

事实上，塑造以及强调第一名是不科学的教育方式，因为每一个人都是第一名。两千多年前，耶稣就说了，每一个人都是上帝唯一的儿子。你在这方面行，我在另外一个方面行，我们每个人都是第一名。

真正的教育是要找到一个班里面每一个小孩身上与众不同、独一无二的特质，而这种特质是班里面其他小孩都不如他的，那么他在这方面就是第一名。这样，就能让每一个小孩都认识到我在班里面某一方面是第一。

你看经典里面，释迦牟尼身边的那些弟子们都是这样排的：这个是神通第一，那个是智慧第一，另一个是密行第一……从来就没有说哪个人是全方位的第一，而只是说这方面这个人是第一，那方面另外一个人是第一。

教育就是要找出孩子优势的一面，家长和老师可以帮助孩子一起找，这样每个孩子都有信心，每个孩子都是第一，他就不会妒忌别人。但是每个孩子都有不足，都有不如人家的一面，他就会向别人学习，就会跟人家搞好关系。我这方面强我可以教你，你那方面强你也可以教我。这样，孩子们就很团结。

应启迪孩子以何种心态对待学习？

我们今天的教育，并不是去发现每个小孩优势的一面。就像一幅主题为《小动物赶考》的漫画里面讲：今年高考，所有的小动物们都来看今年的考题是什么。鱼来了，鸟来了，猴子来了，小白兔也来了，狮子、老虎、羊都来了，最后乌龟也来了。大家纷纷到齐之后，老师宣布：今年的高考题是比赛爬树。完了！乌龟一听，马上调头就走，除了猴子，其他小动物都很识趣地离开了。比爬树，谁还比得过猴子吗？

高考就是这样的，管你是什么类别的人，统统一套考题，你觉得靠谱吗？这是我们现行的教育体制有待解决的问题。你要知道它不科学，你要去发掘到我们每一个孩子的特质，要找到他闪光的地方。透过分析，你会发现，如果没有这样一种攀比，没有这样一种对比，我们人的自信心、谦卑心等各个方面的状态会好很多。

我们学习、工作和生活的方方面面，都要从一个有趣的角度去看待，考高分也是很有趣的。这里面，重要的是我们看待事物的角度，而不是事物本身。所以我们并不是没有兴致去考高分，而是要视学习如玩游戏一样，以这样一种心态，你能考到很高的分，那是能力和水平的体现。

我们小孩的心是敞开的，他对一切都觉得很神奇。所以我们对小孩只要不以一个僵化的模式，比如什么是对、什么是错这样一种人所定义的标准，来对他的内心世界进行一种模式化的规划，那么小孩敞开的心就会从各个角度来认知这个世界。

其实，我们每一个人对这个世界的认知都不全面，几乎每一个人最擅长的就是站在自己的角度看世界，每一个人也最习惯以自己的知见为标准去衡量世界，人几乎都是这样的。

有一百个人，他们每一个人的性格不一样，专业知识不一样，看问题的角度不一样。一百个人对同一件事情有一百个结论，你能说是哪个对或哪个错呢？每一个人站在自己的立场上都是对的。

返回那个"美妙点"便看啥都有趣？

以前，我看到过一幅关于小动物拉车的漫画，就觉得很好玩。几个小动物在共同拉一部车子，天鹅是往天上拉，小白兔是往草丛里面拉，鱼是往水里面拉，还有山羊、小狗等其他动物，一个往左拉，一个往右拉，一个往前拉，一个往后拉，每个小动物都在很努力地拉车，但是车子却纹丝不动。

一个家庭，如果对亲子教育没有一个统一的理念，孩子就变成了一辆车子，妈妈往这边拉，爸爸往那边拉。两个人的认知不一样，价值观也不一样，每个人都站在自己的立场上看问题。所以教育孩子要真正做到百分之百不投射，那是很不容易的。什么叫投射？就是把从你这个角度看到的作为标准，以你的认知为中心，来判定这个世界是怎么样，别人是怎么样。你不能这样去投射，很多事情你一旦去投射出来，你就越投射越感到很逼真，而实际上却根本就没那回事儿。

我们圣贤文化里面，尤其是释迦牟尼的教导里面，始终非常强调一点，就是我们要把所有的认知往后退。退到哪里？退到一个什么都没有的空性上去，我们要回归空性，然后从空性这个起点回头去看大千世界，回头去看众生，这个时候你是没有投射的。

当你在零投射的情况下，你看每一个人就很容易看懂，你看每一个人就觉得很有味道，那个时候你看任何一个人都没有烦恼。为什么？你觉得太有趣了。你发现，针对同一件事情，每个人有不同的想法，你就觉得太有意思了。那么他们为什么有这样不同的想法呢？是因为他们建立在自身认知系统上的标准不一样，那么他们就会产生与认知相应的喜怒哀乐悲恐惊等各种情绪的变化。这样，就使得我们的生活显得丰富多彩，使得我们的生命显得非常有趣，显得奇妙无穷。所以，当一个人回到空性的状态上，他看每一个人都有趣。

如何理解此心光明世界即光明？

如果一个人不是退回到空性的状态，而是站在自己的认知标准上来看待一切的话，他就只会一天到晚的烦恼。因为他所建立的一套价值判断标准，别人根本就不接纳，而且整个世界也不是按照他所定义的标准来运转。这个时候，他就会发现这里很糟糕，那里很糟糕，所以你经常会听到很多人说这个世界很黑暗，存在很多这样或是那样的各种问题。你会经常听到这种声音，因为他们是站在自己的角度看世界。实际上这个世界处处充满光明，经典里面讲这就是一真法界，哪里会黑暗？但是他从自己的角度去看，就看到这个社会很黑暗。

很多人看到这个社会好腐败，其实这个社会很光明，这个世界是永远充满着正义的世界，而且这个世界是正义最大的世界。很多人不服气，"你说这个世界正义最大，现在贪官污吏那么多，还有正义吗？"很多人没有反过来看问题，正是因为贪官污吏存在，才充分肯定了这个地方的正义是最大的。我们只看到了这个地方贪官污吏多，或是那个地方骗子多这样一种现象，但是我们有没有发现，骗子要骗人，他却永远要打着正义的旗号。你知道吗？

没有哪个骗子讲明了现在要骗你，你还会上当的。所有的骗子都是因为打着"我关心你，我对你好"这种正义的旗号才把你骗到的，那么你认为是骗子把你骗了？还是因为你对正义的信任？这就充分说明你是因为对正义的信任才被骗上当的。反过来说，骗子想要骗人，如若不打出正义的旗号都骗不了，这不就恰恰说明正义有多厉害吗？干坏事都要打着正义的旗号，你说正义强不强？你去看哪个贪官污吏不是打着正义的旗号在贪呢？哪个贪官污吏有说自己不是为人民服务，而是为了贪钱这种名义干的吗？没有一个。所以你会发现，哪怕他的权力再大、级别再高，他想干点儿坏事，都要打着正义的旗号才干得成。这说明什么？说明他的权力根本不抵什么用！无论他拥有多大的权力，他都要借用正义的名义来干坏事，你说正义有多强大？

正义在天地之间是永远无法撼动的力量，所以这个世界是最光明的，光明到这些骗子或贪官都要打着正义的旗号才干得成坏事，你竟然还说这个世界黑暗？是不是这样一个道理？所以我们对这个世界要永远充满信心，这个地方一点都不黑暗，反倒是因为太光明之故，乃至于凡是有所企图之人都要借用光明之力来谋财谋利，所有黑暗的力量都要借用光明的力量才能满足自己的私欲。就连我们走光明大道的人，难道不也是同样借用光明的力量来满足我们的追求吗？因此，你会发现人世间哪个众生离开得了光明呢？历代圣贤不是走光明之道吗？爱心人士不是走光明之道吗？那些捍卫正义的英雄豪杰们不也是走的光明之道吗？为什么走光明正道之人特别受后人尊重？因为他们受益于光明和正义的回报。同样，那些干坏事的人不也是打着光明和正义的旗号在干，不也是同样受益于正义和光明吗？

你会发现，离开光明，这个世界上没有一个人能活下去。那你还说这个世界不光明吗？所以经典里面讲，当你有一天把它看懂了，这个地方永远是一真法界，永远是大光明境，一切众生皆活在大光明里面。

正所谓此心光明，世界即光明。

　　这样一看，你就会发现，黑暗挺好的，黑暗是为了把光明谱写得更光明。黑暗也从来没有磨灭过光明，相反它是为了使光明更亮丽。所以，黑暗的功用就是使众生对光明更加热爱。

　　在这个世界上，只有最勇敢的人才会去寻求所谓黑暗的道路，只是所有黑暗的道路都行不通。所以，我们不要去投射自己的认知，不要去做任何批判。你只要习惯性地带着一种批判的心情、挑剔的眼光去看这个也不对，看那个也不好，那么你对自己的孩子也会是这样看的，然后你就会带着这样一种批判的知见来教育小孩。

第贰节

世界上没有改变不了的事

本节要点：

1、父母怎样才能做到不冤枉小孩？

2、如何才能做到很公正地看待一切？

3、为什么很多人都说人生无常？

4、圣贤文化为我们指明的方向是什么？

5、父母应如何协助孩子建立信心？

父母怎样才能做到不冤枉小孩？

很多人讲，如果你爱这个孩子，你就一定要怎么样！好像自己是对的一样，其实不一定。作为家长，千万不要盲目地参照和遵循他人给出的结论来教育孩子。

遇到了事情，我们不去做投射，我们要回到当事人的立场，以他的眼睛去看事情，以他的耳朵去听声音，以他的脑袋去想问题，这样我们就能理解到这个人。他看的角度和我们不一样，他听到的东西跟我们也不一样，所以我们要尽量地以他的角度去看，这样我们就能理解他为什么要这样干。当我们能理解他为什么要这样干以后，我们跟他交流的时候就能产生共鸣，我们就有机会给他提供另外一个角度的看法。比如说：现在以你的眼睛看问题是这个角度，以你脑袋里的思想认识问题是这样一回事，然后我把我的眼睛借给你，看到的是这样的，再把我的脑袋借给你，用里面的思想认知看问题又是这样的，那么现在我们两个人所看到和认识到的东西就矛盾起来了。你只要把更多的角度提供给他，小孩的天性是空白的，他自己就会去鉴别，这样小孩自己就把自己纠正过来了。

很多时候我们都在冤枉小孩，但是当你没有投射的时候，你就会避免冤枉小孩。我从小被老爸打得要死，天天被他打，但他不是每一次都打对的。我很多次挨打都是被冤枉的，但是他已经打习惯了。一看事情来了，上去就开始打了，他就从来不思考你为什么是这样？打个比方，小孩从外面拿什么东西进来了，有些父母一看这个东西不是自家的，立马条件反射就出来了，"这不是我们家的，你从哪里偷的？"这就是他从脑袋里面想出来的。事实上，不是我们家的这个东西跑到我们家来，它不一定是偷的性质，它可能还有其他的性质，也会让它跑到我们家来。

以前，我老爸就这样整我。我把人家还没有成熟的果子搬到我们家来了，他就开始边打边骂："从小就偷东西！"我说："我在树上摘的，哪里是偷的？"你认为我是讲笑话吗？我没讲笑话，我真的是在树上摘的。然后老爸说："你还狡辩，树上摘的不是偷的是什么？"我说："去年你不是也在我们家那里摘果子吗？"老爸说："你还狡辩，那是我们家的！"

摘我们家的果子不叫偷，摘别人家的就叫偷，这个东西小孩是不懂的嘛！你没跟我讲过，我只知道那个果子熟了，你从树上摘下来就给我们吃。现在我也看见那个果子要熟了，我就把它摘下来准备自己吃。我哪里知道这棵树是我们家的，那棵树是他们家的。我搞不清楚，我只知道树上有果子。这就是他没跟我先说好，我等于是帮人家摘了，没有放对地方，应该放在人家那里的，我却放到自己这儿来了。另外，我摘早了，应该再过一段时间摘才对的。我老爸如果跟我说，你不能这么早摘，因为果子还没熟，而且不能往我们家摘，因为那棵树是隔壁家的树，所以你往我们家摘就不对了。老爸如果这样跟我说了，我不就知道了嘛！它哪里有偷的性质？小孩根本就不懂什么叫偷，这都是我们父母定义的。

如何才能做到很公正地看待一切？

作为父母，我们要告诉孩子，这个世界上存在一种判断标准，因为我们对这个世界的很多事情都进行了划分。比如说，山河是上帝造的，大地是上帝造的，天空是上帝造的，大海是上帝造的……整个世界都是上帝造的，但是人类搞了个游戏说，这一片归我管，那一片归谁管，每个人管理一个小范围，而且还做了产权登记。人类帮上帝管东西，是划分好了的，所以对于划分给人家的范围，你去侵犯了就不对。因为上帝叫他管，没叫你管，所以你就不能去帮人家管。人家的东西只能放在人家的地盘上，你不能把人家的东西搬到你的地盘上。

你跟小孩说清楚，他就不会去乱动别人家的东西。包括小孩在家里面玩玩具该怎么摆，你同样要启发他，因为这也是一个生活秩序的问题。"你看我们的眼睛、耳朵都长得很对称的，你的眼睛没长在下巴这个位置，说明什么？说明它该摆在什么位置就摆在什么位置。同样的道理，我们家里面的东西，也是该摆在哪里就摆在哪里。"你跟他这么一说，他就会开始养成秩序，不会乱扔了。所以要先跟小孩约定标准，有了标准之后，他摆错地方，你一提醒，他就知道了。

以前我年幼时，我老爸打我从来没有标准，只要是我干的每一件事跟他干的模式不一样就挨打，可是他又没有提前进行普法教育，那不就是一暴君吗？因此就导致那时候我老爸讲任何东西，我都统统不听。后来我在社会上闯荡，回忆起自己小时候，我最讨厌他经常唠叨一些人生的大道理，而事实上我老爸讲的很多东西还是对的。可是当时为什么不听呢？就是因为两个人已经对抗起来了，你跟我对抗，我也跟你对抗，对抗起来以后，你讲再对的东西我都不会听。我不仅不听，我还会跟你对着干！你说这样不能干，我就偏偏干这样。因为你让对方逆反之后，对方肯定跟你对着干。

有一个小孩，他妈妈是学基督的，就叫他每天跟着一起学基督，每周上教堂，可是这小孩却很不愿意。后来这事儿在小孩心里就成了阴影，只要一看到教堂，他就本能地抗拒。有一次，我们在一起玩，我说："这儿有一个举办婚礼的教堂，我们进去参观一下吧。"他说："我不想进去，我讨厌教堂！"我听了挺好奇的，就问他："你为什么会讨厌教堂呢？"他说："我也不清楚，反正一看到教堂，我就讨厌，我就不想进去。"当时我觉得好奇怪，就说："你看这教堂修得多好，里面既庄严又神圣，进去参观一下吧，毕竟这也是很好的艺术嘛。"但是他死活都不进去。

后来，我们在聊天的过程当中，他告诉我说："我的这种对抗心理是从父母那里来的，因为从小父母就逼着我每天要念上帝，每天要拜上帝，所以我心里面就很逆反，只要父母叫我学上帝，我就跟他们对着干。"听他讲了事情的原委之后，我告诉他说："你没有跟父母对着干，你现在已经是被上帝牢牢地控制住了，你信不信？"他说："我在反对上帝，怎么被上帝控制了？"我说："你已经被上帝控制到何等程度，连这个象征性的教堂你都不敢迈进一步，你还没被控制吗？控制不一定是正向的控制，控制有时候是反向的控制。你只要一看到教堂，你心里面就有一个阴影，你始终躲不开这个阴影，你很讨厌这一套，那不就是被控制吗？"我们不能以自我在人生经历与体验中所形成的认知，来片面和狭隘地看待事物，因为那是虚幻的自我意识于外在的投射，它并不客观。

我在成都也遇到过一个搞艺术的画家。他说："我就不信基督。"我说："你为啥不信？"他说："就凭'你不信我就下地狱，信我就上天堂'这一点，我就不信！"真正的上帝怎么可能用威胁、恐吓的手段让你信他呢？只有那些没有脑筋的人，因为害怕，就想到万一真有上帝的话，因为自己不信祂而下地狱怎么办？还是信好点儿，反正信也没有什么损失。这就是一般人的心态。稍微有点脑筋的人就不信，因为他觉得这根本就讲不通。在这个世界上，很多宗教都用这种恐吓的原则来传播的，因为很多人胆子小，你恐吓他，他就信了。其实这些都不是真正的人格自主性的体现。人格真正自主的体现是不带任何观念投射，这样我们才能够很公正地去看待一切事物！

为什么很多人都说人生无常？

只要你是按照自己的认知系统来看这个世界，你就会得出一个什么结论呢？你会发现人生是无常的。为什么很多人都在说人生无常？就是从他自己的知见角度总结出来的。他按照自己的认知标准去规划他的人生，最后出现很多他想象不到的意外的事情，把他的计划打乱了，所以人们就说人生无常。你要知道任何事情都是不一定的，你说你要改变它，但是却不一定能改变，因为没有一件事情是从自我的角度能够看得全的。

我们儒家文化说天下无不是之父母。我们的父母也是站在自己的立场上看事情的，所以他们不可能把任何事情都看得那么周全，那么完美。但是，作为子女，你没有资格批评父母。你想想，妈妈把你从肚子里面生出来，把你接引到这个世界，有了你之后，父母在你身上付出了很多的心血，最后你成长起来了，你要开始批判爸爸妈妈了，甚至要开始去教训他们了，那怎么可以呢？不要说我们没有资格教训爸爸妈妈，在这个社会上，任何人你都没有资格教训他。

圣贤文化为我们指明的方向是什么？

圣贤文化给我们指出的一个方向就是：永远盯

着自己看，永远找自己身上的问题。永远不去跟别人做比较，只跟自己做比较。只要跟自己做比较，每一个小孩都会培养出热爱学习的兴趣。你只要是跟别人家去比较，孩子们就会经常受打击。他只要受打击，你要让他喜欢学习是不可能的。当初，我的孩子不喜欢学习，被送到我的身边来。我就想，他不喜欢学习，可能是因为妈妈每天晚上辅导他做作业，有时候辅导到半夜都还没做完，那么在这个过程当中，妈妈的心情就肯定不好，心情不好了就肯定会骂他，"你怎么这么笨？到现在还做不完，别人家的孩子早都做完了！"这孩子不喜欢学习，肯定有受到打击的原因。

确确实实，按道理一个小时就可以做完的作业，在他的手上已经弄了两三个小时了，都还没弄完。他自己也很清楚，其他的同学早都做完了，而自己就是没做完，可能自己真的是笨了。他嘴巴上虽然没说，但是他心里会认为自己真的是笨的，因此他对学习就很抗拒。

在这个世界上，没有任何事情改变不了。其实，让一个不喜欢学习的孩子爱上学习，是一件很容易的事情，你只要树立他的信心就搞定了。你不要说他现在读三年级，你就用三年级的标准要求他，这并不科学。他是在读三年级，但是他搞不懂，那我以二年级的标准要求他就可以了。我根本不需要用三年级的标准要求他，因为我的目的是要培养他的自信心。自信心的树立远比他会做多少道题、学了多少知识重要得太多太多，这一点首先要搞清楚。

有些父母操之过急，孩子本来是三年级的标准，父母却要用四年级的标准要求他，好像生怕孩子的信心不够他折腾、不够他打击一样，非要拿更高的标准来消灭孩子的信心。

父母应如何协助孩子建立信心？

每一个孩子都很聪明，但是每一个孩子一旦失去信心，哪怕他是个天才都废掉了。对孩子的信心鼓励，不是去找难题来挑战他，根本没必要，而且也不奏效。你只能找那种很简单的问题来"挑战"他，但是你一定要说这个问题太难了。

我儿子在他妈妈那里找不到信心，在我这儿就有信心。他来到我身边以后，本来是上三年级，我拿二年级的题来给他做。我说："这道题怎么这么难？哎，我做不来！"他听我这么一说，就把题拿过来一看，"这个我会！"他一下子就做出来了。我说："这么厉害？太棒了！这么难的题，你都会做！"我每天没干什么正事，等他放学回来，我就向他请教一道在他的能力范围内做得来的题。每次在他做完以后，我就在那里感叹："你太棒了，老爸和你同龄的时候，觉得这种题比登天都难！"我每天就干这件事情，其他的什么都不干，从不过问他学了多少，就只是每天请教他一个问题而已。结果，这孩子莫名其妙什么时候变了，我都不知道。突然之间，居然拿了个全班第一名回来，我都很震惊！

每一个孩子都天性聪明，所以最重要的是要给他树立信心。你会发现，当一个人有信心的时候，那

358

是很可怕的事情。反过来，当他没信心的时候，你天天拿着鞭子抽都没用。很多父母，不培养孩子的自信心，天天非打即骂，有用吗？没用的！倒是天下父母很有本事经由亲手打造，把天才在短短几年的时间里就变成了废材。父母都具备这种能力，你以为很困难吗？把一个天才弄成废材，这要不了多久。

对于人这一生，你要从灵魂的角度去认识肉身，从一生的角度去看当下。你不能只看今年、明年，今年考试哪怕不及格都不重要。如果今年能培养出他解决问题的兴趣，那么这个兴趣他会受益一辈子。他有兴趣去解决问题和他今年哪个科目有没有考及格相比，哪怕跟他考个第一名回来相比，你认为哪个重要？

我们有时候老是盯着那个分数，有什么意义呢？那是假象。我们老祖宗教了一句话：宁为鸡头，不为凤尾。这些都是树立信心的策略。一个人的内心本来就有追求上进的动力，但是你非要很强势地拿他去跟别人比的话，他这种动力很快就会被扼杀掉。

我有一个朋友，他的小孩学习比较好，但他天天也是焦头烂额地骂小孩。我一看，那小孩玩什么东西都很聪明，为什么被他的父母骂这么笨呢？后来我去他家的时候，发现小孩动不动就被他老妈罚站或罚跪，在那折腾过去折腾过来就是为他那点儿作业。

当时，我就在想，"天呐！就这么一个宝贝，你们就下得起手呀？"后来我跟他老爸说："你们的教育是不是有问题？你的小孩天生就这么笨吗？"他说："不是！不是！就是最近转到现在这个学校才变笨的。"我说："懂了！你为什么转到这个学校呢？你认为这个学校很好,这个学校全是高材生,你们就不想输在起跑线上,转到这里来是不是这种心态?"他说:"对!就是这种心态。"

我说:"你搞错了!不是不该转到这个学校,而是你转早了。给孩子转一个好学校,你要先看孩子的信心程度如何,以及他的学习兴趣如何。然后你评估一下,他跟那些优等生比较到底有多大的差距。把综合因素进行评定以后,你再来考虑是今年转还是什么时候转。如果你提前一年转,他的落差太大的话,那么可能进去半年的时间就把信心全部摧毁了,因为身边全是高手。但是,你晚一年转,然后这一年你就培养他的信心,在充分建立信心的基础上,慢慢地拉近他和优等生之间的差距,然后你感觉到在他有信心的情况下,有那么一定程度的距离,他可以去挑战的话,这个时候就可以转到好学校了。"

我们的人生一定要分成很多等级来打造,当他信心不够的时候,你要让他在一个大家的能力和水平普遍都比较平常,而且比他还差那么一点点的环境里面,先培养信心。因为那些孩子和他比要差一点,那么老师就会表扬他。当经常得到表扬和肯定的时候,他的信心就上来了。信心一上来,孩子的整个精神面貌就不一样了,老师也自然就会更加重视他,这样就能把他的潜力开发出来了。所以不是学校好就把孩子送去读,学校的情况以及孩子各方面的综合素质都要衡量。你要分析:孩子到那儿去是加分还是减分?是刺激他更好地成长还是会打击孩子的信心?这些因素你一定要考虑!

第叁节

以天性智慧来面对和处理事情

本节要点：

1、如何营造使孩子自动变优秀的心理效应？

2、如何培养从不同角度及立场观看事物的智慧？

3、如何看待成败输赢且持续进步？

4、一生应有一个表达人生意义的终极目标？

5、为何要始终守护善良且走自己的路？

如何营造使孩子自动变优秀的心理效应？

心理学家曾做过这样一个实验：有一天，几个非常权威的心理学家专门来到某校给学生做潜力预评。他们调取学生档案，找到班里面学习成绩最差的几个调皮捣蛋的孩子之后，就跟老师们说："经我们专家组研究发现，你们班这几个孩子的潜力是最大的，是将来最有出息的几个。但是你们不能够让他们的家长知道，更不能够让孩子们知道，只是你们老师心里面知道就行了。"心理学家郑重交代完以后就走了。从那时候开始，老师们的态度一下子就变了，一改平日里整天骂这几个调皮小孩的教育方式，转而用很欣赏的眼光看待他们。

一学期以后，心理学家回访的时候，班主任很激动地告诉他们说："你们真是专家，

361

你们的预言太准了，这几个孩子现在全部在班里名列前茅。"这时候，心理学家才吐露了真相："我们是搞心理研究的，孩子不在于他的基础如何，而是在于他受到了关注，这样他就会有很强的动力往上成长。我们当时告诉你们，他们是特殊人才，那么你们作为老师，自然就给予了他们更多的关注。你们不再像以往一样整天骂这些捣蛋鬼，整天说他们不行了，你们现在是很欣赏地看待他们，所以这些孩子们自动就优秀了！"

我小时候也是一个调皮捣蛋的孩子，所以我非常懂调皮捣蛋的孩子是什么样的一种心理：当正向的路走不通时，他一定走反向。每一个人都需要有存在感，这是肯定的。有的孩子，父母会引导，他就从正向的角度得到了存在感。我们家的父母没引导好，我的成绩也上不去，我除了通过偷偷摸摸地给班主任捣乱来引起重视，来寻求存在感之外，我还能有别的事情可做吗？每个孩子都希望被重视，你只要对他重视，对他欣赏，他就会自动变得很优秀。

如果我们不是这样来看待孩子，而是把反应可能稍微慢一点的孩子拿来跟另外一个反应比较快的孩子进行对比式激励，那么这种策略并非教育，而是应该被定义成是毁灭人才的教育。

如何培养从不同角度及立场观看事物的智慧？

孔老夫子讲这个世界上的一切都是不定的，叫无可无不可。不仅仅是孔老夫子，所有的圣人看任何事情都是不定的。你说这个孩子不行，可能换另外一个角度看，这个孩子却非常行。一个真正懂教育的人，永远能够一眼就看出人家的优点。

陶行知是专门搞教育研究的，你看他有多厉害：有一天，他在校园里刚好看到两个学生打架，其中一个孩子拿着石头正准备砸向另外一个孩子。陶行知见状，立即上前制止，并对刚刚拿石头准备砸人的那个孩子说："你到我的办公室等我，我把事情调查清楚后再来找你。"一会儿功夫，陶行知就把事情的前前后后全部调查完了。

他回到办公室的时候，这小孩心想，"完了完了！"然而出乎意料的是，陶行知刚一进门，就掏出了一颗糖奖励他。"你知道为什么奖励你吗？"陶行知说，"你刚刚在那打架，我叫你停，你就停了，你真听话！所以这颗糖是奖励你的。"

小孩刚刚诧异地接过糖，陶行知紧接着又拿出了第二颗，"这颗也给你。"小孩更诧异了，"怎么又给我呢？"陶行知说："你知道吗？我叫你到办公室等我，你就来了，你这么配合，所以这颗也奖励给你。"

紧接着，陶行知把第三颗糖又递过去了。"这颗也奖励给你，我已经调查清楚了，你打那个小朋友，是因为他欺负女生。你见义勇为，才捡起石头砸他。你是为正义在战斗，所以这颗糖奖励给你。"这就是能够从不同的角度和立场看到他人优点的智慧。

若要让孩子有所改变，首先第一件事情就是让他放松，不要对抗。无论是成年人、小孩，还是老年人，你要提他的毛病，只有先让他放松下来。否则，你只要提他的毛病，他就会跟你对抗，因为他已经把你划入敌对方了，你跟他已经形成了敌我矛盾。你看当领导的要批评下属，从来都是先表扬再批评，他没有说一上来就开始批评。他首先会跟下属说："这个事情做得好！"下属也不知道是真好还是假好，但是听到表扬和认可之后他就放松了，一放松就不会产生敌对。

表扬之后，你再进一步跟他讲："你好好研究一下，这件事情该怎么做？"他就会意识到，自己不应该这样做。假如你一开始就说，"你这事怎么能这样做？"那么他就跟你对抗了。"怎么不能这样做？站在你的角度，这样做错了，但是站在我的角度，这样做就对了。"你要批评任何人，或者是你要帮助任何人，在纠正对方的问题之前，第一桩事情就是消除内心的对抗。包括两口子之间都是这样的，如果不先消除对抗，你要给对方提任何意见，对方都不可能听进去。

你看陶行知这么一来，对抗当下即除，小孩的心里面也就不再是充满恐惧的状态，而是对老师发自内心的尊重。所以陶行知递给他第三颗糖时，他一下子就哭了。他说："老师，我错了。我虽然是打抱不平，但是我用石头砸人也是不对的。" 小孩刚刚说完，陶行知又把另外一颗糖递过去了，"你认识错误真快呀，又奖励给你。"你看，整个过程没有一句批评的话，几颗糖就搞定了！

在教育小孩方面，这些真正懂教育的教育专家们都给我们树立了榜样。你要先表扬他，你要先让他放松，在放松的状态上，基本上他的天性就会起作用。当天性起作用时，他自己就知道其行为恰不恰当。实际上，教育没有那么难。只要你不用所谓的对和错的标准去投射，你就会发现自然大道必然有一种智慧，来透过当下的事情启发孩子，就是说孩子的天性就会启发他以智慧来面对和处理事情。

如何看待成败输赢且持续进步？

一个真正会启发人的父母，就像一个出色的教练一样。有一个教练，他的一个队员在拳击比赛中打输了。教练问他："刚才第三局的时候，你是不是把对方吓得够呛？"他的队员本来刚刚输掉比赛，心情有些低落，听到教练这样一问，他就说："我当时正在比赛，没注意到，你是一个旁观者，看得比较清楚，难道他也怕我吗？"然后教练说："是的，他以为把你打死了，吓得要死！"

这个玩笑一开，大家笑一笑就过去了，输赢很正常嘛！不要把这个输赢当做很大不了的事情，就跟玩游戏一样，只不过是这一局暂时失利而已，不存在输。我们调整心态，调整战略，重新再打就行了。

所有的成功人士都给我们传递了相同的思想，就是世间根本就没有失败这个说法，只是我暂时还没有找到成功的那一个点，但是我已经很成功地找到了诸多不成功的方式。只要在我没有放弃之前，所有的经历都是一个学习的过程，所以不能定义为失败。这些话很有道理！

对小孩我们永远都是充满希望的，人生如果没有希望，就相当于把自己生命的大门关掉了。在一场足球比赛马上要开始的时候，一个报社的记者，来到一位正在做赛前准备活动的队员面前，请他向热心的球迷们说说他对本场球赛有什么希望。这个队员想了想说："当我带着球顺利越过对方防守线的时候，你说我有什么希望？我希望我正准备射门的时候，对方的守门员突然腿抽筋倒在地上，这就是我的希望。"每一个人都要有希望，但是他希望人家腿抽筋来让他射球成功，这根本不靠谱。这就是阿Q精神，是不可能的妄想。希望是促使我们通过面对一个很现实的状况，不断地评估和提升我们的能力，然后去找到应对和解决问题的办法。在办法没有找到之前，永远都不会放弃，这就是希望。

打冰球的守门员，对自己球队的队员说："你们知道吗？我在守门的时候，我就经常想，如果这个球能变得像球门那么大，或者反过来，球门变成跟球这么小的话，对我来说该有多好啊！那我一定把门守得很好。"人生当中，我们有时候搞笑一下，自嘲一下，很多事情也就过去了，不存在太严肃的事情。一般情况下，政治上的事情够严肃了吧？但是你看那些政治家们在较量的时候，面临很尴尬的场面，稍微调侃一下，就一笑而过了，很多事情就这么回事。

有时候，一个人问一个表面很严肃的问题，但是他不一定那么严肃，他只是以非常严肃的方式问而已，你也非常配合地以严肃的方式回答他，就像中了对方的圈套一样。有一年，一个相声演员上了中央电视台春晚，但是他的师父没有上！一个记者就给他设陷阱,"你看你上了中央电视台,你师父都没有上,你怎么看这个事情?"他不紧不慢地说:"我师父那两天在生孩子。"一个男人会生孩子?你看人家,轻松幽默地调侃一下就过去了。

一生应有一个表达人生意义的终极目标?

有一天,阿凡提的毛驴被人偷走了。他怀疑是村里面的人干的,就告到法官那儿去了。法官对他说:"请问你有没有亲眼看见?有没有亲手抓住?有没有真凭实据?没有的话,本官不受理。"说完以后就把他轰了出去。过了几天,阿凡提神不知鬼不觉地把法官家里面那几头马偷到集市上卖掉了。法官经过一番调查后,就把阿凡提当成嫌疑人抓起来审问:"你偷走了我的马,该当何罪?"哪知道阿凡提不慌不忙地说:"阁下,请你息怒,你常说要有真凭实据,请问你亲眼看见我偷了你的马吗?你又亲手抓住我偷了你的马吗?或者你有证人证明我偷了你的马吗?"法官被他这样反过来一问,顿时哑口无言,只好不了了之。

法律是我们每一个人都要去正确认知的问题,世间没有法律是绝对不行的,但是我们不能用死脑筋看法律。法律永远是为人民服务的,不是人民为法律服务的,同时,法律也是我们必须要遵守的。所以,你要把法律看明白,又必须要遵守法律,这样你才会发现你在人世间是自由的。如果你没有把这些看明白,你就会觉得处处都受限,这样也不能干,那样也不能干。

我们从小就要告诉小孩，人世间没有大不了的事情。但是我们人生要有一个目标，就是我活在这个世界上，我要找一件事情来干，而且我要争取把这件事情干到别人都无法企及的程度，甚至我要去创造吉尼斯纪录。

有一个很著名的跳高运动员，他随时都在想自己的跳高一定要破吉尼斯纪录。有一天，他发高烧了，队里就送他去医院。医生给他量体温时，边看体温计边摇头，"居然40度了。"这个运动员一听40度了，马上情绪大增，问道："40度了有没有破记录？"他的脑袋里面想的全是破记录，你就可以想象，他的生命处在这样一种全然的状态中是什么样的感觉。

我们要学会就在每一天生活里所发生的事情中，找到人生的奥秘。有一个老板，他对旗下一个球星说："我可以给你一大笔钱，条件是从你身上抽一些血液到其他队员身上，使他们具备和你一样的勇敢、凶猛、顽强。"然后这个球星说："老板，你看这样，我出一笔钱，买你的血，注入到我们每个人身上，让大家都变得像你一样富有起来，行不行？"显然是不行的！很多事情是不能以这样一种简单的线性思维来进行考量和交换的。

为何要始终守护善良且走自己的路？

我发现，当今社会很多人都在弘扬狼的精神。有一种理念说，要把小孩培养成狼。其实，我们只看到狼捕杀羊时那种凶悍、勇猛的一面，却没有看到现象背后所隐藏的自然之道。羊这种动物的确比狼要弱小得多，但是你有没有分析过这样一个问题：虽然是狼吃羊，但羊在地球上为什么一直存在呢？而且直到现在都还是羊比狼多呢？是谁让它们存在的？难道是狼让羊存在的吗？你去悟就会明白。

有时候，我们生怕孩子太善良了会吃亏。羊就比狼善良得多，但是狼却从来没有把羊全部消灭过，而且羊的数量远远比狼要多得多。地球从诞生到现在，已经走过几十亿年的历史，为什么狼还没有把羊干掉？狼这么厉害，早就应该把羊干完了，可是羊在地球上为什么一直存在呢？

你去观察大自然就明白，老天有一个好生之德的道在当中起作用，不是说你凶你就能为所欲为，就能占尽便宜。这个宇宙是有道法存在的，天地之中一直有一个生态平衡法则是超越物种本身的属性的。所以，你不要认为一定要学狼才能活得好，不一定！有时候狼过得更苦，而羊就过得舒服很多。圣经里面把羊比喻成是善良的意思。你要知道，这个世界上从古至今无论什么时期，永远都是善良的人在享福。

从短期看来，这个社会上的有些人好像很凶很有钱，但从长远看来，凡是那些倚仗富有而不可一世的家庭，却都是一代比一代弱。而善良的人却永远不吃亏，为什么？因为天地有道法存在，既然有道法存在，这种无形的力量一定会保护善良的人。所以你要有信心，尽管让孩子去做一个善良的人，一点错都没有。很多父母就不相信，生怕孩子在外面受欺负。如果你的孩子真善良，就不一定会遇到有人欺负他。有些是我们自己想象的，但是我们设想的东西不一定是靠谱的。

实质上，人生当中很多事情的结论在没有出现之前，你是没办法预料结果的。其实，光是善良本身就已经让我们受益其中了。因为我们善待一切的时候，我们已然活在了善的能量频率和美好状态中，而善良只会让我们受益。所以无论任何时候，我们要坚持合于道的教育。

在一次登山训练的过程中，有一名登山者从非常高的悬崖上滑下去了。当他往下滑落的时候，另外一个登山者就在那儿喊："你伤着了没有？"然后只听到那个人远远飘过来的声音说："不知道，我还没有跌到底啊。"就是说未来的结果是不知道的。

小时候我听说同乡的一个家庭是很凶的，老是欺负隔壁邻居，尤其是邻居家的小孩更是受到这家人的欺负。但是邻居家的老爸很善良，因为他个子比较小，而这家人却个个都是五大三粗的，所以隔壁邻居经常都被这家人欺负。即便如此，邻居家的老爸还是始终坚持走善良的道路。后来，人们都亲眼见证了，很凶的这家人莫名其妙地就开始逐渐没落了，而隔壁邻居一家却越来越兴旺起来。透过对人生中这些现象的思考，你就会知道，冥冥之中有一种无形的力量在保护善良的人！

第肆节

先启迪心灵后武装知识

本节要点：

1、人生最为重要的学习是什么？

2、如何炼就生命内圣外王之功？

3、如何培养天下最幸福的小孩？

4、怎样做到合情合理地与人沟通？

5、教育应更关注开发哪个生命中心？

6、未来真正需要的是什么人才？

人生最为重要的学习是什么？

我们培养孩子的焦点是要启发、培育和保护孩子与生俱来的学习能力与创造能力。首先是培养他的信心，其次就是引导他把学习当成是一种乐趣。当他具备了这两种特质以后，至于现在到底学到了多少知识，已经不重要了。有了这两种品质，你只要给他一定的时间，他就会把学习搞上来，这是一定的。其实，人生更为重要的学习，是在各种境缘和经历中增长为人处事的智慧。

放眼整个生命过程，从生命成长的角度而言，哪怕一时半会儿受了点伤害都没有关系，即使人生经历一些失败也都没有关系。我们要在孩子的成长过程中，引导他对人生有一个阳光心态和基本认知。

371

一个很出名的斗牛士，有一次在参加斗牛比赛时，不小心受伤了，医护人员就把他送到了医院。不久之后，人们就看见他身上到处裹满了绷带从医院里面走出来。很多媒体记者都来采访他，只见他对着记者的摄像机高高地举起拳头大喊："我一定要报仇！"周围的人马上沸腾起来，就跟在斗牛士后面，看他究竟要怎么报仇。一会儿功夫，就看到他走进一家酒馆，他一坐下去，就拍桌子说："老板，给老子上两份烤牛肉！烤得越焦越好！"很有意思的一个笑话。

　　教育就是在有趣当中把生命内在的丰富宝藏挖掘出来，并活生生地体现在生活的各种场景中，这是"从里面往外面抽"的教育，而我们现在是"从外面往里面装"的教育，这是两个完全不同的方向。

　　智慧是从里面往外面抽，知识是从外面往里面灌。这就是《道德经》里面讲的"为学日益，为道日损"。开发智慧是要把我们后天障碍天性智慧呈现的这些东西去掉，然后智慧就像抽水一样，源源不断地从生命里面抽出来。所以智慧是生命本然具足的，而知识是从外面往里面灌入的，是生命系统之外的东西。

如何炼就生命内圣外王之功？

　　在我们圣贤文化里面，教育应分先后。这是为什么呢？因为要先开发智慧，然后再去武装知识。就是要把天地自然、穿衣吃饭、行住坐卧、为人处世等这些基本的智慧掌握以后，再去武装相应的专业知识。

有了专业知识以后，再加上先天的智慧、个人的兴趣以及一种持之以恒的精神，你认为一个孩子会不会有出息呢？肯定有出息！

我们儒家讲的内圣外王之功，就是先要把自己的内心世界打造得很强大之后，再从外面去寻找我们能够发挥天赋和潜力的某一个专业领域，进而把自己打造成一个王者一样的人物。在擅长的领域发挥到极致，你就是王者，但前提是你先要把内在的智慧开发出来。

很多情况下，我们把简单的事情搞得很复杂。有时候我就觉得，不是我们这些父母不努力，反而是非常努力，但是在对待很多事情上，却是人云亦云、随波逐流地去盲目追随、盲目攀比、盲目选择。如此一来，就把自我迷失掉了，然后把自己搞得很累，家庭也搞得很糟糕，最后得不偿失。

对于子女的问题，有一点我们必须要清晰：子女虽然是从我们父母身上掉下来的一块肉，但实际上子女不过是透过我们与他之间的因缘，来到这个世界上展开他自己生命的体验与经历，所以我们不能把孩子当成是我们的私有财产。我们要认识到，从古至今，几千年来，有太多的案例可以证明：并非父母为孩子创造了最好的条件，给了孩子最好的教育，孩子就一定拥有美好的前途。因为始终有一个无形的力量，是我们根本无法驾驭的。

我们的教育是要尽可能地给孩子们提供更多的机会，让他去发现自己在哪一个方面能够更好地成长。而且，无论孩子学什么或者选择做什么样的事情，你都不能有期待。你不能因为现在花了很多钱培养孩子弹钢琴，孩子就一定要把钢琴弹好。如果弹钢琴并不是他的天赋才华，也确实不是他想干的事情，那么哪怕你花了很多钱给他买了最好的钢琴，你也逼不出什么名堂来。我们每个家庭都有特殊的因缘，每个孩子也都有自己灵魂的选择。

如何培养天下最幸福的小孩？

我们发现很多家庭经常吵闹，可是每个人都是为了家庭好这一个目标，事实上每个人也都在声明：我是为了这个家好，我才吵，我才闹，我才怎么怎么样……然而结果是否真的实现了"为家庭好"这个目标呢？我们要做深入的洞见、了解和认知。

每个家庭都有每一个家庭的特色，哪怕是一个贫穷的家庭，也有贫穷家庭的特色。当然，一个富有的家庭也有富有家庭的麻烦。我们讲"家家有本难念的经"，这本家庭的经虽然难念，但这本经里面蕴藏着无穷的生命智慧等待我们去发掘。所以要想念好家庭里面的这本经，让每一个家庭成员都感到无比幸福的唯一途径，就是我们要透过教育找到一种生命的乐趣，透过教育使父母和子女之间形成一种爱的互动关系。也就是说，把教育作为一种爱的表达功能，给生命带来滋养、成长和喜悦。

这样的话，我们在家庭生活中就能生发和培养活出爱、分享爱和成就爱的这样一种生命品质。尤其是今天，在整个社会科技领域和物质生活都很发达的情况下，能够养成这样一种品质的小孩一定是全天下最幸福的小孩。

至于小孩将来是不是有很大的出息,能不能光宗耀祖,这个就很难说,因为这和他本身带的天命有关系。不管孩子能不能光宗耀祖,不管他能不能成为伟人,我们天下父母能做到的一个共同的点就是:让自己的孩子活得很快乐、很轻松。这是每个家庭不管什么条件都能做得到的。贫穷家庭的孩子照样活得很充实,活得很快乐,活得很滋养,而且贫穷家庭的孩子,将来有可能还更有出息。因为在物质条件相对较为艰苦的环境下,更有利于他把精神品质打磨、历练和树立好。

天地大道的教育,有一个基本的功能:哪怕你是一个叫花子,但你只要对人没有期待和要求,对人能够包容和理解,能够找到属于你的大龙猫,你都能够把人生活得很快乐。至于能不能成为伟人,能不能成为天下英雄,这是命中注定的。

事实上,叫花子过得比有钱人还快乐不止多少倍的事情是的确存在的。两千多年前,就有这么一个人,太子不当了,国王不当了,他要去干什么?去当叫花子。他这个叫花子当得实在是令人佩服至极,直到今天全球依然有很多人崇拜他,这个人就是释迦牟尼。他就是要用自己一生的经历告诉大家,只要掌握了天地大道,只要找到了我们内心世界运作生命的奥秘,你就是当个叫花子,你也会过得很幸福。所以钱多钱少,不影响一个家庭是不是充满爱。当一个家庭充满爱,它有钱也充满爱,没钱也充满爱。反之,当一个家庭本身就没有爱,即使很有钱也还是不会有爱,因为爱是一种家庭氛围,爱是一种生命品质,爱与金钱和物质无关。

孩子将来在社会上活得怎么样，基本上在七岁之前，就已经被父母奠定了。因为在七岁之前，父母对他的要求和影响，就已经根深蒂固地植入到他的潜意识里面去了。在这个阶段，如果我们能够充分地让他回归自然，让他的童年过得很快乐、很充实、很满足，就不会出现今天太多的人说自己"没有童年"这种情况。

今天，有太多的孩子都没有童年，从上幼儿园开始就背着大包小包。更夸张的是，有些小学生竟然拉着行李箱上学。当时我看到这一幕，就在想：难道这就是所谓父母的爱吗？让孩子都没有童年！你不要认为这个童年生活不重要，恰恰童年的生活更重要。小孩子在草地上玩耍，捉一下小昆虫……我们认为是不能挣钱的东西，但是这些东西对生命的滋养却非常重要。

怎样做到合情合理地与人沟通？

我们中国人普遍有一个基本的特点，就是买任何东西回来都不看说明书。我们把东西买回来后，就把说明书扔在一边，然后自己瞎弄，实在弄不通了，再把说明书捡回来看一下。我们每个青年男女结婚的时候，也都从来没有看过"结婚说明书"。两个人相爱了以后，确定个日子就结婚了。关于结婚有些什么样的注意事项和要求，这里面哪些东西没有操作好会怎么样，我们都没有提前进行普及教育。

从幼儿园一直到研究生，整个体系我们都有，但却没有婚前教育，而婚前教育对一个社会非常重要。夫妻不懂得怎样经营婚姻，父母不懂得怎样教育和培养孩子，这是大事情！我们很多年轻的父母都是把孩子拿来做实验，其实关于父母如何教育子女，我们老祖宗有现成的智慧：就是我们要尊重每个人的选择，每个人背后都有他自己的命运轨迹要展开。所以父母对子女的教育，要稍微看轻松一点，不要看得那么紧张，不要老是把焦点放在孩子考试考得怎么样上面，更不能因为孩子考试考不好就觉得丢脸，甚至开完家长会回来后就在孩子身上出气。这是自己没有智慧、能力不够的体现，不仅不能够支持到孩子，还会影响亲子关系。

很多人整天为了孩子在家里面吵吵闹闹，本来是两个灵魂之间要共同成长，但我们已经习惯于把任何做得不好的事情，都归咎于对方，觉得是对方的责任。圣贤文化告诉我们，要在自己身上找问题，找原因。我们要能认识到自己的不足，要在心里面有一个"我不一定是对的"这样一个概念。在这个基础上，我们才能客观、中立地去纠正一个人。比如说，我们看见孩子或者是看见我们家庭成员中任何一个人身上存在问题，然后要进一步对其进行纠正的时候，我们首先要很清楚"我刚刚要纠正他哪方面问题"的这个想法，是不是带着我投射的知见在其中？就哪怕你认为百分之百是对方的错，最好都不要说出来，以免形成对立。只有先消除对立，才有交流的基础。即使是相互谈判，也要没有对立才有谈判的可能。

一个家庭对子女教育的标准和方向一定要统一，不能两个人用不同的标准、不同的理念在一个孩子身上去下不同的功夫。如果出现分歧，最好是私下沟通。从理论上来讲也应该私下沟通，这是我犯了错误，痛定思痛以后，才认识到：父母双方不应该当着孩子的面，去强调自己在教育上或者认知上不同的观点和见解。我过去就是这样，后来才慢慢地发现了这样是不对的。经由反省，我才意识到：当我们要纠正任何人的时候，我们在心里面实质上已经带有了定性的东西。什么意思呢？就像一个法官在审判一个嫌疑犯之前，他实际上已经提前判他有罪了。他心里面早就已经知道这个人应该定什么罪，大概罪行应该判多少年。他实际上已经先有结论了，然后再去展开审判的。我们又何尝不是呢？我们对子女，对我们身边的每个人，都是先有结论以后，才去跟对方进行交流的。正确的做法是：我们应该把自己归零，在零投射的基础上，站在对方的立场去思考，这样所有的问题都很好解决！

很多时候，我们看一个人顺不顺眼，看一件事对不对路，全是按照自己的标准在投射。而事实上，从古至今都没有绝对的标准。我们每一个人都是完美的，每一个人都是独一无二的。当我们有了这样的认知以后，我们的小孩你根本就不用操太多的心，他一定会越来越好。整个家庭的氛围你都不用去操心，根本就没什么问题。我们老是认为有些事情我们要开会探讨出个结论来，实际上通过学习圣贤文化，我慢慢地发现，很多事情压根儿就不用交流，大家心知肚明。

我们老祖宗讲，在人世间行走，要从不同的角度去综合看待这个世界。这是老祖宗几千年前就给我们留下的遗产。首先，做任何事情，你要从道理的角度去衡量合不合理。衡量下来，如果你做这个事情是合理的，那就对了。再者，你要将心比心，去感受做这个事情合不合情。有些事情在道理上完全能讲得通，但是从情上讲不通。尤其是在一个特别注重感受的女人身上表现得非常明显，你讲来讲去，却发现怎么都跟她讲不清。为什么？因为她启动的是情感中心，她根本就不听你讲什么，她就沉浸在"你爱或不爱我，你心里面有没有我"所带来的感觉之中。最后你会发现，你跟她什么道理都白讲了，所有的哲学理论在她那儿都统统没道理。这时候就看你还要不要这个家，如果要这个家，你就丢掉你的道理去抱抱她、哄哄她，然后什么都好了。

你只要又合理又合情，两样都好，家里面就没问题，走进社会也没问题。为什么过去说"清官难断家务事"？因为人们在工作的时候，启动的是理性系统，凡事讲道理。而回到家里面，就应该启用情感中心，不是再用理智中心了。但是我们很多知识分子读书多了，回到家跟老婆讲话，还是用理智中心在讲，这个时候就行不通了。

还有一些老板上了很多当，在家里面吵了很多架，终于想明白了，只是合理但不合情还不行。于是，他脑子里面就想：我过去就是因为太强调规定，太强调什么道理了，现在我要宽松一点，要讲兄弟感情。于是回到公司后，就开始从合情的角度来开展工作。然而，跟员工们一讲兄弟感情以后，老板的所有指令都没人执行了，最后又走了弯路。

很多人始终分不清楚这个理和情在什么情况下用，这是我们要好好去参悟的。工作上也不能不讲情，总之无论是在家里还是在工作单位，你不能够不该讲情的时候讲情，不该讲理的时候，你给他讲理。

教育应更关注开发哪个生命中心？

理智、情感和本能，人体这三大能量中心非常神奇且充满奥秘，每个中心有着完全不同的属性和特点。最神奇的是，本能中心有挖掘不完的宝藏。

你会发现几千年来，在修行上，无论是道家还是佛家，统统是在研究本能中心的事情。本能中心始终是一个很神秘的现象，永远都等待着人类去开发，人类未来能够发挥的一个地方就是本能中心。但是在当下，最重要的是情感中心。

我们的亲子教育要更多地关注情感中心的开发，音乐、舞蹈、绘画、雕塑等这些艺术所带来的滋养，都是对心灵需求的满足。我们的生理需求可以通过物质来解决，但是心理需求只能通过情感，通过艺术才能够解决，而灵性需求需要开发本能中心才能得以滋养。我们的本能中心必须完全开放，才能实现灵性的大圆满，也就是生命最终极美满的状态！

未来真正需要的是什么人才？

将来，这个社会里面最有前途的人，就是情感中心最发达的这一辈人。他们会在将来给我们发明各种好玩的事情，包括各种生命体验的项目，各种生命拓展的游戏，就是为了让生命活得好玩、有趣儿，让生活过得极其丰富多彩，让心灵获得极大满足。

现在已经有经济学家在预言，未来这个世界上的第一大产业绝对不是房地产，也绝对不是智能机器人。未来真正的第一大产业是看不见的软性产品，是为心灵体验提供价值和服务的产品。

我们给未来"智能时代"这样一个称呼的同时，也是一个"心灵时代"的称呼，因为智能时代到来以后，我们的心理需求，我们的灵性需求，一定会空前绝后地被推上至高点。那个时候，我们津津乐道的都是——情感中心如何开发，人生要怎样才好玩，等等这些事情……

心的寄语

亲爱的读者：

当您越过本书的文字海洋来到了这里，或许已然瞥见——生命深处的那一缕光芒。这光芒，如微风拂面、细语呢喃，轻轻触摸心灵的每一寸柔软。它是心灵最深处的共鸣和颤动，如同一首悠扬的旋律，在耳旁回荡……

在这文字的世界里，我们共同漫步于生命的至微至妙之境，发现那藏匿于字句背后的奇妙景致，并期待着更多的神奇在心灵的转角相遇。这不仅仅是一本书，更是一场奇妙的灵性之旅。每一篇每一句都是作者静默的爱心奉献与智慧之光，让您在神奇的精神世界中遨游，感悟着生命的真谛。

在这段旅途之中，或许您也有话想要对我们说……而我们也将致力于为您呈现更多的惊喜。因而阅完本书，并不预示着上一段旅途的结束，更是下一旅程的开始。

如果说这本书是无声的语言，让您意犹未尽，那么欢迎来到我们的YouTube频道"治心解忧岛"，您将发现作者本人对经典精彩的有声解读。那是一场场心灵和智慧的盛宴，那是一次次穿越生命最神秘处的探险。欢迎您订阅我们的频道，成为探险家和我们一起寻找更多的心灵宝藏，破除人生的迷茫，颠覆控制我们的宿命，迎接豁然洞开的无上法喜！

"治心解忧岛"微信公众号是我们与您心灵互动的平台。作者的原创灵性诗篇、新书出版信息，以及其他生命智慧美文分享，都将为您打开一扇扇通往心灵未知世界的大门，让我们共同在这片诗意的港湾中拥抱生命的美好。

在德福出版社的网站（www.defupublishing.com.au），您将发现作者在全球各大平台陆续出版的所有书籍、作者原创的墨宝以及作者珍贵的原声授课录音。每一部文字、音像作品也都是提升个人心智与生命能量的绝佳之作，实乃与生命为伴之无价臻品。欢迎您踏入这片生命沃土，与我们一同感悟无上甚深微妙的生命智慧，体验生命无比美妙的灵性之旅。

生命本就是一场奇遇，诚愿在这奇妙的旅程中，我们彼此成为心灵的伙伴，一起感悟来自生命本源慈悲的寄予，一起品尝生命智慧里真正实质、究竟、浓缩、透彻的精华！

德福出版社

Milton Keynes UK
Ingram Content Group UK Ltd.
UKHW021836110324
439294UK00006B/103